中国人民公安大学
法学文库

安全技术防范法研究

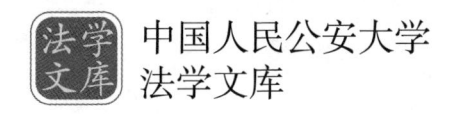

ANQUAN JISHU FANGFANFA YANJIU

徐伟红 ◇ 著

中国政法大学出版社

2025·北京

声　明　1. 版权所有，侵权必究。

　　　　2. 如有缺页、倒装问题，由出版社负责退换。

图书在版编目（ＣＩＰ）数据

安全技术防范法研究 / 徐伟红著. -- 北京 : 中国政法大学出版社, 2025.6
ISBN 978-7-5764-1503-2

Ⅰ. ①安… Ⅱ. ①徐… Ⅲ. ①保卫工作－法律－研究－中国 Ⅳ. ①D922.144

中国国家版本馆CIP数据核字(2024)第108008号

出 版 者	中国政法大学出版社
地　　址	北京市海淀区西土城路25号
邮寄地址	北京 100088 信箱 8034 分箱　邮编 100088
网　　址	http://www.cuplpress.com（网络实名：中国政法大学出版社）
电　　话	010-58908285(总编室) 58908433（编辑部）58908334(邮购部)
承　印	固安华明印业有限公司
开　本	880mm×1230 mm　1/32
印　张	9.125
字　数	254 千字
版　次	2025 年 6 月第 1 版
印　次	2025 年 6 月第 1 次印刷
定　价	42.00 元

前言

提到安全技术防范,你可能不了解。但提到视频监控,你一定非常熟悉。因为在各级党委、政府的高度重视和公安机关的大力推动下,公共安全视频监控系统已初步构建起覆盖重点公共区域的"天网",被广泛应用于社会治安治理、交通出行、环境保护、城市管理等多个领域,公共安全视频监控系统在反恐维稳、打击犯罪、治安防范、创新社会治理、服务保障民生等方面,发挥着重要作用。视频监控系统是安全技术防范(以下简称"技防")的手段之一,除了视频监控系统以外,安全技术防范系统还包括入侵报警和紧急报警、出入口控制、停车库(场)安全管理、防爆安全检查、电子巡查、楼寓对讲等子系统。

我国的安全技术防范行业是在同犯罪分子作斗争的过程中逐渐发展起来的。安全技术防范工作起源于 20 世纪 50 年代。1959 年故宫金册被盗案发生后,公安机关和国家文物部门高度重视,进而国家文物系统形成了较为完善的安防体系。同时,公安机关、单位保卫部门在同犯罪分子作斗争的过程中深感仅靠"人防"是不够的,并开始围绕盗窃、抢劫、非法侵入、破坏、爆炸等违法犯罪活动,自主研制和生产各种器材(门锁、安全门等物防设施),在重点场所安装技防设施(如在故宫安装报警器等),这些器材在安全防范工作中都起到了积极作用。20世纪80年代，随着中国的改革开放，国外大量先进的安防技术和产品被引入，进一步促进了国内安防技术的发展，并进一步推动了金融系统、文物系统、军工、邮政等重要单位的安全防范工程建设。20世纪90年代中后期，技防行业日益社会化，技防设施应用范围发展到商业、学校、社区、家庭等，延伸到应急突发事件处置、群体性事件防控、城市日常管理等领域，通过建设视频监控、入侵报警、出入口控制、周界防范等系统或网络，为社会各界提供安全保障和服务。近年来，在数字化浪潮下，安全防范技术与大数据、人工智能、5G等新一代信息技术持续融合，AI融合场景应用的新产品新技术大量涌现。截至2020年年底，我国安防企业达3万余家，从业人员约179万，行业总产值近7950亿元。[1]

公安机关是技防行业的主管机关。1979年，公安部在石家庄召开全国刑事技术预防专业工作会议，讨论并通过了《关于使用现代科学技术预防刑事犯罪的试行规定》，提出"安全技术防范"的概念，指出安全技术防范是治安防范工作的一个组成部分。1984年3月公安部科技局正式组建了安全技术管理处，后又成立了公安部安全技术防范工作领导小组和公安部安全技术防范管理办公室（以下简称"技防办"），领导全国的技防工作。对应公安部安全技术防范管理办公室，各地公安厅、局也分别组建了"技防办"，在其辖区内开展安全技术防范管理工作。

出于技防管理的需要，各级公安机关积极推动技防立法，如20世纪80年代的初代技防立法：《北京市人民政府批转市公安局〈关于加强技术预防犯罪工作的请示〉的通知》《黑龙江省加强技术防范设施建设规定》《广东省社会公共安全技术防范管理暂行规定》等（以上规定均已废止，由新的管理办法取代）；20世纪90年代以后，技防立法发展如雨后春笋，出台了《安全技术防范产品管理办

---

[1] 参见《中国安全防范行业年鉴》（2020版），载 http://www.21csp.com.cn/njcd/2020/，中国安防行业网，最后访问时间：2023年4月10日。

法》等大量专门技防立法。2016年11月28日受国务院委托公安部起草的《公共安全视频图像信息系统管理条例（征求意见稿）》公开向社会征求意见。本书研究的技防法包括两个部分，一是技防专门立法，即专门规范技防产品、技防系统安装与运维、技防系统信息使用的法律规范；二是其他立法中关于技防管理的法律规定。上述法律和规范是本书研究的基础。

本人有幸于2007年受邀加入安全技术防范立法小组。亲历了技防立法由《安全技术防范报警服务业管理条例》《安全技术防范服务企业管理条例》到《社会治安技术防范管理条例》，再到《公共安全视频图像信息系统管理条例》的转变。立法名称转变的背后是管理理念、立法理念的转变和进步。立法从最初的事前设定行政许可理念，向现在的事后以管理系统安装、运维和信息使用为主的问题导向理念转变。16年来，本人还先后主持和参加了《公安机关安全技术防范管理体制与工作机制研究》《安全技术防范系统信息安全管理研究》《公共安全视频监控工作保障研究》等项目的研究。

全国公安厅局长会议强调指出，公安机关是法治中国建设的生力军，要深入学习贯彻习近平法治思想，坚定不移走中国特色社会主义法治道路，健全执法制度体系，完善执法监督管理机制，推进执法责任制改革，改进执法方式方法，坚持严格规范公正文明执法，在更高水平上谋划推进法治公安建设，切实维护社会公平正义，努力营造良好法治环境。[1]为了更好地贯彻会议精神，健全公安执法制度体系，推动公安工作高质量发展，本人在前期参加立法、教学、科研的基础上撰写本书。本书主要内容：第一章安全技术防范法概述，主要介绍技防法的涵义、技防法渊源以及技防法立法历程；第二章安全技术防范法基本原则，其中安全原则是技防法的特有原则；第三章介绍了技防法的主体，重点介绍技防管理主体，阐述了公安机关是技防行业主管机关，研究现行公安机关技防管理模式的不足

---

〔1〕 参见《全国公安厅局长会议精神"关键词"扫描——为全面建设社会主义现代化国家开好局起好步贡献力量》，载 https://special.cpd.com.cn/2023/2023gatjz/hyjsjd_32913/123/t_1067046.html，最后访问时间：2023年4月26日。

并提出解决建议；第四章介绍技防产品管理制度；第五章介绍对技防系统建设和运维的管理，介绍技防工程企业从业管理制度；第六章研究对技防系统信息安全的管理，从保护系统信息安全和系统信息公开两个方面进行研究；第七章介绍技防标准化工作情况，技防管理中无论是产品管理，还是系统建设和运维管理以及系统信息安全保护都离不开标准；第八章介绍违反技防管理的法律责任。本书在介绍现行技防管理制度的同时，也梳理了部分废止的管理制度及其废止原因；在研究现行技防管理和技防立法不足的同时，研究完善建议，供读者研究参考。

  本书是关于安全技术防范法律规范的第一本书，填补了安全防范管理和相关法律研究的空白。本书可以作为安防专业本科生、研究生的教材或教学参考书，可以作为在职干警培训的参考资料，也可以作为教学和相关学术研究参考资料。本书为公安机关等技防行政管理机关对行业的管理提供支撑，为从业企业从事生产经营活动提供指引。

  本书是本人多年研究成果的总结，感谢带我入行的余凌云和陈志华教授，感谢一起从事技防法研究的老师和朋友们，感谢跟着我研究技防法的学生们，感谢公安大学法学院为本书的出版提供支持。

  由于时间仓促，认识有限，本书难免有错误与疏漏，恳请读者不吝指教，以便本人进一步改进。

徐伟红
2023 年 4 月 10 日

目 录
Contents

- 001 **第一章 安全技术防范法概述**
- 001 第一节 安全技术防范法的涵义、特点
- 008 第二节 安全技术防范法的渊源与体系
- 012 第三节 安全技术防范立法历程
- 022 第四节 域外安全技术防范管理比较研究
  ——以视频监控管理为例
- 065 **第二章 安全技术防范法基本原则**
- 065 第一节 合法原则
- 066 第二节 合理原则
- 067 第三节 安全原则
- 069 **第三章 安全技术防范管理主体**
- 069 第一节 安全技术防范管理主体概述
- 071 第二节 安全技术防范行政管理主体
- 076 第三节 安全技术防范行业组织
- 077 第四节 安全技术防范第三方机构
- 079 第五节 公安机关安全技术防范管理模式研究
- 088 第六节 公安机关视频监看队伍建设研究
- 095 **第四章 安全技术防范产品管理**
- 095 第一节 安全技术防范产品的概念和特征
- 096 第二节 安全技术防范产品管理制度

108	第三节	安全技术防范产品质量监督检查
113	**第五章**	**安全技术防范系统建设与运维管理**
113	第一节	安全技术防范系统的安装范围
119	第二节	安全技术防范系统建设（工程）管理
130	第三节	安全技术防范系统运行维护管理
135	第四节	安全技术防范系统日常安全检查
149	第五节	安全技术防范工程企业从业管理
		——能力评价制度
157	**第六章**	**安全技术防范系统信息管理**
157	第一节	安全技术防范系统信息安全管理概述
164	第二节	安全技术防范系统信息采集、
		存储、传输、使用安全管理
189	第三节	公共安全视频图像信息公开研究
201	第四节	安全技术防范系统信息安全等级评估研究
230	**第七章**	**安全技术防范标准**
230	第一节	标准化工作简介
240	第二节	我国安全技术防范标准化工作
246	**第八章**	**违反安全技术防范管理的法律责任**
246	第一节	安全技术防范刑事违法与处罚
249	第二节	安全技术防范行政违法与处罚
260	第三节	安全技术防范民事违法与法律责任
263	**附件1：公共安全视频图像信息系统管理**	
	条例（征求意见稿）	
269	**附件2：公共安全视频图像信息系统管理条例**	
277	**附件3：安全技术防范产品生产登记制度**	

第一章 安全技术防范法概述

根据《关于加强公共安全视频监控建设联网应用工作的若干意见》的要求，到 2020 年重点公共区域视频监控覆盖率达到 100%，新建、改建高清摄像机比例达到 100%；重点行业、领域的重要部位视频监控覆盖率达到 100%。公共安全视频监控系统已成为立体化社会治安防控体系的重要组成部分和"平安城市""智慧城市"的重要基础设施，被广泛应用在社会治安治理、交通出行、环境保护、城市管理等多个领域。但是，包括视频监控技术在内的安全防范技术是一把双刃剑，它在帮助我们维护社会治安秩序的同时，也可能给身处其中的人们造成侵害。因此，对安全防范技术的使用应当予以规范。

安全技术防范法是涉及多领域的新兴法律规范。安全技术防范法将有效规范安全防范技术的使用，为安全技术防范管理提供依据，是安防从业单位和从业人员应遵守的准则。

第一节 安全技术防范法的涵义、特点

一、相关术语

由于视频监控系统被广泛应用于打击违法犯罪和各种城市管理中，人们熟悉视频监控系统，近些年的安全技术防范立法基本都是关于公共安全视频监控系统管理。但是在公共安全视频图像信息系统立法之前，安全技术防范法同样规范视频监控系统的管理。因此，

有必要先辨析相关术语，厘清术语间的关系，以便确定立法的调整对象。

（一）安全防范、安全技术防范与安全技术防范系统

1. 安全防范。安全防范是指，综合运用人力防范、实体防范、电子防施等多种手段，预防、延迟、阻止入侵、盗窃、抢劫、破坏、爆炸、暴力袭击等事件的发生。安全防范根据手段的不同，分为人防、物防、技防。人力防范，是由具有相应素质的人员有组织的防范、处置等安全管理行为，简称"人防"。实体防范是指，利用建（构）筑物、屏障、器具、设备或其组合，延迟或阻止风险事件发生的实体防护手段，又称"物防"。电子防范是指，利用传感、通信、计算机、信息处理及其控制、生物特征识别等技术，提高探测、延迟、反应能力的防护手段，又称"技防"。[1]

2. 安全技术防范。安全技术防范，也称电子防范，以下简称"技防"。立法上的安全技术防范，是以维护公共安全为目的的安全技术防范，是指运用安全防范技术，预防、制止违法犯罪行为和重大治安事故，维护公共安全的活动。[2]也有立法称"公共安全技术防范""社会治安技术防范"等。

不同的时期，防范社会治安风险，维护社会公共安全的技术不尽相同。如20世纪80年代的安全防范技术主要包括安全门、保险箱、报警器等。现阶段的安全防范技术主要包括入侵和紧急报警、视频监控、出入口控制、防爆安全检查、电子巡查、楼寓对讲等技术。

3. 安全技术防范系统。安全技术防范系统（以下简称"技防系统"）是指，以安全防范为目的，利用各种电子设备构成的系统。通常包括入侵和紧急报警、视频监控、出入口控制、停车库（场）安全管理、防爆安全检查、电子巡查、楼寓对讲等子系统。[3]视频监控系统是技防系统的一种，是使用范围最广的一种技防系统。

---

[1] 相关概念参见《安全防范工程技术标准》（GB 50348-2018）2.0.1、2.0.2、2.0.3、2.0.4。

[2] 参见《天津市安全技术防范管理条例》第2条。

[3] 参见《安全防范工程技术标准》（GB 50348-2018）2.0.8。

（二）视频监控系统、视频图像信息系统与公共安全视频图像信息系统

视频监控系统（VSS），是指利用视频技术探测、监视监控区域并实时显示、记录现场视频图像的电子系统。[1]视频监控系统也称为"视频安防监控系统（VSCS）"[2]"闭路电视监控系统（CCTV）""视频图像系统""视频图像信息系统"，"3111"建设时期称为"城市报警与监控联网系统"等。若在视频监控系统中加入音频传输技术，称为"视（音）频信息系统"。

根据探测、监视区域的不同，视频图像信息系统名称也不尽相同。其中，探测、监视社会公共区域的，称为"公共安全视频图像信息系统"，也有立法称为"社会治安视频图像信息系统""公共安全图像信息系统""公共安全视频系统""公共监控报警系统"等。

公共安全视频图像信息系统（近年立法常用词）是视频监控系统的一种，视频监控系统是安全技术防范系统的一种，所以规范安全技术防范、安全技术防范系统的法律规范，同样适用于公共安全视频图像信息系统。

二、安全技术防范法的涵义

安全技术防范法（以下简称"技防法"）有广义和狭义之分。狭义的技防法指专门规范安全技术防范管理活动的法律规范。广义的技防法是指调整安全技术防范关系，规范安全技术防范活动的法律规范的总称。本书介绍的技防法是广义上的技防法。我们可以从以下三个方面理解技防法的概念。

（一）技防法是调整安全技术防范关系的法

法从其功能上说是社会关系的调控器，技防法也不例外，它是调整安全技术防范关系的法。所谓安全技术防范关系是指基于安全技术防范产品的生产销售、安全技术防范系统的安装和使用而在消费者（包括使用者）、安防企业、中介组织及管理者之间发生的各

---

[1]《安全防范工程技术标准》（GB 50348-2018）2.0.10。
[2]《安全防范工程技术标准》（GB 50348-2004）2.0.5。

种关系。安全技术防范关系主要包括安全技术防范产品关系、安全技术防范工程关系和安全技术防范系统运维关系。

所谓安全技术防范产品关系是指基于安全技术防范产品的生产和销售,在消费者、安防企业、中介组织及管理者之间发生的各种关系。根据现行技防法的规定,生产、销售技防产品,或须经过产品认证,这就使得技防产品的生产、销售企业与国家认证认可机构以及行政机关之间发生产品认证关系。另外,因安全技术防范产品生产、销售企业的注册、产品质量、知识产权等问题还将发生不同的社会关系。上述关系要想有序、健康就必须有相关的法律予以规范,这方面的法律规范构成了技防法的一方面内容。

所谓安全技术防范工程关系是指基于安全防范工程的设计、施工、检测、验收等活动在系统建设单位、系统施工单位(安防工程企业)、系统使用单位、中介组织及管理者之间发生的各种关系。基于安全防范工程安装范围、安装部位、信息的网络传输以及安防系统设计的前期论证、竣工的检测、验收等工作,在安防工程企业、系统建设单位、公安机关、建设部门、通信部门、电力部门、公路部门、科技部门等部门之间发生各种关系,这些关系构成了安全技术防范工程关系。

所谓安全技术防范系统运维关系是指基于安全技术防范系统的运行、维护以及对系统信息的管理和使用而在系统建设者、使用者、安防企业、中介组织及管理者之间发生的各种关系。报警运营中存在的对系统的规范使用问题、管理维护问题,对报警信息的处置问题,对监控信息的管理和使用问题,从业企业的资质、从业人员的资格等问题构成了安全技术防范系统运维关系。我国的报警运营服务业产生的时间不长,但其一经产生就显示了强大的发展态势。从国外的经验看,报警运营服务是"安全服务"的核心,是安防行业的主体。报警运营服务也将是我国安防行业未来发展的方向。

(二)技防法的立法宗旨是维护公共安全,规范安全技术防范活动,保障公民、法人和其他组织的合法权益

安全防范技术是安全技术防范活动的基础,具有防入侵、防盗

窃、防抢劫、防破坏、防爆安检等功能的综合应用性科学技术。安全防范技术主要包括入侵报警技术、视频安防监控技术、出入口控制技术、防爆安全检查技术、实体防护技术等。安全防范技术是一把"双刃剑",它在给人们带来安全、便利的同时也可能危害国家安全、侵害公民权利,所以必须依法规范安全技术防范活动。技防法的立法宗旨就是规范安全防范技术防范活动,维护公共安全,保障公民、法人和其他组织的合法权益。

安全技术防范行业是以生产技防产品、提供技防服务为核心的行业,主要包括安全技术防范产品业、安全技术防范工程业及报警运营服务业。安防行业是一新兴的朝阳产业,相关的管理规范不多,企业多以纯商业的方式运作。但是安防企业与一般的商业企业是不同的,它提供的产品和服务与国家安全、社会安全、公民的人身财产安全息息相关,倘若出现问题,后果将非常严重。近些年,随着安全防范技术的普遍使用,相关问题不断暴露出来,如企业间恶性竞争导致产品、工程、服务质量低劣,从业人员素质参差不齐,系统信息流失或被恶意传播等。规范安全技术防范活动,引导该行业健康有序发展,是技防立法的最终目的。

(三)技防法是技防法律规范的总称

广义上的技防法是技防法律规范的总称,是指在我国法律体系中(无论是法律、法规还是规章),只要是调整安全技术防范关系的法律规范,统称为技防法。如《中华人民共和国宪法》第33、38、51、53条的规定,《中华人民共和国行政许可法》第12、13条等规定,都有调整安全技术防范关系的功能,它们是存在于法律中的调整安全技术防范关系的规定,属于安全技术防范法律规范;《中华人民共和国认证认可条例》《娱乐场所管理条例》《企业事业单位内部治安保卫条例》等行政法规中都有调整安全技术防范关系的相关规定,这些规定也是技防法的组成部分;另外,我国还有《安全技术防范产品管理办法》等部门规章、《天津市安全技术防范管理条例》等地方性法规、《北京市安全技术防范管理规定》(现已失效)等地方规章专门规范安全技术防范关系,这些都属于技防法范畴；技防法还包括大量专门规范技防管理的其他规范性文件。

三、技防法的特点

区别于其他法律，安全技术防范法律规范具有以下特点。

（一）技防法与技防标准关系密切

安全技术防范以安全防范技术为基础，安全技术防范产品、安全技术防范工程及安全技术防范系统运维的质量直接决定着安全技术防范系统安全效能的发挥，影响着对违法犯罪的预防和控制，所以对质量的控制在安全技术防范中就显得尤为重要。而若想有效地控制安全技术防范产品、安全技术防范工程以及安全技术防范系统运维的质量仅仅依靠法律是不够的，必须与相关标准紧密配合。

标准是对重复性事物和概念所作的统一规定，它以科学、技术和实践经验的综合成果为基础，经有关方面协商一致，由主管机构批准，以特定形式发布，作为共同遵守的准则和依据。标准通常是在所有关联方的合作和一致同意下制定的，代表着相关领域发展方向和新的水平。并且标准是有时效性的（如国家标准的有效期一般为5年），标准在经过一定期限后必须经过修订或重新认定，使得标准能够始终代表着该领域的发展方向。随着安全技术防范行业的发展和安全防范管理工作的需求，安全防范报警系统标准化技术委员会出台了一系列安全防范产品标准、工程标准及管理标准。相关标准的出台极大地推动了安防行业的发展，促进了行业规范化、制度化建设。

标准固然重要，但是要想保证安全技术防范产品、工程及运维的质量，只有标准还不够，还必须有保证标准得以贯彻执行的法律。虽然安全技术防范行业有一套相对较完善、成熟的标准体系，同时，从业单位也习惯于执行标准，但是标准终究是标准，即使是强制性标准也是没有国家强制力保证的，所以要想使相关标准得以正确贯彻实施还必须与相关法律密切结合。

目前行业管理者们已经认识到了这一点，把相关标准写进法律的呼声很高，而且我国近几年出台的一些安全技术防范法律规范中已经采取与相关标准相结合的立法技术，如《山东省安全技术防范工程管理规范》第1条就规定:"为加强安全技术防范工程(以下简称技防工程)管理,规范管理程序,保证工程质量,根据《中华人民共和国行政许可法》、《国务院对确需保留的行政审批项目设定行政许可的决定》、《企业事业单位内部治安保卫条例》、《山东省公共安全技术防范管理办法》、中华人民共和国国家标准《安全防范工程技术标准》(GB 50348-2004)、中华人民共和国公共安全行业标准《安全防范工程程序与要求》(GA/T75-1994)、《安全防范系统验收规则》(GA308-2001)和有关法律、法规、规章,结合本省实际,制定本规范。"

(二)技防法涉及的领域广泛,内容丰富

安全防范技术自身的特点决定了安全防范技术的使用必将涉及多种社会关系。如安全防范技术的使用将影响公民、法人或其他组织的人身权或财产权,这将涉及民法领域;正是因为可能影响公民、法人或其他组织的人身权或财产权所以行政机关必须严格监管安全防范技术的使用,这又涉及了行政法领域等;而公民的人身权利受到侵害,装置的设备遭到损坏,致害人必将受到法律的制裁,这又涉及刑法领域;安防企事业单位的成立、运营又将发生大量经济法律关系;另外,随着安全防范技术在维护国家安全、社会管理和人们的生活中的普遍使用,安全防范技术还将渗透到不同的社会领域,而这些领域发生的社会关系均受法律调整。以上原因决定了安防法涉及领域广泛,内容丰富。

(三)技防法具有较强的变动性

我们这里讲的变动性只是和其他法律(如民法、刑法)相比较而言。技防法之所以具有较强的变动性,主要原因有三。第一,因为技防法自身的原因。安全防范技术应用于社会管理尚属新生事物,如何规范安防技术的使用,没有经验可借鉴。各地出台的地方性法规或规章多是为了应对安全防范技术使用中出现的问题,或者是根据管理的需要而创设的。随着管理的深入,管理经验的丰富,相关的管理规定必将不断修正、完善。第二,安全防范技术本身更新换代迅速,新技术的使用很可能发生新的法律关系,这也将导致技防法的变动。第三，社会环境的变化也将导致技防法发生变动。如社会经济关系发生变动，行政管理理念发生变化以及法治环境的变化都将导致技防法的变动。

第二节　安全技术防范法的渊源与体系

法律渊源是确定法律效力的理论原则，是法学研究的重要概念之一。

一、安全技术防范法的渊源

所谓安全技术防范法律规范的渊源，是指安全技术防范法律规范的外部表现形式和根本来源。不同国家安全技术防范法律规范的渊源不尽相同。我国安全技术防范法的渊源主要有以下几种形式。

（一）宪法

《中华人民共和国宪法》是国家的根本大法，具有最高的法律效力，是其他立法的依据。宪法中的安全技术防范法律规范，是其他安全技术防范立法的依据。如《中华人民共和国宪法》第38、51条规定："中华人民共和国公民的人格尊严不受侵犯。禁止用任何方法对公民进行侮辱、诽谤和诬告陷害。""中华人民共和国公民在行使自由和权利的时候，不得损害国家的、社会的、集体的利益和其他公民的合法的自由和权利。"此规定是任何单位和个人安装、使用安全防范技术所必须遵循的原则。另外，《中华人民共和国宪法》第5条、第33条对规范安全防范技术的使用，促进安全防范行业健康有序发展有着重要的指导意义。

（二）法律

法律是指由全国人民代表大会及其常务委员会依法定程序制定的基本法律和法律。法律是安全技术防范法律体系的重要组成部分，是其他渊源的基本依据。其他形式的安全防范法律规范是法律的具体化，并且不得与法律相抵触，相抵触的部分无效。

我国目前尚无专门的技防管理法律，但是很多现行法律，如《中华人民共和国产品质量法》《中华人民共和国标准化法》《中华人民共和国建筑法》《中华人民共和国行政许可法》《中华人民共和国行政处罚法》《中华人民共和国反恐怖主义法》等指导着技防工作和技防管理工作，如《中华人民共和国反恐怖主义法》第27条第2款规定，地方各级人民政府应当根据需要，可以在主要道路、交通枢纽、城市公共区域的重点部位，安装公共安全视频图像信息系统。

（三）行政法规

行政法规是指国务院为领导和管理国家各项行政工作，根据宪法和法律，按照行政法规的制定程序制定的政治、经济、教育、科技、文化、外事等各类法规的总称。行政法规的效力次于法律，高于地方性法规和规章。

我国目前尚无专门的技防行政法规。但是，实践中大量行政法规指导着技防工作，如《企业事业单位内部治安保卫条例》《保安服务管理条例》《娱乐场所管理条例》《民用爆炸物品安全管理条例》《计算机信息网络国际联网安全保护管理办法》《中华人民共和国政府信息公开条例》等。如《娱乐场所管理条例》第15条第1款规定，闭路电视监控设备应当安装在娱乐场所出入口、主要通道。《企业事业单位内部治安保卫条例》第13、14条则明确规定了治安保卫重点单位应当在确定的治安保卫重点部位设置必要的技术防范措施。

（四）地方性法规

省、自治区、直辖市以及设区的市的人民代表大会及其常务委员会根据本行政区域的具体情况和实际需要，在不同宪法、法律、行政法规相抵触的前提下，可以制定地方性法规。

由于地方技防管理工作的需要，我国近些年先后制定了安全技术防范地方性法规、单行条例10余部，如天津市人民代表大会常务委员会出台了《天津市安全技术防范管理条例》、内蒙古自治区人民代表大会常务委员会出台了《内蒙古自治区公共安全技术防范管理条例》、广东省人民代表大会常务委员会出台了《广东省安全技术防范管理条例》等。

（五）部门规章

部门规章是国务院各部、委员会、中国人民银行、审计署和具有行政管理职能的直属机构，根据法律和国务院的行政法规、决定、命令，在本部门的权限范围内，按照规定程序制定的规定、办法、实施细则、规则等规范性文件的总称。

部门规章是技防管理活动的重要依据，涉及安全技术防范产品管理、安全技术防范系统管理等多领域，是安全技术防范法律规范的重要渊源之一。作为安全技术防范法律渊源的部门规章有两种形式，一种是专门规范安全技术防范关系的部门规章，如国家质量监督局和公安部联合颁布的《安全技术防范产品管理办法》、公安部颁布的《金融机构营业场所和金库安全防范设施建设许可实施办法》《邮政局（所）安全防范管理规定》等；一种是含有涉及安全技术防范管理内容的部门规章，如《建设工程勘察质量管理办法》《公安机关办理行政案件程序规定》等。

（六）地方政府规章

省、自治区、直辖市和设区的市、自治州的人民政府，可以根据法律、行政法规和本省、自治区、直辖市的地方性法规，制定规章。

我国现行技防地方规章近50部，是我国安全防范法律规范重要的渊源，这些规章极大地推动了安防行业的健康发展，是安全技术防范立法体系的重要组成部分。

我国现行的安全技术防范法律规范主要集中在地方性法规、地方规章层面，其中地方规章数量最多。

（七）国际条约与协定

我国参加或批准的国际条约与协定，如果其内容涉及安全技术防范产品、安全技术防范系统或安全防范运维的，同样是我国安全防范法律规范的渊源。

（八）其他规范性文件

其他规范性文件，是指行政机关及被授权组织为实施法律和执行政策，在法定权限内制定的除法律、法规或规章以外的具有普遍约束力的行为规则的总称。技防管理中大量内容涉及安全技术防范产品、安全技术防范系统或安全防范运维的，也是我国安全技术防范法律规范的渊源，如《关于公安机关实施〈安全技术防范产品管理办法〉有关问题的通知》《关于加强社会治安防控体系建设的意见》《关于加强公共安全视频监控建设联网应用工作的若干意见》《国务院对确需保留的行政审批项目设定行政许可的决定》等。

二、安全技术防范法的体系

安全技术防范法律体系是指我国现行的技防法律规范，按照一定的标准和原则分为不同的种类，而形成的有机联系的统一整体。安全技术防范法律规范根据调整对象的不同可以分为安全技术防范产品管理制度、安全技术防范工程管理制度、安全技术防范运维管理制度和安全技术防范系统信息管理制度。

（一）安全技术防范产品管理制度

安全技术防范产品管理制度主要包括安全技术防范产品认证制度等。制度依据主要包括：《中华人民共和国行政许可法》《中华人民共和国认证认可条例》《安全技术防范产品管理办法》等法律、法规、规章建立了安防产品管理法律体系；以及为了加强对安全技术防范产品的管理出台的《关于公安机关实施〈安全技术防范产品管理办法〉有关问题的通知》、《关于贯彻实施〈安全技术防范产品管理办法〉有关问题的补充通知》以及中华人民共和国国家质量监督检验检疫总局和中国国家认证认可监督管理委员会公告（2001年第33号）《第一批实施强制性产品认证的产品目录》《第二批实施强制性产品认证的产品目录》《强制性产品认证管理规定》《关于加强对列入强制性产品认证目录内的安全技术防范产品质量监督管理的通知》等其他规范性文件。

（二）安全技术防范系统安装管理制度和安全技术防范系统运维管理制度。

安全技术防范系统安装管理制度和安全技术防范系统运维管理制度主要包括了安全技术防范系统的安装范围、设计安装主体资格、安装程序等方面的管理制度，以及技防系统验收合格并交付使用后，技防系统运行、维护制度。我国现行的安全技术防范工程和运维的管理制度的依据主要有《企业事业单位内部治安保卫条例》《娱乐场所管理条例》和大量的地方性法规和地方规章，如《广东省安全技术防范管理条例》的第四章技防系统管理（第17条~第27条）规定了技防系统的安装和使用应遵守的规定；《重庆市公共安全视频图像信息系统管理办法》则系统地规定了公共安全视频信息系统的建设、使用、维护应遵循的原则，应遵守的具体规则和程序。

（三）安全技术防范信息管理制度。

安全技术防范信息管理制度主要包括信息的采集制度、储存制度、传输制度和使用方面的管理制度等。管理的依据主要有《中华人民共和国计算机信息系统安全保护条例》《信息网络传播权保护条例》《计算机信息系统国际联网保密管理规定》《全国人民代表大会常务委员会关于加强网络信息保护的决定》《信息安全等级保护管理办法》等。我国现行专门规范技防系统信息管理的法律规定主要集中在地方性法规和地方规章层面，如《北京市公共安全图像信息系统管理办法》《重庆市公共安全视频图像信息系统管理办法》《黑龙江省公共安全技术防范条例》《广东省公共安全视频图像信息系统管理办法》《吉林省公共安全视频图像信息系统管理办法》等。全国统一的技防系统信息安全管理规定正在制定中。

第三节　安全技术防范立法历程[1]

安全技术防范行业出现后，管理者在对技防行业管理的同时，一直尝试专门立法，使技防管理工作有法可依。

一、安全技术防范法的发展

（一）初始阶段（1979年~1987年）

1978年，党的十一届三中全会确立了"改革开放"的方针，国家经济和社会发展步入了一个新的历史时期。为了适应改革开放后

---

[1] 规范安全技术防范的法律很多，如《中华人民共和国行政许可法》《中华人民共和国认证认可条例》《企业事业单位内部治安保卫条例》《安全技术防范产品管理办法》等。本节以安全技术防范专门立法为研究对象。

公安工作的新需要，1979 年公安部在石家庄召开了全国刑事技术预防专业工作会议，讨论并通过了《关于使用现代科学技术预防刑事犯罪的试行规定》。该试行规定指出安全技术防范是治安防范工作的一个组成部分，是同刑事犯罪作斗争的一个重要手段。自此，安全技术防范工作作为公安业务的一个部分被正式提到了工作日程。

随着改革开放的逐步深入，社会、经济的迅速发展，安全防范技术在预防、打击违法犯罪，维护社会安全稳定等方面的作用日益显著，受到了党和国家的高度重视。在这种形势下，公安部原十二局（技侦局）的工作范围不断扩大，由主要搞"技侦"转变为公安部门需要的多个技术领域，进而扩大到社会公共安全所需要的多个技术领域。公安部原十二局同时称为公安部科技局。20 世纪 80 年代中期，随着对技防管理工作的不断深入，国家逐步形成了安全技术防范工作的管理机制，明确把组织、领导全国安全技术防范工作的职责放在科技局。公安部科技局于 1984 年 3 月正式组建了安全技术管理处，随后又成立了公安部安全技术防范工作领导小组和公安部安全技术防范管理办公室（简称"技防办"），领导全国的技防工作成为科技局的一项重要职责。

对应公安部安全技术防范管理办公室，各地厅、局分别组建了技防办，具体开展技防管理工作。为了规范技防管理工作，地方公安机关尝试制定技防管理规范。如《北京市人民政府批转市公安局〈关于加强技术预防犯罪工作的请示〉的通知》《天津市人民政府办公厅转发市公安局〈关于进一步加强技术预防犯罪工作的请示〉的通知》等。

这一时期的技防立法特点：数量少；效力级别低，基本是其他规范性文件；内容主要围绕着报警装置的生产和安装范围。

（二）中期发展阶段（1988 年~2004 年）

发展阶段开始于技防专门立法颁布，终止于 2004 年，《中华人民共和国行政许可法》出台。

为了规范技防管理工作，部分地方政府开始了地方技防立法。

如黑龙江省政府于1988年8月10日出台了《黑龙江省加强技术防范设施建设规定》，广东省政府于1989年10月27日颁布了《广东省社会公共安全技术防范管理暂行规定》（以上规定现已废止，由新的管理办法取代），技防立法拉开序幕。此阶段，我国的技防立法取得了长足的进步，颁布了部门规章《安全技术防范产品管理办法》。《安全技术防范产品管理办法》是迄今为止唯一一部全国性技防立法，规定了三种技防产品管理制度，即产品生产许可证制度、产品认证制度和生产登记制度。其中生产许可证制度、生产登记制度其实质都是行政许可（现都已废止）。此阶段，我国出台了地方性法规两部，即《广东省安全技术防范管理条例》《贵州省安全技术防范管理条例》。还出台了《杭州市安全技术防范设施建设暂行规定》（1989年4月18日发布并施行）等地方规章43部（其中有些规章多次修改）。〔1〕此阶段，还出台了《中国建设银行安全技术防范设施建设及其使用管理暂行规定》《关于公安机关实施〈安全技术防范产品管理办法〉有关问题的通知》《杭州市中小学校安全保卫技术防范标准（试行）》等大量规范性文件。

《中华人民共和国行政许可法》的出台改变了我国技防管理的传统理念。2004年之前，我国的技防管理以技防产品管理和技防工程管理为主，管理的主要手段是行政许可。与技防管理相适应，此阶段技防立法以技防产品管理和技防工程管理为主要内容，如规定了产品登记制度的具体实施；规定了技防系统的安装范围、安装程序，创设了技防产品生产登记、系统施工企业资质等大量行政许可。上述行政许可中的大多数由部门规章和地方规章创设，行政许可法出台后，根据法律规定废止。技防立法面临很大考验。

此阶段的技防立法的特点：数量增长较快；效力级别较低，多为地方规章和地方性法规；立法名称多为"安全技术防范管理条例（办法）"；立法主要调整对象为技防产品管理和技防系统建设管

---

〔1〕 基于北大法宝法律法规库统计，载http://www.pkulaw.com/law?isFramV5=1，最后访问时间：2023年4月26日。

理；内容上创设了大量行政许可，如技防产品的生产许可证和生产登记制度，施工单位的资格资质制度，以及技防工程开工审批等。此阶段的技防立法只有8部现行有效，绝大部分被修改或废止，如1999年12月31日颁布的地方规章《广西壮族自治区安全技术防范管理暂行规定》，先后于2001年、2004年、2010年、2016年数次修改。1996年4月26日颁布并实施的地方规章《内蒙古自治区社会公共安全技术防范管理办法》，2001年修订后，被2007年制定的地方性法规《内蒙古自治区公共安全技术防范管理条例》取代。该法规于2012年、2017年、2020年经过三次修改。

（三）转型发展阶段（2005年至今）

随着"3111"试点工作的成功，在公安部大力推动下，在地方各级党委、政府的高度重视和大力支持下，公共安全视频图像信息系统建设取得了长足的发展，并成为立体化社会治安防控体系和"平安城市""智慧城市"的重要基础设施。系统大量建设的同时，规范系统的使用，保障信息安全的呼声也越来越高。2004年《中华人民共和国行政许可法》的施行，传统的技防管理手段、管理理念不得不改变。2005年进入技防立法新纪元。

此阶段技防立法放弃创设行政许可，转而调整技防系统的建设和使用。本阶段制定修改技防地方性法规16余部；制定修改技防地方规章50余部；技防立法多以公共安全视频图像信息系统为调整对象。出台了《关于加强社会治安防控体系建设的意见》《关于加强公共安全视频监控建设联网应用工作的若干意见》等政策和规范性文件。公安部受委托起草的行政法规《公共安全视频图像信息系统管理条例（征求意见稿）》（暂用名），于2016年11月28日公开向社会征求意见。

此阶段的技防管理，前期以系统建设和应用为主，2009年后以深度建设、深化应用和规范管理为主。技防立法具有以下特点：效力级别较低，多为地方规章和地方性法规；立法名称除以"安全技术防范"为名称外，还出台了大量直接以"公共安全视频图像信息系统"为名称的立法；立法内容上以调整系统建设、运维为主，出现保护信息安全的原则性规定。与发展时期的技防立法相比，立法更加关注系统运维管理和信息安全、隐私权保护。立法在规定系统应当安装的范围外，还规定了禁止安装的范围；规定系统的建设要求外，还规定了系统运维要求以及系统信息的使用、保护原则。

二、现行安全技术防范立法存在的主要问题

（一）现行技防立法效力级别较低，地方保护严重

从前面对我国现行技防立法的梳理，不难看出，我国现行法律、行政法规层面的专门的技防立法数量为零。我国技防管理的依据多为地方性法规和地方规章，地方特点明显，存在地方保护主义。不同部门和地区对技防管理的范围、方式、处罚力度等问题认识不一致、标准不统一、规定不相同，给安防企业跨地区经营增加了难度。

地方立法差异还可能造成不同地区、部门间采用不同的技术标准，造成系统之间难以实现互联互通、信息共享，形成信息孤岛。不仅防范的综合效能无法发挥，而且造成了资源浪费。

另外，由于技防立法的效力级别较低，限制了行政许可、行政处罚等行政行为的设定，不利于整个行业的监督和管理。

（二）技防管理法律规定缺位，大量技防工作无法可依

由于相关法律规定的缺位，使技防系统的安装、运行、维护出现诸多问题。如由于法律对安装主体、安装范围没有规定或规定不明确，应当安装技防系统的主体不安装、不该安装的主体乱安装；技防系统安装地点选择不善，导致侵权案件发生，引起百姓不满；由于系统运维管理规定的缺位，投资巨大的技防系统成为摆设，系统效能得不到发挥或得不到很好的发挥；由于系统信息管理缺乏法律规定，涉及国家秘密、商业秘密的信息丢失，致使违法使用系统信息侵害他人隐私权等现象时有发生。

（三）个别条款与上位法冲突，许可管理手段失效

我国目前大量的技防行政许可是由部门规章和地方规章设定

的，根据《中华人民共和国行政许可法》第 15 条的规定[1]，部门规章不得设定行政许可，省级地方规章设定行政许可的有效期为 1 年。由此，我国目前设定的大部分技防行政许可已经无效。

目前，各地实际已取消对从业企业和人员的监管，个别地方实行的自愿性登记备案也起不到有效监管作用，导致行业进入门槛过低，大量不具备条件的公司投机经营，有时甚至会通过恶性低价竞争争夺用户，产品以次充好，直接造成很多已建的系统质量不过关，防范效能无法发挥；同时，由于缺乏对从业人员的必要限制，从业人员良莠不齐，系统的建设和运行存在安全隐患。一方面相关的技防行政许可已经无效，另一方面法律上对从事技术防范系统的安装、运维服务的单位又没有任何限制，从而造成了技防服务市场鱼龙混杂的局面，既不利于企业的公平竞争，又不利于对消费者权益的保护。这些问题单靠行业自律或市场调节不能得以有效解决，需要立法予以规范。

（四）技防立法滞后，无法满足对涉外企业的管理需要

由于技防产品生产、系统设计安装不属于《外商投资产业指导目录》禁止外商投资的项目，在外资大量进入我国安防市场后，如何保护国家重要的视音频信息和公共安全行业的敏感信息的安全问题尤为重要。按照国际通行规则，很多国家不允许外资介入涉及国家安全的领域，尤其是随着科技的发展和技防产品、系统的大量使用，这样的规定显得尤其重要和迫切。而目前我国仅在个别的规范性文件中有相关规定，法律层面尚无相关规定，也就无法对进入安

---

[1]《中华人民共和国行政许可法》第 15 条规定："本法第十二条所列事项，尚未制定法律、行政法规的，地方性法规可以设定行政许可；尚未制定法律、行政法规和地方性法规的，因行政管理的需要，确需立即实施行政许可的，省、自治区、直辖市人民政府规章可以设定临时性的行政许可。临时性的行政许可实施满一年需要继续实施的，应当提请本级人民代表大会及其常务委员会制定地方性法规。地方性法规和省、自治区、直辖市人民政府规章，不得设定应当由国家统一确定的公民、法人或者其他组织的资格、资质的行政许可；不得设定企业或者其他组织的设立登记及其前置性行政许可。其设定的行政许可，不得限制其他地区的个人或者企业到本地区从事生产经营和提供服务，不得限制其他地区的商品进入本地区市场。"

防领域的外资企业进行有效管理。

三、"公共安全视频图像信息系统管理条例"立法简介

（一）必要性

近年来，随着我国经济社会发展和社会公众安全需求的日益提高，以视频监控系统为典型代表的安全技术防范系统被广泛应用在公安、交通、卫生、教育、环保等领域，视频监控等技防系统无论是系统建设的规模化、系统设计的先进化、还是相关标准体系的完整化等方面都走在了世界前列，积累的经验做法急需固化下来，但是现行的技防工作的依据多为政策性依据和效力级别较低的地方性法律规范，这与依法治国的大环境、与社会公众的新期待相差甚远，同时也无法满足技防工作的需要，急需制定一部全国性的技防立法规范技防工作，指引安防行业健康有序发展。制定"公共安全视频图像信息系统管理条例"的必要性：

1. 是依法治国、依法行政的要求。《中华人民共和国宪法》第5条第1款规定，中华人民共和国实行依法治国，建设社会主义法治国家。《中共中央关于全面推进依法治国若干重大问题的决定》明确要求深入推进依法行政，加快建设法治政府，并且要求强化对行政权力的制约和监督。但是我国视频监控工作以及整个技防工作的开展，却主要靠政策层面部署，如党的十八大报告、《中华人民共和国国民经济和社会发展第十二个五年规划纲要》、《关于加强社会治安防控体系建设的意见》、《关于加强公共安全视频监控建设联网应用工作的若干意见》等；靠党委政府推动，如地方党委、政府将视频监控系统建设作为"智慧城市""平安城市"建设的重要载体和内容，在政策、资金上予以大力支持。地方党委政府重视的，视频监控工作就开展的好，否则寸步难行。这与依法治国、依法行政的大坏境极不相称，所以急需制定、完善相关法律，使以视频监控为主的技防工作走上法治化的道路。

2. 是保证技防系统规范建设和有效运行的需要。受技防行业发展历史的影响，我国现行的技防立法多规范技防产品和技防工程的建设环节。对于系统的安装范围、系统运行和维护等环节少有规范。

由于法律对安装主体、安装范围没有规定或规定不明确，出现应当安装技防系统的主体不安装、不该安装的主体乱安装；出现因技防系统安装地点选择不当，导致侵权案件发生或引起百姓不满；部分已建技防系统设计不合理、存储视频图像质量过低，很难为公安机关侦查破案提供线索和证据等问题。

由于系统运行维护管理规定的不完善，相关责任主体不明确，各地重投入、轻维护，重安装、轻管理的现象比较严重，造成部分技防系统或年久失修成为摆设，或前端设备被遮挡失去作用，或为节约成本不开机，无法发挥或持续发挥技防系统应有的作用。投资巨大的技防系统成为摆设，系统效能得不到发挥或得不到很好的发挥。为了解决上述问题，保证系统规范建设和有效运行，亟需完善现行技防立法。

3. 是保障系统信息安全的需要。以视频监控系统为代表的技防系统，在系统建设中产生大量基础信息，如设计方案、设备选型、安装位置、地址码等；在系统运行中将采集海量的视频图像等信息，上述信息亟需加以有效管理和保护，否则将给国家、企业或个人带来巨大损失。尤其在新媒体时代，信息更容易被快速传播、扩散。实践中，随意传播他人视频图像等信息的情况时有发生，有的甚至直接将其用作实施违法犯罪，不仅损害公民合法权益，而且一定程度上会对国家安全造成威胁。可是我国现行技防立法中关于信息管理、信息保护的条款少之又少，需要立法予以完善。

4. 是保障技防标准施行的需要。技防领域标准的制修订和贯彻实施一直是标准化工作的重点，目前已经形成从产品研发到系统建设相对完善的标准体系，涉及的国家标准、行业标准160余项，但其中多数是推荐性标准。由于推荐性标准没有强制约束力，加之缺乏有效的法律规范，技防系统特别是视频监控系统建设管理使用过程中标准执行不到位的情况较为严重，极大地影响了系统的质量，阻碍了已建系统的互联互通和深度应用，不仅综合防范效能无法发挥，而且造成了资源浪费。鉴于WTO相关技术规则对制定强制性标准的要求较为严格，国际通行做法是通过法律法规引用推荐性标准而使该标准具有强制性效力。因此，亟需强化法律法规与标准的紧密结合、相互衔接，通过立法强化标准的推广应用，通过标准支撑法规的有效实施。

5. 是适应技防管理新形势的需要。据不完全统计，截至 2014 年年底，社会各行业、部门建设的报警与监控系统超过 30 万个，安装的视频监控摄像机超过 2200 万台，其中仅公安机关主导建设的就达 280 万台，基本覆盖了公共区域和要害部位。这些系统在震慑打击暴恐犯罪、重大活动安保、创新社会治理、服务保障民生等方面发挥重要作用的同时，也暴露出一些深层次问题。前期，我们试图通过规范技防系统的安装、使用，解决当前技防工作中存在的社会广泛关注、影响较大、涉及社会安全稳定的突出问题，充分发挥技术防范的作用。但在调研中发现，这些问题主要是视频监控系统在建设、使用过程中产生的，入侵报警、出入口控制等系统的问题并不突出。因此，为进一步增强立法针对性和制度设计的有效性，将立法调整范围修改为对视频监控系统建设、使用和管理的规范，将其命名为"公共安全视频图像信息系统管理条例"。

目前，视频监控在产品的生产、系统的设计安装维护均不属于《外商投资产业指导目录》禁止外商投资的项目。在外资大量进入我国安防市场后，如何有效保护国家重要视音频信息和公共安全敏感信息的安全，确保从前端采集、网络传输到后端平台处理全方位、无死角的安全显得尤为重要，以避免类似美国"棱镜门"事件的隐患。

上述技防管理新形势、新问题也需要立法予以规范解决。

（二）立法历程

从 2000 年开始，公安部科技局在公安部法制局的大力支持和帮助下，成立了专门小组开始立法调研、起草工作。在总结地方立法实践经验、研究借鉴国外安全技术防范服务行业立法情况的基础上，根据我国安全技术防范行业的发展状况，着手起草安全技术防范管理法规，并于 2003 年 6 月形成《安全技术防范报警服务业管理条例（征求意见稿）》。起草小组针对《安全技术防范报警服务业管理条例（征求意见稿）》广泛征求了公安部相关业务局、地方公安技防管理部门、政府有关职能部门、专家学者、从业单位、系统使用单位及中介组织的意见。认真研究了日本、英国、美国、新加坡等国家的安全技术防范服务业的立法情况，多次召开国内外专家论证会，经反复研究、修改，形成《安全技术防范服务企业管理条例（草案）》，2004年列入公安部重点立法计划。2005年，起草小组根据《中华人民共和国行政许可法》的相关规定，结合行业法发展的新状况，对《安全技术防范服务企业管理条例（草案）》的部分条款进行了修改完善，它再次被列入2005年公安部重点立法计划。2006年4月21日，公安部部长办公会议研究通过了《安全技术防范服务企业管理条例（草案）》，在根据部长办公会议的精神对《安全技术防范服务企业管理条例（草案）》进一步修改后，2006年12月26日上报国务院法制办公室。

在公安部科技局起草"安全技术防范服务企业管理条例"的同时，公安部治安局起草了"保安服务管理条例"，其中有部分内容重合。公安部在经过内部协调之后，公安部于2007年8月2日在向国务院法制办上报的"对《保安服务管理条例（草案修改稿）》修改意见的函"（公〔2007〕319号）明确提出"《安全技术防范服务企业管理条例》的调整范围、内容与《保安服务管理条例》确有不同，仍需单独制定行政法规。《保安服务管理条例（草案修改稿）》中有关安防的内容主要应由《安全技术防范服务企业管理条例》调整"。在与国务院法制办政法与社会劳动保障司进一步沟通后，"安全技术防范服务企业管理条例"更名为"社会治安技术防范管理条例"。

2007年以来，结合形势任务的发展变化，积极调整立法定位、起草思路，多次开展专题调研和论证，广泛征求部内相关业务局及各地公安机关、住房和城乡建设部、工业和信息化部、国家质量监督检验检疫总局、国家工商行政管理总局、地方人大及政府法制工作部门、全国政协委员及法学专家等的意见，并在分类研究、充分吸纳300余条意见和建议的基础上，对《社会治安技术防范管理条例》的名称、结构、内容、文字等进行多次调整和修改，形成了送审稿,后更名"安全技术防范管理条例"。送审稿于 2010 年 9 月 28 日经公安部党委会议讨论通过,报国务院法制办。此稿在保留技防系统安装、运维企业从业许可的基础上,进一步完善了关于技防系统运行、维护和信息安全管理的内容。

2013 年 9 月 19 日,国务院下发《严格控制新设行政许可的通知》(国发〔2013〕39 号),严格了行政许可设定标准。2015 年 10 月国务院常务会议决定首批取消 62 项中央指定地方实施的行政许可事项。在这一大环境下,根据前期征求意见情况和调研论证中发现的问题,结合当前政府简政放权和全面深化改革的有关任务要求,研究修改形成了《公共安全视频图像信息系统管理条例(征求意见稿)》。

(三)主要内容

该征求意见稿共 35 条,内容包括总则(立法目的、调整范围、管理机关、基本原则等)、系统建设规范(第 9 条~第 14 条)、系统运维规范(第 15 条~第 17 条、第 22 条)、系统信息管理规范(第 18 条~第 21 条)、主管机关监督检查规范以及罚则(第 23 条、第 26 条~第 34 条)。

第四节　域外安全技术防范管理比较研究
——以视频监控管理为例

自美国"9·11"事件、西班牙马德里列车连环爆炸和英国伦敦地铁大爆炸等恐怖袭击后,全世界范围内对视频监控系统的需求空前高涨,各国部署的摄像头越来越密集,系统也日益庞大,如英国全国范围内已经安装摄像机 420 多万个,平均每 14 个人 1 个摄像机,一个人一天之中可能出现在多达 300 个摄像机前。[1]各国在大量安装视频监控系统的同时,也出台了自己的管理规定。本章将以

---

〔1〕 参见蒋馨:《浅析国外智能视频监控技术的发展及应用》,载《中国安防》2011 年第 10 期。

英国、德国、美国、日本、俄罗斯、澳大利亚为例,比较研究各国的视频监控系统的安装与管理,以期对我国的技防管理工作有所借鉴和帮助。

一、视频监控系统安装范围比较研究

(一) 域外视频监控系统安装范围

1. 英国视频监控安装范围

英国是世界上最先运用城市视频监控系统的国家,80多年前英国人就拥有了全世界最早的视频监控系统。同时,英国也是城市视频监控系统应用水平最高的国家之一。随着社会的进步、科技的不断发展及市民大众安防意识的不断增强,英国目前的社会治安视频监控系统,包括其管理体系都取得了很大的进步和发展。据英国"安全公园"(www.securitypark.co.uk)网站公布的数据,英国安全市场价值为60亿英镑。英国每年有价值12亿英镑的财产被盗窃,超过10万人次遇到个人身份信息被盗用,每年因盗窃零售商类犯罪造成的损失达22.4亿英镑。当前英国安全行业雇员60万人,共有2000家安全设备设计、制造和供应商。英国安全保卫部门由2500家公司组成,共雇佣了12.5万名安全人员(security officer)。从事安全保卫的人员占整个英国安全市场人员的1/3,自2000年以来犯罪总成本达133.9亿英镑。[1]

英国自20世纪70年代开始引进闭路电视(CCTV)系统,90年代以后,英国政府开始实施"地方管理局CCTV计划"。此后,CCTV系统开始在英国各地大规模安装和使用。

经过40年的建设和发展,英国现有视频监控摄像机几乎覆盖了所有城市的大街小巷和全国的高速公路;[2]特点是控制面广、数量

---

[1] 参见《2006-2007年英国安防行业发展概况》,载http://www.21csp.com.cn/njcd/2007/gjp/12/12.2.htm. 最后访问时间:2017年7月25日。

[2] 参见公安部治安管理局、公安部第一研究所编著:《国外城市视频监控系统应用与管理》,群众出版社2012年版,第3页。

众多、分布密集，仅伦敦市区就约有 50 万台摄像机：[1]

（1）在机场、地铁站、公共汽车、火车上等重要交通枢纽；

（2）街道、广场、医院停车场等公共场所；

（3）除政府在街道两侧安装大量摄像头外，银行、商店、酒吧等私人场所；

（4）教堂、乡村、农场等偏僻的区域；

（5）国家法律、法规规定的其他地点和区域。

英国采用和安装摄像头可以说走在了世界的前列，促成的直接原因就是恐怖袭击，安装宗旨就是防止恐怖袭击，维护社会安全稳定。1993 年和 1994 年，爱尔兰共和军在人口密集的伦敦金融区引爆两枚炸弹。这两起恐怖事件促使政府在该城的 8 个入口处安装了摄像头。但这仍然不能平息民众对恐怖活动的焦虑，于是英政府开始在更多的场所安装摄像头。这个人口数量只占全球人口总量的 1% 的国家，拥有全球约有 1/10 的闭路电视监控摄像机，比欧洲其他国家的总和还要多。英国现有监控摄像头与英国人口数量之比为 1∶14，也就是平均 14 个人拥有 1 个监控摄像头。[2]

2. 德国视频监控安装范围

目前，德国大部分城市都使用了视频监控技术，并且取得了显著成效。主要安装范围：

（1）德国警察根据治安动态对银行、博物馆、机场和公共建筑的安全进行评估，并根据安全风险等级和有关标准要求这些重要单位建设视频监控设施。例如，德国慕尼黑国际机场的安全防范就是通过中央管理系统将周界防范系统、安检防爆系统、出入口控制系统和闭路电视监控系统等 15 个安防系统集成起来，并进行智能化管理，提高了机场保卫部门和警察部门防范突发事件的应对能力和处理

---

[1] 参见公安部治安管理局、公安部第一研究所编著：《国外城市视频监控系统应用与管理》，群众出版社 2012 年版，第 3 页。

[2] 参见 https://wenku.baidu.com/view/ed01230d5acfa1c7aa00ccc7.html，最后访问时间：2017 年 7 月 25 日

紧急事件的快速反应能力。[1]

（2）《下萨克森州公共安全和秩序法》第 190 条 c 款规定，视频监控可以用于门禁、财产损害、阻止、揭露和调查犯罪。准许证持有人在出入口、营业场所，在通常情况下在运输、支付或者保管现金或者赌场的筹码进行调查时，在游戏场所、赌场、游戏桌、自动售货机等娱乐场所安装视频监控装置进行监控。使用范围和遵守的技术要求、特别是视频监控图片记录的标记和销毁可以在监控部门的监控下由专业人员进行。

（3）德国禁止在工作场所使用秘密的视频监控设备，但在某些公共场所，例如超市收银台、餐馆收银台等公共场所仍允许使用公开的视频监控。此外，还对企业雇主在招聘新员工时能使用的网络信息进行了规定：允许使用一般的、普遍的网络信息源，但禁止从封闭的社交网络渠道（如 Facebook）获取信息。

（4）对于某些特定场所，比如银行的储蓄场所、储蓄银行、博彩区域，必须按照规定选择性安装区域监控系统。

（5）特定工业场所（如核设施等）必须按照规定安装监控系统。

（6）但是在社区场所、更衣室和休息室等私密隐私场所就不允许安装视频监控，在私人领域个人形象的权利不能被小视，如果必须在工作场所安装视频监控设备，应取得相关机构的批准。

（7）国家法律、法规规定的其他地点和区域。

除了在长期应用中使用视频监控，一些重大节日或活动中也会用到视频监控，比如慕尼黑的"10 月节"、"耶稣圣婴节"或大型足球比赛等。

视频监控作为安全保卫手段逐渐被广泛用于政府、企业、银行大楼，并旨在为监控公共交通、预防刑事犯罪的重要手段。随着犯罪数量的不断攀升，视频监控系统的宗旨是改善安全性、提高居民

---

[1] 参见《浅谈机场安防系统的集成》，载 http://www.asmag.com.cn/solution/201301/58470.html，最后访问时间：2017 年 7 月 25 日。

安全感、保护居民免受犯罪分子侵扰的重要作用，在德国已经被称为"警方的技术眼睛"。[1]

私人或其他实体进行的监控方面，德国宪法明确规定，居民享有居住权和隐私权，因此社会其他人员或团体在规划视频监控装置时应充分考虑这一点。通常，德国公民生活中的核心区域受到绝对保护，视频监控设施可以进行安装和使用，但是有条件的。[2]

对于公共部门的监控（在德国通常指警察部门）而言，情况与私人或其他实体不同。现在大多数联邦州及联邦政府都允许进行CCTV监控，并且CCTV在其他国家（如英国）已经得到广泛应用，且收效良好，因此德国警察也在积极地寻找更好的应用方法，如果没有获得批准使用CCTV监控，则被视为非法。因此，大多数联邦州都引入立法，比如《萨克森州警察法》允许警察监控和记录不同地区发生的各种案件情况，其他州在应用视频监控方面也取得了良好的效果。[3]

3. 美国视频监控安装范围

美国警方在公共场所安装视频监控系统始于1971年，纽约州的芒特弗农市最先开始，其他城市紧随其后。然而，由于缺乏当地财政的支持，这些早期的视频监控系统无论是在技术上还是在资金上大部分都存在着很大问题，而且当时的视频技术仅限于消极地记录事件，不允许远距离的主动监视，且拍摄的图像也很模糊，无法作为立案证据使用；1994年美国出台了《控制暴力犯罪和实施相关法律法案》，授权联邦政府资助各州执法部门建立犯罪防控体系，其中就包括视频监视系统。该系统已成为美国政府打击犯罪及恐怖活动的重要工具。2001年"9·11"恐怖袭击事件发生之后，有一些

---

[1] 参见公安部治安管理局、公安部第一研究所编著：《国外城市视频监控系统应用与管理》，群众出版社2012年版，第98页。

[2] 参见公安部治安管理局、公安部第一研究所编著：《国外城市视频监控系统应用与管理》，群众出版社2012年版，第99页。

[3] 参见公安部治安管理局、公安部第一研究所编著：《国外城市视频监控系统应用与管理》，群众出版社2012年版，第99页。

州立法规定，在某些情况下要求强制使用视频监控，如纽约州要求在公共舞厅所有入口安装监控摄像头，必须保留录像资料并及时向警方提供。"9·11"事件让美国政府得到了血的教训，金融犯罪、暴力流血冲突、日常治安案件等仍然是困扰执法机关的难题，这些都推动了城市技术防范手段的应用，视频监控就是其中最为典型的代表之一。作为震慑犯罪和打击恐怖活动的有力武器，视频监控系统目前已经覆盖美国的大小城市。而且多数美国人支持在公共场所安装监控摄像头，认为这种做法有助于维护社会的安全和稳定；2004年加利福尼亚州加登格罗夫市通过一项法令，要求网吧安装视频监控系统，并接受当地执法机构的检查。鉴于众多的枪击、恐怖和犯罪事件发生，马里兰州巴尔的摩市于2005年3月全票通过立法，要求其境内的所有购物中心和停车场安装视频监控设备。[1]

视频监控设备的安装范围主要包括：

（1）2001年"9·11"恐怖袭击事件发生之后，有一些州立法规定，在某些情况下要求强制使用视频监控，如纽约州要求在公共舞厅、文化娱乐场所等公共场所的入口安装监控摄像头，必须保留录像资料并及时向警方提供。

（2）视频监控主要用来监控人口流动量大、治安状况比较复杂的公共场所。

（3）包括商业繁华地区、学校、法院、市属公用事业单位、纪念碑、政府大楼和其他重要基础设施等地区必须安装视频监控。警察局等执法机构在运行视频监控系统上的优先级地位，确定安装摄像机的位置有可能会是一个反反复复的过程，需要考虑到很多其他方面的因素，如这个地方历史犯罪数据、执法与公共安全优先级、委员会会员投入、平安城市利益相关人所接受的倡议、个人隐私问题、经费限制等。

---

[1] 参见公安部治安管理局、公安部第一研究所编著：《国外城市视频监控系统应用与管理》，群众出版社2012年版，第12页。

（4）在飞机场、火车站、码头等重要的交通枢纽。
（5）国家法律、法规规定的其他地点和区域。

美国政府对公共领域的视频监控系统建设越来越重视，同时也将私人运营的监控设备或网络有选择地纳入公共安全管理范畴，并且逐渐加大对城市视频监控系统的投入力度。美国政府通过对公众负责的程序建立公共视频监控系统，坚持两条原则：首先是凡建立永久性或长期性的公共视频监控系统，须通过包括社区意见在内的公开商议程序，进行民权影响评估和整体成本效益分析；其次是对于临时性公共视频监控系统，须向第三方权威机构承诺该系统的使用和运行不会逾越其法定的执法用途范围。[1]

4. 日本视频监控安装范围

日本在安装及使用城市监控摄像机方面有很多质疑，因为很多市民认为监控摄像机会干预他们的个人隐私和肖像权，违反了《日本国宪法》第13条，即"全体国民每个人都应受到尊重。对于国民谋求生存、自由以及幸福的权利，只要不违反公共福利，在立法及其他国政上都必须受到最大程度的尊重"。

其视频监控的安装范围主要包括：

（1）群众聚集的场所；[2]

（2）区办设施、商业街、道路、公园、广场、车站中央大厅、超市、剧场等交通枢纽和重点单位必须安装视频监控；[3]

（3）规定的其他地点和区域。

警方安装及使用街头监控摄像机是基于各都道府县公安委员会的规定及街头监控摄像机运作大纲进行的，旨在预防在公共场所发生犯罪事件，并当发生事件时能迅速察觉及采取正确的应对措施。

---

［1］ 参见公安部治安管理局、公安部第一研究所编著：《国外城市视频监控系统应用与管理》，群众出版社2012年版，第14页。

［2］ 参见公安部治安管理局、公安部第一研究所编著：《国外城市视频监控系统应用与管理》，群众出版社2012年版，第237页。

［3］ 参见公安部治安管理局、公安部第一研究所编著：《国外城市视频监控系统应用与管理》，群众出版社2012年版，第62页。

5. 俄罗斯视频监控安装范围

近些年，俄罗斯多次发生震惊国内外的恐怖爆炸案件。例如，2002年10月23日，40多名武装歹徒闯入莫斯科轴承厂文化宫，造成118名人质死亡。2004年9月1日，30余名车臣恐怖分子突然占领俄罗斯北奥塞梯共和国别斯兰第一中学，造成317名人质死亡。[1]

在俄罗斯视频监控的安装范围主要包括：

（1）各区智能视频监控系统（主要监视人群聚集区、繁华路口、城市间路段、学校和街面等交通枢纽和重要单位）；

（2）商用视频监控系统（主要监视市场、娱乐场所、加油站等公共场所）；

（3）远程监控移动目标系统（主要监视移动物体）；

（4）住房公用设施监视系统（主要监视住宅小区等人员密集的地区）；

（5）国家法律、法规规定的其他地点和区域。

在进行案件侦查时，以及在进行跟踪时，存储的视频信息可以还原事件经过。各部门的指挥和监视中心可接入统一的数据库，以向执勤人员提供信息。[2]

俄罗斯安装视频监控旨在保护居民的人身财产安全，维护社会秩序，打击违法犯罪活动，为居民提供一个安全有序的社会环境；2005年俄罗斯开始进行"平安城市"建设，这一工作的核心内容之一就是建设城市视频监控系统。

俄罗斯宪法虽然明文规定了每个公民都有广泛的隐私权利和信息权利，但是如今满街的摄像头还是无法保障俄罗斯公民的隐私。在俄罗斯自由搜索、获取、传递、制造和传播信息的权利并不包括商务、财政等涉及国家机密的信息。俄罗斯内务部首都安全局称这些监控系统只是用来保护首都安全、预防犯罪行为的，并非任何人

---

[1] 参见公安部治安管理局、公安部第一研究所编著：《国外城市视频监控系统应用与管理》，群众出版社2012年版，第38页。

[2] 参见公安部治安管理局、公安部第一研究所编著：《国外城市视频监控系统应用与管理》，群众出版社2012年版，第40页。

都能看到这些监控录像，警方将会保护市民的隐私，不会随意公开录像资料，以免将莫斯科变成一个让人感到时刻有无数双"特殊的眼睛"盯着的城市，从而让市民感到不舒服。不仅政府以公共利益为名压缩个人隐私空间，甚至各种机构私人安装的安全监控更是让俄罗斯人深恶痛绝。每年因为监控纠纷的案件也越来越多。在俄罗斯场所监控设备的安装权、查看权、保存权、发布权、使用权、民众知情权，以及谁对监控录像安全负责等问题，在俄罗斯各地各级法院也已经有相当多的存量。即使俄罗斯目前对此还没有具体专门的大部头法案，但依据众多案件卷宗以及个别条例，还是可以较好地保障公民的隐私权利。

6. 澳大利亚视频监控安装范围

澳大利亚十分重视城市视频监控系统对于防范、打击违法犯罪活动的重要作用。90年代早期，由于设备成本的大幅度下降以及地方视频监控市场需求的迅速增加，各地方政府开始普遍应用这种监控系统。1991年下半年，澳大利亚国内第一个公共街道视频监控系统在西澳大利亚州珀斯市投入使用。[1]

在澳大利亚对于视频、图像采集装备的安装必须遵循《1988年隐私法》的规定。此外，在澳大利亚联邦层面的《2004年监视设备法》，对于监视设备的特例情况也作出了必要的补充，包括为了收集刑事诉讼程序当中可采信的证据而使用监视设备的特例，可以采取某些程度的豁免。通常视频监视设备安装在公众场合的显眼位置，像卫生间、母婴室等涉及他人隐私的场合肯定是不能安装的。对于一些公众场合设置是否合适，在澳大利亚也常常会引起一定的争议。

视频监控的安装范围主要包括：

（1）20世纪60年代，澳大利亚首次引入CCTV监控系统，对CBD、商场、商业建筑、大型娱乐场所、体育馆、大型商业场所等人员密集的公共场所等进行安全监控，警察部门也利用其进行监控

---

〔1〕 参见公安部治安管理局、公安部第一研究所编著：《国外城市视频监控系统应用与管理》，群众出版社2012年版，第48页。

和调查取证。

(2) 银行、金融中心、安装有 ATM 机的区域。

(3) 机场、铁路、地铁、汽车站等重要公共交通枢纽。

(4) 政府大楼等重要单位。

(5) 俱乐部、老年之家、儿童活动中心、历史博物馆等区域。

(6) 国家法律、法规规定的其他地点和区域。[1]

在维多利亚州，视频监控主要分三类：监控摄像机、闭路电视、安全摄像机。闭路电视指在街道上为监控目的使用的视频摄像机设备，安全摄像机则是在室内空间使用的相似技术，而监控摄像机则特指安装在经营场所出入口、对顾客出入进行录像的摄像机。

为了加大城市治安防控力度，澳大利亚政府制定了国家层面的犯罪预防规划，为有效预防和震慑犯罪，确保居民生命财产安全提供了有力保障。2007 年，澳大利亚司法部又公布了一项"国家社区犯罪预防规划"规定实施视频监控项目的场所涉及俱乐部、老年之家、儿童活动中心、历史博物馆等，内容既有新系统安装，也有对旧设备进行更新，主要用于阻止盗窃、破坏公共财产、反社会行为、乱涂乱画、非法持有、丢弃毒品等行为；维多利亚州司法部强调，在公共区域安装视频监控摄像机旨在：第一，预防犯罪。使用监控摄像机阻止犯罪，有可能作为更广泛降低犯罪战略的一部分替代主动监控，警察还可以对发展中的事件作出快速反应。第二，对犯罪嫌疑人进行刑事诉讼。监控摄像机最有效的用途是作为法庭证据工具来辨认某项犯罪的犯罪嫌疑人或者排除犯罪嫌疑人。因此，图像必须是高清，以便能在刑事诉讼中被采信为证据。第三，加强社区安全。公众看得见的监控摄像机（尤其是公共空间的视频监控系统），可以加强社区内的安全感，这对于构建公共信心和降低犯罪恐惧具有建设性意义。[2]

---

[1] 参见公安部治安管理局、公安部第一研究所编著：《国外城市视频监控系统应用与管理》，群众出版社 2012 年版，第 48 页。

[2] 参见公安部治安管理局、公安部第一研究所编著：《国外城市视频监控系统应用与管理》，群众出版社 2012 年版，第 50 页。

总之，澳大利亚各地均十分重视视频监控系统在打击、预防犯罪中的作用。澳大利亚已有33个首府、地区或郊区中心部署了公共街道视频监控计划。根据对澳大利亚地方政府（除澳大利亚首都）官方统计显示，9%的地方政府已经拥有视频监控系统，另有2%的地方政府正在酝酿安装此系统；在已安装的视频监控系统中，32%位于大型购物中心，54%在市中心。此外，48%的地方政府设施都配备了摄像机。[1]

（二）各国视频监控系统安装范围之比较分析

纵观各国视频监控系统的安装范围，主要有以下几类地区：

1. 公共场所。如英国在高速公路、街道、广场、医院停车场等公共场所安装了大量监控摄像机；美国定义为监控人口流动量大、治安状况比较复杂的公共场所；俄罗斯的各区智能视频监控系统主要监视人群聚集区、繁华路口、城市间路段等。

2. 交通工具及重要交通枢纽。如英国在公共汽车、火车上，在机场、地铁站等地安装了大量监控摄像机。

3. 部分私人场所。如英国要求在银行、商店、酒吧等私人场所安装摄像头。

4. 重点单位。如德国要求银行、博物馆和公共建筑、特定工业场所（如核设施等）等重点单位根据其风险等级安装视频监控设备。《下萨克森州公共安全和秩序法》规定，在游戏场所、赌场、游戏桌、自动售货机等娱乐场所安装视频监控装置。2004年美国加利福尼亚州加登格罗夫市通过一项法令，要求网吧安装视频监控系统，并接受当地执法机构的检查。美国马里兰州巴尔的摩市于2005年3月全票通过立法，要求其境内的所有购物中心和停车场安装视频监控设备。纽约州要求在公共舞厅、文化娱乐场所等公共场所的入口安装监控摄像头，必须保留录像资料并及时向警方提供。澳大利亚对CBD、商场、商业建筑、大型娱乐场所、体育馆、大型商业

---

[1] 参见公安部治安管理局、公安部第一研究所编著：《国外城市视频监控系统应用与管理》，群众出版社2012年版，第49页。

场所等人员密集的公共场所等进行安全监控。

5. 重要基础设施。如美国要求商业繁华地区、学校、法院、市属公用事业单位、纪念碑、政府大楼和其他重要基础设施等地区必须安装视频监控。澳大利亚要求在俱乐部、老年之家、儿童活动中心、历史博物馆等区域安装监控摄像机和安全摄像机。[1]

6. 居民住宅外等公众场所。如日本要求居民住宅外等公众场所必须视频监控。俄罗斯的住房公用设施监视系统主要监视住宅小区等人员密集的地区。这点与德国的规定正好相反。

7. 国家法律、法规规定的其他地点和区域。

除上述普遍的安装范围之外，还有国家要求在以下区域安装摄像头：

1. 偏僻区域。如英国在教堂、乡村、农场等偏僻的区域安装摄像头。

2. 重大活动和节日活动现场。如德国慕尼黑的"10月节"、"耶稣圣婴节"或大型足球比赛等会用到视频监控。

在视频监控设备安装方面的注意事项包括：（1）禁止使用秘密监控设备。如德国禁止在工作场所使用秘密的视频监控设备，允许使用公开的视频监控。（2）隐私保护。如德国在社区场所、更衣室和休息室等私密隐私场所就不允许安装视频监控。德国宪法明确规定，居民享有居住权和隐私权，因此社会其他人员或团体在规划视频监控装置时应充分考虑这一点。如果必须在工作场所安装视频监控设备，那就得取得相关机构的批准。在澳大利亚对于视频、图像采集装备的安装必须遵循《1988年隐私法》的规定。要求视频监视设备安装在公众场合的显眼位置，像卫生间、母婴室等涉及他人隐私的场合肯定是不能安装的。（3）系统安装上的正当程序。如美国政府通过对公众负责的程序建立公共视频监控系统，坚持两条

---

[1] 在维多利亚州，视频监控主要分三类：监控摄像机、闭路电视、安全摄像机。闭路电视指在街道上为监控目的使用的视频摄像机设备，安全摄像机则是在室内空间使用的相似技术，而监控摄像机则特指安装在经营场所出入口、对顾客出入进行录像的摄像机。

原则：一是对于建立永久性或长期性的公共视频监控系统，必须通过涵盖社区意见在内的公开商议程序，进行民权影响评估和整体成本效益分析；二是对于临时性公共视频监控系统，须向第三方权威机构说明该系统的使用和运行不会超出其法定的执法用途范围。

本部分研究的视频监控系统的投资主体和安装主体是有区别的。所谓投资主体是指投资建设视频监控系统的主体，其可以是安装主体，但多数时候投资主体只负责投资，不参加系统建设。安装（建设）主体是指负责视频监控系统建设的主体。安装（建设）主体不同于系统的施工单位，其可以自己施工安装视频监控系统，但更多时候是负责组织协调系统的安装工作，即视频监控安装工程中的甲方。

二、视频监控系统的投资主体与安装主体比较研究

（一）域外视频监控系统的投资主体与安装主体

1. 英国城市视频投资主体与安装主体

（1）投资主体

英国中央政府每年为各市政府和警察部门提供建设资金，用于公共视频监控系统建设。各市政府也在每年的预算中预留资金进行系统的建设。在监控系统监控范围内受益的单位和社会机构，也提供一部分资金，补充政府经费的不足。街道、广场、商业中心等公共场所的视频监控系统主要采取此种方式建设。

其他商业网点、单位、学校和机构内部的监控系统建设属于政府提议和民间自发行为，绝大多数监控系统是由社会投资、民间自费，主要用于监控个人使用或经营的商店、公司、住宅等私人场所。[1]

英国政府要求，在提出建设视频监控系统的立项申请时，必须明确说明系统维护单位及资金来源，切实落实管理责任，确保完好率

---

[1] 参见公安部治安管理局、公安部第一研究所编著：《国外城市视频监控系统应用与管理》，群众出版社2012年版，第6页。

在95%以上，可以发挥已建系统的效益。[1]

(2) 安装主体

对于政府部门建设的系统而言，英国政府要求，在计划出资建设视频监控系统申请经费时就必须明确建设单位、维护单位、资金来源、应用方式及人员配套，切实落实管理责任，必须保证建好的系统能够正常工作。

几乎所有公共场所的视频监控系统都由市政厅负责规划和建设，警察局不直接参与系统工程设计、建设和管理，只向市政厅提供系统建设需求和设备选型标准即可。

总之，英国各地安装视频监控系统的规模之大、数量之多、布点密度之高，给人们留下了深刻印象。伦敦地铁站的站台、过道以及上下扶梯，几乎每隔几米就安装有1~2个（在同一个位置安装了2支方向相反的固定摄像枪）摄像头；从伦敦东部坐地铁或轻轨到西部去，从进入东部某个地铁站算起到从西部某个地铁站出来，每个人至少被拍摄几十次的说法毫不夸张。也许是由于伦敦地铁站空间不高，非常适合安装拍摄理想图像的原因，其拍摄的图像质量很高，有利于日后取证使用。市民的安防意识普遍比较高，特别是大城市所有的商业场所基本上都自觉安装了监控系统，而且能通过专用无线通信设备互相通信。

各地区的大型监控系统一般都由市政厅统一设计、规划、建设、管理和维护，避免了财政上重复投资及部门之间复杂的协调。英国政府不仅重视视频监控系统建设，同时也很重视保护人权。一方面对建设项目进行审批和管理；另一方面从法律层面，对建设的地点、方式、标志进行规范，形成一种公开、透明的运作机制，让公众了解视频监控，并自发地支持监控系统建设，商家自主地建设监控系统，营造了良好的社会氛围。

---

[1] 参见公安部治安管理局、公安部第一研究所编著：《国外城市视频监控系统应用与管理》，群众出版社2012年版，第9页。

2. 美国城市视频投资主体与安装主体

(1) 投资主体[1]

在视频投资资金来源方面，联邦级的视频监控系统主要有以下几种保障方式：

①国土安全部拨款。视频监控的财政支持主要来自美国国土安全部拨款，美国国土安全资助计划中有一项"城市地区安全倡议（UASI）计划"，其中有一些是通过私人捐款，如洛杉矶好莱坞大道上的视频监控系统主要来自电影业的捐赠。UASI 计划于 2003 年由国会首次批准，每年都提供拨款，分为四类，其中包括地区视频指挥系统在内的互操作性通信能力占最大份额达 48%。以芝加哥、纽约、哥伦比亚特区为例，在经费保障方面，芝加哥城市监控的基础建设主要来自美国国土安全拨款，因此，争取联邦政府的资金援助显得非常重要。一部分摄像机由警察局所有，另外一部分由服务于各企业的私人保安机构所有。届时所有监控图像将传送给警察局和私人保安机构值班的监视中心。

②司法部拨款。如联邦警民合作（COPS）和贝恩纪念司法援助（JAG）拨款。1995 年 9 月月底，巴尔的摩警察局（与巴尔的摩市中心零售商和地方政府部门组成的商业伙伴关系和公共交通管理局一起）取得了 7.5 万美元联邦"贝恩纪念"（Byrne Memorial）拨款，该款项主要用于实施视频巡逻项目。

③罚没款资金以及市、县或地区预算资金。日常维护和管理资金主要来自：911/E911 服务附加费，违反交通规则罚款，租赁或托管服务费，私营企业资金以及市、县或地区预算资金。美国政府一贯认为，促进城市视频监控系统市场增长和发展最关键的动力是对城市视频监控体系的巨大投入。

(2) 安装主体

美国视频监控大部分具体建设由警察局和商业团体合作安装实

---

[1] 参见公安部治安管理局、公安部第一研究所编著：《国外城市视频监控系统应用与管理》，群众出版社 2012 年版，第 15 页。

施,具体由政府指导,IMB 公司负责实施,目前已经展开了很多基础建设,全面扩大整个城市的网络,提高视频监控力度。[1]

3. 德国城市视频投资主体与安装主体

德国的视频监控行业管理体制与其他发达国家类似,主要由保险公司和德国预防损失协会等中介机构所组成。德国预防损失协会设有标准研究部、检测实验室和认证中心,通过认证制度管理着500 多家安防和消防企业。该协会的认证机构还与其他欧盟成员国的认证机构签署了互认协议,因此这 500 多家企业可以在各欧盟成员国中开展业务。近几年,德国安防行业发展相对平稳,年产值保持在 400 亿欧元左右,在欧洲占有很大份额。[2]

德国对于安防标准十分完备,涵盖了安防产品标准和安防技术规范。仅规范报警系统的德国标准就有 41 个,在世界范围、特别是在欧洲的影响较大。

(1) 投资主体

以黑森州为例,其已经在 13 个城市安装了 83 台摄像机和 16 台图像录制装置。黑森州政府每年投入 30 万欧元在整个联邦州投入和运行视频监控装置,该州对公共场所以及街道实施视频监控已达 15 年;汉堡市政府花费了 60 万欧元购置视频监控系统,警方安装了 12 台监控摄像机。[3]

(2) 安装主体

目前,德国的视频监控标准主要由德国标准化研究所(DIN) 和预防损失协会(VDS)负责制定。[4] DIN 和 VDS 都是私立机构,德国警察部门一般都直接引用 DIN 的标准以法规的形式规范安防系

---

[1] 参见《美国城市视频监控系统概况》,载 http://www.docin.com/p-367944802.html,最后访问时间:2017 年 7 月 28 日。

[2] 参见《智能建筑安全防范系统的评价指标体系研究》,载 http://www.doc88.com/p-3913712192313.html,最后访问时间:2017 年 7 月 24 日。

[3] 参见公安部治安管理局、公安部第一研究所编著:《国外城市视频监控系统应用与管理》,群众出版社 2012 年版,第 100 页。

[4] 参见《德国安防行业发展概况》,载 http://www.21csp.com.cn/njcd/2007/gjp/12/12.3.htm,最后访问时间:2017 年 7 月 25 日。

统。另外，政府部门对其标准还采取了非直接认可方式，也使标准具有法律效力。比如警察部门在进行安防采购时，要求产品必须符合某项 DIN 标准，使其具有了法律效力。另外，由于 DIN 制订标准的广泛性、民主性以及权威性，即使未被政府采用，但由于各方广泛认同，均能够被采用实施。

4. 日本城市视频投资与安装主体的规定

日本的城市视频监控系统投资和安装的主体是政府机构和民间的企业或者个人。在东京杉并区安装摄像机的主体可分为两类，即杉并区政府安装的摄像机及民间自行安装的摄像机，安装这些摄像机时都有义务向区长进行申报（一般的商店或者个人安装的摄像机不包括在内），当有可能涉及个人隐私问题时，则由区政府提出解决方案。

表 1-1　视频监控产品行业的产品类别与主要制造商[1]

产品类别	主要产品	主要制造商 (从日本安防展上参展产品较多、规模较大的参展公司中选出)
闭路电视监控产品	CCD 摄像机 微光摄像机 红外摄像机 摄像镜头 监视器 切换装置 摄像机球罩 云台 控制器 摄像机周边器材	日立集团 松下电器 三菱电机 三井物产 横河电机 日本 JVC 东芝 腾龙 西科姆

---

[1] 根据《日本安防行业发展概况》，载 http://www.21csp.com.cn/njcd/2007/gjp/12/12.7.htm 总结，最后访问时间：2017 年 7 月 25 日。

5. 澳大利亚视频投资主体与安装主体

（1）投资主体

2004年，澳大利亚政府开始推行"国家社区犯罪预防规划"，为加强社区安全和犯罪预防的基础项目提供资金，督促地方政府制定犯罪预防对策，提高社会民众对当地犯罪问题的认识。

2005年9月30日，澳大利亚政府宣布为视频监控系统等"国家社区犯罪预防规划"中的安全防范基础设施提供600万美元资金。这些资金将用于构成当地社区犯罪预防战略有力组成部分的项目。在第一轮至第五轮的拨款中，共有53个视频监控项目获得了拨款，另外还有6个项目虽然不是标准的视频监控项目，但也涉及安装监控摄像机系统，拨款总额高达782.8万美元。在上述项目中，维多利亚州和西澳大利亚州分别占14个，新南威尔士州占13个。截至目前，该规划的所有可用资金已全部下拨完毕。2007年5月，澳大利亚司法部又公布了一项"国家社区犯罪预防规划"小额拨款项目，每笔拨款最高限额5000美元，已有417个项目获得了该小额拨款，其中不乏视频监控项目。[1]

2009年4月，为进一步加强社会防控，提高重点区域的防范力度，澳大利亚内政部宣布为"校园安全计划"拨款500万美元，作为第一阶段的保障资金，并且在接下来的3年中还将拨付1500万美元（4年总共投入2000万美元），为中小学生提供视频监控系统等技术防范装备。

（2）安装主体

悉尼是澳大利亚最大的城市，同时也是新南威尔士州的首府，该市实施了"视频监控街道安全摄像机网络"战略，在高风险区域由政府来安装监控摄像机并实施联网，所有监控均由位于悉尼市的一个监控中心来控制。

截至2007年9月，视频监控摄像机已在维多利亚州每一个火车

---

〔1〕 参见公安部治安管理局、公安部第一研究所编著：《国外城市视频监控系统应用与管理》，群众出版社2012年版，第49页。

站安装，用于记录视频监控片段。[1]

(二) 各国视频监控系统投资主体与安装主体之比较分析

1. 视频监控系统投资主体之比较分析

各国关于商业网点、单位内部的监控系统建设，基本属于政府建议和民间自愿行为。绝大多数监控系统是由社会投资、民间自建，主要用于监控自己使用或经营的商店、公司、住宅等私人场所。所以本部分我们主要比较公共区域的视频监控系统的投资主体。

公共区域视频监控系统的投资主体主要有以下情形：

(1) 共同投资型。如英国公共区域的视频监控系统由中央政府、地方政府和受益单位共同投资建设。英国中央政府每年为各市政府和警察部门提供建设资金，用于公共视频监控系统建设。各市政府也在每年的预算中预留资金进行系统的建设。在监控系统监控范围内受益的单位和社会机构也提供一部分资金，补充政府经费的不足。日本的城市视频监控系统投资和安装的主体是政府机构和民间的企业或者个人。

(2) 项目拨款。如美国联邦一级的公共视频监控系统主要来自国土安全资助计划中有一项"城市地区安全倡议（UASI）计划"和司法部联邦警民合作（COPS）以及贝恩纪念司法援助（JAG）拨款。

(3) 地方政府。如德国黑森州政府每年投入30万欧元在整个联邦州建设和运行视频监控装置，汉堡市政府花费了60万欧元购置视频监控系统。

(4) 中央政府。如澳大利亚政府多次为视频监控系统拨款，2005年曾宣布为视频监控系统等"国家社区犯罪预防规划"中的安全防范基础设施提供600万美元资金。

不同的投资方式各有利弊，为解决视频监控系统的建设资金问题，笔者以为可以根据各地的具体情况采用不同的投资方式，或者同时采用不同的投资方式。

---

[1] 参见公安部治安管理局、公安部第一研究所编著：《国外城市视频监控系统应用与管理》，群众出版社2012年版，第50页。

2. 视频监控系统安装主体之比较分析

公共区域视频监控系统的投资主体主要有以下情形：

（1）地方政府。如英国几乎所有公共场所的视频监控系统都由市政厅负责规划和建设，警察局不直接参与系统工程设计、建设和管理，只向市政厅提供系统建设需求和设备选型标准即可。澳大利亚悉尼市在高风险区域由政府来安装监控摄像机并实施联网，所有监控均由位于悉尼市的一个监控中心来控制。

（2）警察局。如美国视频监控大部分具体建设由警察局和商业团体合作安装实施，其中商业团体（如IBM）负责实施。

（3）第三方机构。如德国的视频监控标准主要由德国标准化研究所（DIN）和预防损失协会（VDS）负责制定和安装。[1]德国视频监控方面的标准非常完备，德国警察部门一般都直接引用DIN的标准以法规的形式规范安防系统。

在上述不同的安装主体模式中，笔者比较赞同公共区域的视频监控系统由地方政府负责建设。公共区域的监控系统由地方政府统一设计、规划、建设、管理和维护，可以有效避免财政上重复投资及部门之间复杂的协调。

三、视频监控系统管理（使用）主体比较研究

（一）域外视频监控系统管理（使用）主体

1. 英国城市视频监控系统管理（使用）主体

在英国，大部分的郡、市、镇之间的视频监控系统都未强制要求联网但都十分注重局部系统应用，各系统只负责监控和管理所管辖范围内的动态图像及制作相关录像资料。视频监控系统基本上都由基层单位掌控和调度，在特别情况下才将有需要的图像通过网络或录像带传到上级部门。[2]

---

〔1〕参见《德国安防行业发展概况》，载http://www.21csp.com.cn/njcd/2007/gjp/12/12.3.htm，最后访问时间：2017年7月25日。

〔2〕参见公安部治安管理局、公安部第一研究所编著：《国外城市视频监控系统应用与管理》，群众出版社2012年版，第7页。

政府投资和建设的监控系统一般由市政厅负责使用、管理和维护。每个区域性的监控中心都由市政厅派专人进行实时监看,发现问题及时通过专用无线通信工具通知值班警员或事后将相关录像资料提交给警方处理,警方基本不派人到监控中心参与实时监控(个别郡或市的警方会派警察到市政厅属下的监控室现场处理与案情有关的图像及拷贝相关资料备查)。市政厅的监控中心与区域内的商铺、酒吧、停车场等场所的监控都没有实现联网,但配置有一套完善的专用无线通信设备,并能及时与各个商铺、酒吧、停车场进行通信联络,双方能及时交换信息,共同防御和打击犯罪。同时,每个监控中心都有一整套的操作指南和处理程序供值班人员使用,每个实时监看人员必须经过严格的训练后才能上岗和操作。

英国视频监控系统建设遵循以区域联网或机构联网的布局,管理上以块为主。如在伦敦建有8个政府的区域监控中心,据了解,伦敦的警察部门也正在筹备部署3个大型的警用监控中心。[1]监控中心的值班人员是由政府招聘的,并且经过专门的业务培训,实行持证上岗制度。对于企业自建的系统而言,一般是企业或机构建设的系统自建自管,也有部分系统在建设之初就已约定好由警方负责管理。由于投资来源多样化,且政府没有强制的联网标准,建设单位有较大的自主权。

英国的人工比较昂贵,一般单位内部的监控系统不设专门的人员进行监看,系统主要以记录图像为主,遇有事件发生,供警方查证使用。

英国政府在视频监控系统建设的同时也非常重视相关法律法规的完善。如使用视频监控系统的地方必须有清晰易见的警示标志,监控摄像机必须安装在显眼位置;公共场所的视频监控系统不允许由私人建设,必须由政府负责实施;录像资料必须证明图像没有被修改过,才可以被正式引用作为证据;警察要求政府提供监控录像

---

[1] 参见公安部治安管理局、公安部第一研究所编著:《国外城市视频监控系统应用与管理》,群众出版社2012年版,第9页。

资料时，必须办理相关手续；在案件调查阶段，政府只能提供拷贝图像等。

2. 美国城市视频监控系统管理（使用）主体

视频监控系统监控可以分成两种主要类型，即主动型监控和被动型监控。主动型监控是指终端用户通过严格计划和有目的的方式，主动观察和控制摄像机视频输出。主动监控既可以由人员操作，也可以通过监控系统自动进行。由人员操作实现的视频监控由于要把人员固定在监控台上观察视频流情况，因而是一件很费体力的工作。

为了实现更加有效的监控操作，需要平衡工作量和所需工作人员水平。实现整体效率的最大化和所需人员的最小化是今后努力的方向和目标。

系统自动完成的视频监控是主动型监控的另外一种形式。在此方案下，系统集成了先进而复杂的摄像机、传感器和应用软件，并且设置了常规工作步骤来完成非常特殊的监控任务。

主动监控一般的做法是在视频分析与需要人力的视频监控操作之间找到一种平衡的办法。被动监控是指终端用户几乎没有或者不是有意地进行视频观察。视频信息流输出到记录系统保存下来，供日后某个时间寻找法庭依据时浏览查阅。这种监控技术所带来的结果是，操作成本很低而实际上却非常有效。

美国警车配备视频监控设备日渐走向常态化。美国的执法机构正在逐步普及警用视频监控设备，尽管联邦政府在 2009 年和 2010 年对财政支出进行削减，但根据 IMS 的调查研究，警车移动视频监控设备市场预计仍然会以 6% 的平均速度递增，并持续到 2016 年。美国执法机构将投入大约 40 亿美元扶持该领域，美国《恢复和再投资法案》可能会给美国执法机构带来额外的资金帮助。[1]

3. 德国城市视频监控系统管理（使用）主体

德国是市场经济比较发达的国家之一，但政府没有专门从事视

---

[1] 参见公安部治安管理局、公安部第一研究所编著：《国外城市视频监控系统应用与管理》，群众出版社 2012 年版，第 16 页。

频监控管理的机构,而是通过为数众多、活动广泛的行业管理组织与成千上万的企业进行密切联系并完成实际工作。在整个市场经济运行机制中,从中央到地方,从系统到部门,分布着众多的行业协会和商会。

行业协会作为重要的社会中介组织,是市场经济主体,为了表达自身的愿望与要求,维护共同利益而组成的、非营利性质的、行业性的社会经济组织。在现代市场经济条件下,它具有协调政府和企业之间的关系、协助政府维护市场经济秩序、促进资源优化配置等重要作用,是市场经济体系的一个重要组成部分。

在巴伐利亚视频监控装置主要由警察使用,使用场所包括具有特殊安全需求的场所和交通设施、足球场、运动场以及大型活动的举行场所。出于自身财产安全的目的,一些私人企业也会选择使用视频监控。其他安装视频监控装置的公共场所还有火车站、飞机场和海运码头以及银行、油罐设施、多层停车楼、大型商场、餐厅和大型体育场等。[1]

依据联邦及各州警察法的相关规定,在犯罪高发地区安装视频监控装置作为巴伐利亚警察局整体安全计划的组成部分,用以排除危险、阻止犯罪和提升安全感。

4. 日本城市视频管理主体(使用)主体

日本对监控摄像机的管理由警方管理街头监控摄像机、由商业街等市民团体管理监控摄像机、由自治体管理超级防范灯三部分构成。[2]

(1)警方管理街头监控摄像机

日本警察厅 2009 年开始为了预防犯罪,在日本 14 个县、市的 15 个居民区增设防范摄像监控网,于 2010 年开始执行。警察厅从政府拨款中拿出 5.79 亿日元用于实施该项计划。该计划中每个居民

---

〔1〕参见公安部治安管理局、公安部第一研究所编著:《国外城市视频监控系统应用与管理》,群众出版社 2012 年版,第 101 页。

〔2〕参见公安部治安管理局、公安部第一研究所编著:《国外城市视频监控系统应用与管理》,群众出版社 2012 年版,第 58 页。

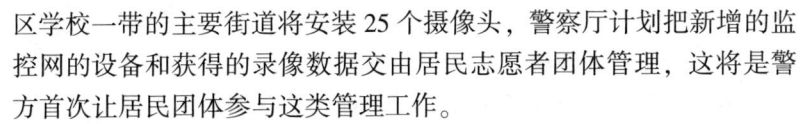

区学校一带的主要街道将安装25个摄像头,警察厅计划把新增的监控网的设备和获得的录像数据交由居民志愿者团体管理,这将是警方首次让居民团体参与这类管理工作。

(2) 由商业街等市民团体管理监控摄像机

街头监控摄像机一般都安装在商业街等繁华地段,为避免无秩序安装监控摄像机,在警方的指导下,市民团体主动制定了相关的安装纲要,明确了管理主体,管理办法也有明文规定,内容主要涉及指定的管理者、图像显示器的禁止事项、录像信息的管理以及在向警方提供信息时应注意的情况等。之后,一些城市也相继制定了符合自身实际情况的条例,而且增加了录像信息只能通过专用的软件才可浏览、由警察署进行管理等内容。

另外,商业街的监控摄像机只有在向警方提供案件发生时的录像信息时才能发挥其功效,而监控摄像机有效与否则是通过诸如目标追踪、与现场的市民通话、报警等起到多大作用来评判,因此,监控系统的有效性正是商业街极度重视并大力加强的重要内容。

(3) 由自治体管理超级防范灯

日本警察厅为控制发生犯罪案件,作为措施之一,自2002年起启用"街头紧急报警系统"(也称为"超级防范灯")。该系统主要安装于来往行人稀少的道路、公园或学生上下学必经之路等处,警方希望该系统能在预防犯罪、事件或事故发生时警察能迅速且准确地采取应对措施、防止扩大受害范围、构建安全且安心的社会环境等方面发挥作用。

"超级防范灯"是配备有红色警报灯、警笛、监控摄像机、内置电话、紧急报警按钮等装置的防范报警装置。只要按下按钮,警笛就会响起,不仅可以引起周围注意到此处发生了紧急情况,还可以通过内置电话与当地警察署警察本部通信指令室的警察直接通话。同时,警察署或警察本部的监控屏幕上可以显示该防范灯周围的情况。因为规定每隔一段距离应设置1台防范灯,所以该系统还可以追踪逃犯并将其记录下来。

政府机构安装的视频监控由政府机构进行日常的维护、修理和管理，民间的企业或者个人安装的视频监控由他们自己管理与使用。

5. 澳大利亚视频管理主体（使用）主体

澳大利亚城市视频管理与使用由监控中心来掌管。近年来，澳大利亚安防协会建立了报警监控中心定级制度。即遵循《澳大利亚标准2201.2：2004（入侵者报警系统－监控中心）》，独立进行检测，具有很高信誉度。

在装有警报系统的典型场所，约有3/4的时间由中心监控站负责监测。建筑物在多数时间里都处于无人状态，当房主将警报系统关闭后，监控中心应保留某些功能。例如，中心的维护以及物理防护、防火设施；进入中心的方法及操作模式；通风系统和消防用呼吸装置；动力供应安排；通信设备，包括电话、强制密码和无线电；备用监控设备；录音保存。

《澳大利亚新南威尔士州CCTV政策说明及指南》要求新南警察局应参与计划安装和运用的全过程并应向其咨询，包括参加社区安全委员会、参加或向CCTV委员会提供建议、进行犯罪评估、决定评估程序。[1]对于新南警察局来说，较好的选择是在地方警察局安装一台链接监视器。可以在指定地点（如当地警察局）提供直拨电话设施及监控设备，以保证对被识别的事件进行即时通信和监控。此种方式，即使经要求警察可以获得图像，对监控设备的控制权也属于地方议会监控操作员。不要求警察对设备进行持续监控。

澳大利亚安防协会承诺，应用于监控中心的标准技术将进行独立的、经常性的检测。为规范安防行业市场，澳大利亚安防协会向监控公司下发有时间限制的证书，一般期限是2年。[2]

（二）域外视频监控系统管理（使用）主体总结分析

1. 政府投资建设的视频监控系统管理（使用）主体

纵观英国、美国、日本等国家对公共区域视频监控系统的管理，

---

[1] 参见公安部治安管理局、公安部第一研究所编著：《国外城市视频监控系统应用与管理》，群众出版社2012年版，第188页。

[2] 参见《澳大利亚安防行业发展概况》，载http://www.21csp.com.cn/njcd/2007/gjp/12/12.5.htm，最后访问时间：2017年7月25日。

其管理主体主要有以下情形：

（1）市政厅。如英国政府投资和建设的监控系统一般由市政厅负责使用、管理和维护。每个区域性的监控中心都由市政厅派专人进行实时监看，发现问题及时通过专用无线通信工具通知值班警员或事后将相关录像资料提交给警方处理，警方基本不派人到监控中心参与实时监控（个别郡或市的警方会派警察到市政厅属下的监控室现场处理与案情有关的图像及拷贝相关资料备查）。英国视频监控系统管理上以块为主。

（2）警察部门。如德国巴伐利亚视频监控装置主要由警察用于监视具有特殊安全需求的场所和交通设施、足球场、运动场以及承办大型活动的场所。根据日本对监控摄像机的管理分工，街头监控摄像机由警方管理。[1]

（3）居民团体。日本警察厅2009年开始为了预防犯罪，在日本14个县、市的15个居民区增设防范摄像监控网，于2010年开始执行。该计划中每个居民区学校一带的主要街道将安装25个摄像头，警察厅计划把新增的监控网的设备和获得的录像数据交由居民志愿者团体管理。

（4）监控中心。如澳大利亚城市视频管理与使用由监控中心来掌管。近年来，澳大利亚安防协会建立了报警监控中心定级制度。

（5）无人管理使用。如美国对视频监控系统的监控可以分成两种主要类型，即主动型监控和被动型监控。其中被动型监控是几乎没有或者不是有意地进行视频观察。视频信息流输出到记录系统保存下来，供日后某个时间寻找法庭依据时浏览查阅，即无人专门负责系统的使用。

2. 其他视频监控系统管理（使用）主体

（1）基层单位。如英国对于企业自有视频监控系统，一般是私人自建自管，也有部分系统在建设之始就已约定由警方负责管理。

---

[1] 参见公安部治安管理局、公安部第一研究所编著：《国外城市视频监控系统应用与管理》，群众出版社2012年版，第58页。

它们基本上都由基层单位实际运用，特殊情况才将有需要的内容通过网络或录像带传到上级部门。[1]日本也规定政府机构安装的视频监控由政府机构进行日常的维护、修理和管理，民间的企业或者个人安装的视频监控由他们自己管理与使用。

（2）私人。在德国一些私人企业出于自身财产安全的目的也会选择使用视频监控。

（3）市民团体或自治体。日本对监控摄像机的管理包括三个部分，其中商业街的视频监控系统包括自治团体管理监控摄像机、由自治体管理超级防范灯。[2]日本街头监控摄像机一般都安装在商业街等繁华地段，为避免无秩序安装监控摄像机，在警方的指导下，市民团体主动制定了相关的安装纲要，明确了管理主体，管理办法也有明文规定，内容主要涉及指定的管理者、图像显示器的禁止事项、录像信息的管理以及在向警方提供信息时应注意的情况等。

四、视频监控存储方式与存储时间比较分析

（一）域外视频存储方式与存储时间的相关规定

1. 英国城市视频存储方式与存储时间

英国对于视频监控采取大容量硬盘式的储存方式，英国关于视频监控安装及管理的操作要求录像资料至少保存28日，[3]如有特殊需要，将延长保存时间或永久保存；警察部门有权根据需要收缴企业或个人的视频监控资料；录像资料必须证明图像没有被修改过，才可以被正式引用为证据；警察要求政府提供监控录像资料时，必须办理相关手续；在案件调查阶段，政府只能提供拷贝图像；任何单位及个人都有保护好录像资料不被外泄的责任，以保护个人隐私，防止被犯罪分子利用。

---

[1] 参见公安部治安管理局、公安部第一研究所编著：《国外城市视频监控系统应用与管理》，群众出版社2012年版，第7页。

[2] 参见公安部治安管理局、公安部第一研究所编著：《国外城市视频监控系统应用与管理》，群众出版社2012年版，第58页。

[3] 参见公安部治安管理局、公安部第一研究所编著：《国外城市视频监控系统应用与管理》，群众出版社2012年版，第7页。

2. 美国城市视频存储方式与存储时间

（1）存储方式

美国许多城市都把公共视频记录作为一种调查工具，视频监控的需求日益增长，应用范围不断扩大。各大小城市都纷纷采用可以处理成百上千个摄像头传输回来的数据信息的储存系统。长滩市与 Pivot3 提供的容量约为 100TB 的 RAIGEiSCSI 硬件设备，这种硬件设备可以作为存储视频数据的中心存储池。大容量硬盘驱动器技术促进了更高分辨率的视频流与更大的视频存储容量，削减了在全市范围内部署监视器的成本，进一步扩大了视频监控系统的应用范围。美国的很多城市采用无线技术，无线 Mesh 网络技术已经成为视频监控市场的新方向（加利福尼亚州洛斯加托斯镇警察局的 15 辆警察巡逻车目前都配备了 Firetide HotPort 7000 室内网状网节点，只需点击一下键盘就可以将视频资料径直发送到警察局）。拥有 Wi-Fi 网络的城市可以通过这些网络设施大幅度节约在全市范围内部署监视器的开销。[1]

美国城市视频一般使用 Unisys 公司所推荐的系统，其具有很大灵活性，可以与市场现有的各种存储配置相适应，无论是内部存储还是外部存储，无论是附网存储（NAS）还是附网存储子系统。Unisys 公司建议存储子系统应当能够升级，性能可靠，其配置符合整个监控系统的配置要求。存储系统的目标是要保证任何时候都能获得关键数据，从而满足最具挑战性的服务要求。存储子系统应该容易操作并且可以升级，随着整个系统的要求而增加更加先进的性能。

视频存储介质转换器将视频信息流从一种格式转换成另一种格式，其好处是以不同格式存储视频，最好地满足各种操作要求。比如说，在进行分析时可能要求存储高质量图像的视频，也就是说采用 MJPEG 格式，而要利用 PDA 或其他低带宽远程连接浏览摄像机

---

[1] 参见公安部治安管理局、公安部第一研究所编著：《国外城市视频监控系统应用与管理》，群众出版社 2012 年版，第 18 页。

输出时,可能会选择 MPEG-4 格式。存储介质转换器应当能够:同时转换多种实时的视频流;将 4CIF 转换成 Q-CIF MJPEG;保证 MPEG-4 视频流的速率达到 5-15fps,100-500 Kbps;通过 PDA 或计算机控制 PTZ 摄像机。

(2)存储时间

《美国联邦政府关于安装公共视频监控系统的法律模型》第 313 条——入档前以及入档时的录像带——保存期限。规定:第一,负责运营公共视频监控系统(该系统已经被批准或有能力进行数据记录)的运营机构应当指定一个初始期限,期间可以根据本章规定保存相关录像带。该期限应当符合运营机构完成对记录的录像带进行常规审查的具体实际,且不应超过 7 天。第二,所有超过入档前期限的录像带将被视为归档录像带。第三,超过 7 天的有效期后,所有录像带及其相关数据必须自动删除,但以下两种情况除外:①录像带的延期保存是出于本章第 314 条的要求;②保留录像带或相关信息是出于本章第 327 条的要求。第四,根据本条各款的规定,运营者或运营机构不应对录像带及其相关数据的破坏承担民事责任。第 325 条——公共视频监控系统及储存数据的安全保护。规定:第一,对公共视频监控系统记录在案的数据和物理设施的访问权应严格设定为运营者。第二,运营机构应执行并维护合理的技术安全保护措施,防止数据丢失或者非法访问、破坏、非法使用、篡改或者泄露公共视频监控数据等。第 327 条——公共视频监控系统记录保持要求。规定:须保存有关操作和访问公共视频监控系统的详细记录,包括:第一,有关维护、操作、观察、检查或访问公共视频监控系统以及该系统收集的所有数据或影像资料的所有记录,包括每项活动的目的、参与活动人员的姓名以及访问行为的时间和日期等。第二,所有记录的影像资料(包括该资料保持多长时间,为何会保持该资料等)的相关情况,以及延长保存期限的命令的复印件(如有)。第三,对记录的影像资料进行公开的情况,包括该资料包含何种内容,向哪方面公开了该资料,该资料何时被公开,公开原因等,以及公开该资料的相关命令(如有)等。

3. 德国城市视频存储方式与存储时间

(1) 存储方式

《联邦数据保护法》（第6c节）对"个人数据移动存储和处理介质"的使用作出规定。个人数据移动存储和处理介质的普及和大量使用带来了巨大的个人数据泄漏风险，因此，必须强化这些介质的发放机构在这些介质上运行或修改个人数据的自动化处理程序，明确发放机构告知数据主体相关信息的义务。这些信息包括：上述机构的性质和地址、该介质的运作模式、要处理的数据类型、该介质丢失或损坏时应采取的措施。并规定在数据处理和使用过程中及数据被存储后，未经授权不得进行查阅、复制、修改或者删除。

(2) 存储时间

如果在公众集会或者大型活动结束后，抑或嫌疑人已经被排除，则必须立即将证明材料销毁，但是如果还存在可疑人员准备或者将来有可能犯罪，则可以延长销毁证明材料的时间。涉及的个人信息必须匿名，如果不能匿名则警察用于调查的目的结束后最迟2个月必须销毁。

《下萨克森州公共安全和秩序法》第190c条规定，视频监控使用范围和遵守的技术要求、特别是视频监控图片记录的标记和销毁可以在监控部门的监控下由专业人员进行。由内政部下达命令准许证持有人将获得的数据最少存储两周。

准许证持有人有权在出入口使用视频监控外的其他光学设备用于监控并将采集数据进行处理。采集到的信息必须最迟在7天内销毁。如果涉及的人员是禁止进入的人员，则数据可以长期储存，并且可以通过联网把数据传输给相关赌场。

4. 日本城市视频存储方式与存储时间

《关于杉并区安装及使用监控摄像机的条例》规定，为能在案件发生时协助警方调查，条例规定应将监控摄像机的影像保存7日。为确保正确管理图像数据等信息，从遵照"OECD8原则"管理及使用摄像机的角度，有必要对"OECD8原则"制定更为全面的管理及使用纲要。"OECD8原则"包括：收集限制的原则，即收集个人的数据时应采用合法公正的方式，必须事先通知或征得当事人的许可；数据内容的原则，即收集数据应按照预设目的进行，该数据应正确、安全、最新；目的明确化的原则，即收集目的应明晰，数据使用应与收集目的相符合；使用限制的原则，即除取得数据主体的同意或法定的其他事由外，不得将收集的数据用于收集目的以外；安全保护的原则，即应通过合理的安全保护措施，防止数据丢失、破坏，对数据的使用、修改、公开等提供保护；公开的原则，即应公开收集数据的执行方针、数据的保存、使用目的、管理者等相关信息；个人参与的原则，即应让数据主体能够知悉与自己相关数据的所在地及内容，且保证可提出异议申请；责任的原则，即数据的管理者有践行各原则的职责。[1]

街头监控摄像机的管理及使用纲要的现状规定数据的保存期限，明确规定了数据的保存期限，通常为7日，也有14日和30日的情况。

5. 澳大利亚城市视频存储方式与存储时间

（1）存储方式

信息标准40（IS40）原则4规定，文件保管须采用可识别所有文件格式的保管程序，并由合格的技术人员操作。政府当局须采用可识别各类文件的文件管理程序，且有成文的政策、规范和商业规则对该程序作出规定。

在合理设计和实施的文件保管系统中，文件记录和储存程序将保证文件自始至终具有真实性、完整性、可靠性和可用性。政府当局在管理视频监控记录时，可在文件保管系统中将监控记录保存为电子格式。视频监控记录应当被安全地储存。

《澳大利亚昆士兰州闭路电视监控记录管理指南》第4条规定硬盘录像机存储容量有限，这就意味着存储空间的占用会导致图像

---

[1] 参见公安部治安管理局、公安部第一研究所编著：《国外城市视频监控系统应用与管理》，群众出版社2012年版，第63页。

覆盖。但是，如果为了提高存储容量而调整图像的保存期限，则会降低图像画质。视频监控记录应当被安全的储存。储存期间，须对监控记录进行适当管控以保证其完整性和精确性，并将原数据记录到文件保管系统中。应当由完备的书面政策、明确的责任和正式的方法管理文件保管系统。为了降低储存的风险，采取以下措施：在闭路电视录像的采集和储存过程中采取信息管理措施，投资建设远程备份中心及独立冗余磁盘阵列（RAID），以及改善物理控制措施（如采用弹性摄像头外壳）。

（2）存储时间

新南威尔士州悉尼市的所有监控由一个监控中心来控制，该中心还负责与警方联系，及时将可疑信息传输给警方处理，该市的市中心区目前设置了近百台摄像机，受过专门训练的保安人员在位于悉尼市政厅的控制中心对街道安全摄像机实行一天 24 小时监控，实时电视图像从控制中心传给警方，从而使警方能够快速响应，摄像机记录的内容将使用独立存储系统（非用于多重目的），数字信息最少保存 28 天，以帮助警方进行相关的调查。《悉尼市 2010 年街道安全监控计划操作守则》规定只有在遵守本守则宗旨的前提下方可保留和获取记录材料。除作刑事侦查或诉讼程序外，记录资料保留 28 天；28 天后，旧记录将被新纪录覆盖。该系统可与市区各指挥中心直接连接，以实现即时通信或在紧急情况下直接监控。

（二）域外视频监控系统信息存储时间比较分析

随着存储技术的不断进步，视频监控信息的存储量必将越来越大，存储时间也将越来越长。但是面对每天海量的视频监控信息，合理确定存储时间是必要的。

1. 关于信息存储时间

表 2-1　信息储存时间

	存储时间	例外情况
英国	至少保存 28 天	如有特殊需要，将延长保存时间或永久保存

续表

	存储时间	例外情况
美国	入档前不应超过 7 天 入档后视具体情况	超过 7 天的有效期后，所有录像带及其相关数据必须自动删除，但以下两种情况除外……
德国	如果嫌疑人已经被排除，则必须立即将证明材料销毁	但是如果还存在可疑人员准备或者将来有可能犯罪，则可以延长销毁证明材料的时间，具体销毁时间各州不尽相同
日本	基本为 7 日，也有 14 日和 30 日的	
澳大利亚	最少 28 天	除作刑事侦查或诉讼程序外

2. 关于存储时间的规定方式

视频监控系统信息的存储时间的规定通常采用一般规定+例外的模式。如英国关于视频监控安装及管理操作规定录像资料至少存储 28 日，[1]如有特殊需要，将延长保存时间或永久保存。《悉尼市 2010 年街道安全监控计划操作守则》规定只有在遵守本守则宗旨的前提下方可保留和获取记录材料。除作刑事侦查或诉讼程序外，记录资料保留 28 天。

五、视频监控信息使用比较研究

（一）政府机关使用视频监控信息

1. 英国政府机关使用视频监控信息

政府部门要求政府提供监控录像资料时，必须办理相关手续。在案事件调查阶段，政府只能提供拷贝图像。任何单位及个人有保护好录像资料不被外泄的责任，以保护个人隐私，防止被犯罪分子利用。

---

〔1〕 参见公安部治安管理局、公安部第一研究所编著：《国外城市视频监控系统应用与管理》，群众出版社 2012 年版，第 7 页。

1998年7月16日,英国议会通过了《1998年数据保护法》,2000年3月1日起开始执行。此法加强并扩展了《1984年数据保护法》中有关数据保护机制的规定,就取得、持有、使用或揭露有关个人数据处理过程等内容提出了新的要求和规范。

2000年,英国议会通过了《信息自由法》(Freedom of Information Act),规定英国境内的任何人都有权利向包括中央和地方各级政府部门、国家医疗保健系统和教育机构等在内的约10万个英国公共权力机构(public authority)申请公开其享有的信息。但该法在赋予社会公众信息知悉权和设定公共权力机构信息公开义务的同时,也明确规定了政府信息公开的23项例外,以此加强对政府专有信息、涉密信息的保护。

随着信息化的快速发展,传统犯罪也开始向计算机网络蔓延,英国1990年制定了《计算机滥用法》(Computer Misuse Act),明确规定了非法侵入计算机罪、有其他犯罪企图的非法侵入计算机罪、非法修改计算机程序或数据罪的定罪量刑标准,加大了对计算机网络犯罪的依法打击力度。为了有效应对大幅增长的计算机网络犯罪,特别是恐怖主义以及利用互联网实施的重大、有组织犯罪,维护国家安全和公共秩序,英国2000年制定了《调查权力规范法》(Regulation of Investigatory Powers Act),明确授权执法机构在必要时对包括互联网在内的信息进行合法监控,同时为了保护公民个人隐私不受非法侵犯,该法严格规范了执法机构行使监控权的法定程序和法定条件。

2. 美国政府机关使用视频监控信息

美国使用公共视频监控系统的原则和规则,主要有9项内容:一是公共视频监控系统一旦被许可建立,不得作出使用该系统进行所谓"监控"的额外授权。二是公共视频监控系统的录像仅可用于实现该系统预定目的所需的范围。三是在大多数情况下,必须根据相关授权使用公共视频监控系统对个人进行"跟踪"或"识别",情况有以下两种:(1)在欲利用公共视频监控系统对公民进行跟踪或识别之前须取得批准。(2)执法人员在使用"监控名单"进行个人自动识别之前需取得授权，但联邦反恐监视名单的不在此列。四是公共视频监控系统可用于执法目的但受到以下限制：（1）不得为附带使用该系统请求额外批准；（2）执法人员必须获得行政授权，才能间接使用储存的归档前视频材料。五是采取技术和行政保障措施，减少对公共视频监控系统的误用和滥用，具体包括：（1）在使用储存的视频监控数据时采取保障措施；（2）对使用公共视频监控系统的人员提供保障措施；（3）在适当情况下公开公共视频监控系统。六是尽量禁止、限制与包括个人诉讼者在内的第三方或其他政府实体共享公共视频监控系统信息。七是建立保护视频数据中的当事人权利的相关机制。八是对私人收集的视频监控数据进行执法方面的使用，其标准与公共视频监控系统使用的标准一致。九是对那些因受误用或滥用公共视频监控系统危害的人提供适当的救济途径。[1]

视频监控以维护安全为目的，在美国却引发了视频监控是否涉及对个人隐私的侵害的疑问。因此，华盛顿特区建立了一系列明确的行政程序，从领导、操作守则、使用等各方面入手，确保视频监控的合理合法使用，如对于保留、储存、销毁、使用和传播视频监控图像，市政府必须制定明确的规则和程序，必须明确禁止非法的视频监控，对违法者予以处罚。

《美国联邦政府关于安装公共视频监控系统的法律模型》第315条——禁止浏览公共视频监控录像带或数据或将其泄露给第三方。规定：除本部分下述条款规定情形外，运营者或运营机构均不可将与公共视频监控系统有关的录像带或数据泄露给第三方，也不可向第三方提供此种录像带或数据，或允许第三方浏览录像带或数据。

第316条——运营机构出于主要目的浏览并使用已记录的录像带。规定：允许运营者或运营机构根据政府机构在公共视频监控系统影响评估报告中规定的目的来浏览并使用已记录的录像带，或者

---

[1] 参见公安部治安管理局、公安部第一研究所编著：《国外城市视频监控系统应用与管理》，群众出版社2012年版，第14页。

根据依照第 314 条发布的命令来进行相关操作。除此之外，一旦该录像带得到保存，对于浏览和使用已记录的录像带而言，没有额外的许可。

总之，公共场所视频监控系统的管理者和决策者不断地总结经验教训，寻求视频监控的可持续发展，不断研究政府机关等执法机构如何使用视频监控资料的能力。

3. 德国政府机关使用视频监控信息

依据德国联邦或州警察法的相关规定，经公共职权部门授权，就可以安装摄像机实时监控某片区域。任何记录都可以作为诉讼证据使用，这被视为国家级别的干预。公众利益与个人隐私相比，为了达到允许进行监控的目的，前者的重要性一定超越后者，即公共利益在起诉重罪时必须更加重要，因此可以作为证据使用。[1]

《联邦基本法》第 13 条规定：住宅不受侵犯。只有依据有关事实怀疑某人犯有法律规定的特别严重的罪行时，以其他手段对案情进行调查特别困难或将无结果时，或为防止危及公共安全，特别是为防止危及公共生命安全，只有依据法官命令方可对住宅采用技术手段进行监控。监控措施应有期限。

《联邦集会法》第 12a 条规定了警察对集会参与者采取视频监控或者音频录制的前提：有可靠的线索显示在集会过程中存在对公众安全或社会秩序存在巨大危险的犯罪行为，并且在集会结束后，时间上和事实上与事件有关的证明材料必须马上被销毁。

《联邦数据保护法》第 6b 条规定使用视频监控公共区域只能在以下情况下进行：(1) 完成公共地点的监控任务；(2) 为保护家庭财产免受侵犯；(3) 为了确定目标的合法利益。

德国各州议会已经出台相应的法规，规定警察能够使用视频监控技术，以降低犯罪和在各州的威胁。比如，联邦警察可以根据《联邦警察法》使用视频监控。

---

〔1〕 参见公安部治安管理局、公安部第一研究所编著：《国外城市视频监控系统应用与管理》，群众出版社 2012 年版，第 99 页。

4. 日本政府机关使用视频监控信息

日本政府遵循使用限制的原则，认为除取得数据主体的允许或其他法定情况外，不得将收集的数据用于收集目的之外的其他情况。[1]《街头监控摄像机的管理及使用纲要的现状》规定，关于视频监控数据的使用必须通过受理使用或提供数据的书面委托书，并取得管理或使用负责人的认可；《关于杉并区安装及使用监控摄像机的条例》规定有保护个人隐私的义务，包括四个方面，即禁止向第三方提供录像内容，但警察等司法机关遵照法令要求提供录像的例外；禁止修改录像内容防止泄露或毁坏图像等；当发生居民投诉或当事人要求查看录像内容等情况时应迅速并妥当处理。

5. 澳大利亚政府机关使用视频监控信息

《1988年隐私法》规定：澳大利亚有一系列联邦、州和地区立法，规范何时所有人或者视频监控图像操作者可以向他人或组织公开视频监控图像。公开的情形分两种，即自愿和非自愿。私人组织的自愿公开首先受到《1988年隐私法》制定的守则的约束，如果没有守则，则须根据《国家隐私原则》的相关条款进行操作。一个组织在许多情形下都有可能被要求非自愿公开，如被送达了令状或传票等。根据可适用的法律，管理者将逐案对收到的要求作出答复。

《2004年监控设备法》该法的主要内容是规定如何向执法机构颁发许可证，以授权其为收集刑事诉讼程序中可采信的证据而使用监控设备。

昆士兰州《2009年信息隐私法》对各机构如何处理个人信息作出了规定，包括个人信息隐私原则和国家信息隐私原则，并在监控记录的创建、捕捉、使用和检索方面非常重要。

为了使公众能够通过网络向警方提供案件相关的监控片段，新南威尔士州警察局花费800万美元建设"网上视频图像证据工程"，即VIEW工程。VIEW工程将各企业之间的视频监控片段链接起来。

---

[1] 参见公安部治安管理局、公安部第一研究所编著：《国外城市视频监控系统应用与管理》，群众出版社2012年版，第64页。

之后，该州警察局又设立了一个视频监控登记系统，其目的是记录该州内视频监控摄像机系统的位置及其他相关信息。所有的信息将储存于一个由该州警察局所有和运行的数据库，经授权的警察为执法目的（如调查犯罪）才有权登录登记器。登记器中储存的信息将仅用于行动警务目的，不提供给第三方，信息的取得以授权为前提条件。[1]

任何人都没有义务提供信息，登记完全自愿。同意向警方提供视频监控登记器中需要的信息，并不意味着同意向警察提供其视频监控系统捕捉或存储的图像。警察将不定期联系登记者，以确保信息正确，登记内容包括组织信息、视频监控详细信息和视频监控所有人的联系信息。如果删除信息，须书面通知警察。

西澳大利亚州警察局发布了"蓝色虹膜视频监控登记"计划，对位于州内的摄像机进行登记。登记的具体信息将集中保存在受保护的西澳大利亚州警察数据库内，西澳大利亚州警察保证该信息处于保密状态，并且不会与第三方共享该信息，该数据库将用于绘制视频监控系统位置，以便警方调查人员能够加以利用，该计划使警察可以获取视频监控摄像机中的实时图像，警察尤其关注那些查看街道和公共空间的视频监控系统（如剧场休息室、入口、公园、公共基础设施等）。

《悉尼市 2010 年街道安全监控计划操作守则》第 7 条规定市长和首席执行官可独自视察悉尼市外部视频监控设施，包括查看档案和登记簿。他们在这方面的权力不受限制。但是只有在双方同时在场或一方由独立审计委员会陪同的情况下，方可查看录像。所有这些行为都应被记录在记录簿上，被记录的内容也应包括陪同人员。

第 12 条规定只有在符合警方刑事调查的需要或法律诉讼的必要情况下方可获得和使用录像，录像不得被用于商业用途或娱乐用途，只有在警方刑事调查需要或在法律准许的其他情况下，才可向公众

---

[1] 参见公安部治安管理局、公安部第一研究所编著：《国外城市视频监控系统应用与管理》，群众出版社 2012 年版，第 54 页。

公开录像。

(二) 社会民众使用视频监控信息

1. 英国社会民众使用视频监控信息

2000年,英国议会通过了《信息自由法》(Freedom of Information Act),规定英国境内的任何人都有权利向包括中央和地方各级政府部门、国家医疗保健系统和教育机构等在内的约10万个英国公共权力机构(public authority)申请公开其享有的信息。但该法在赋予社会公众信息知悉权和设定公共权力机构信息公开义务的同时,也明确规定了政府信息公开的23项例外,以此加强对政府专有信息、涉密信息的保护。

2. 美国社会民众使用视频监控信息

美国民众在欲利用公共视频监控系统收集的信息之前,必须得到相关部门的授权,但使用联邦反恐监视名单的情况除外。在使用存储的视频监控时要采取一定的保障措施,避免或减少对公共视频监视系统的滥用和误用,尽量禁止、限制与包括个人诉讼者在内的第三方或其他政府实体分享公共视频监控系统数据,要保护视频数据中的当事人权利的机制,标准参照公共视频监控系统使用的标准。

3. 德国社会民众使用视频监控信息

私人或其他实体进行的监控方面,德国宪法明确规定,居民享有居住权和隐私权,可以通过申请调取视频监控,因此社会其他人员或团体在规划视频监控装置时应充分考虑这一点。通常,德国公民生活中的核心区域受到绝对保护,视频监控设施可以进行使用,但是有条件的。任何记录都可以被民众在法庭上使用,这被视为国家级别的干预,如把公众利益和个人隐私相比,为了达到允许进行监控的目的,前者的重要性一定大于后者。不过就私有财产而言,使用CCTV进行录像和监控可以在法庭上作为证据使用,即使是非法录音也仍然可以作为犯罪证据使用。CCTV监控的目标绝大多数是实体。最近的一项研究清楚表明,安装CCTV监控装置对社会监控网络具有巨大作用,而且这些摄像机为警察提供了有力证据和资源,一些私人企业出于自身财产安全的目的也会选择使用视频监控

4. 日本社会民众使用视频监控信息

日本政府确立了个人参与原则，确保数据主体能够知悉与自己相关数据的所在地及内容，赋予其提出异议的权利。同时规定有关主体严守获得的信息、视频数据，不得随意将获得的视频信息泄露，或用于不正当目的。[1]

5. 澳大利亚社会民众使用视频监控信息

澳大利亚新南威尔士州《2007年监视设备法》第40条规定在公开审判程序中开示的任何信息和信息已进入公共领域则可以使用、交流、公开监视信息，如果为以下目的所必需，可以使用、公开、交流受保护的信息：（1）对本法意义下或相应法律意义下的相关犯罪的调查。（2）对是否本法意义下或相应法律意义下的相关犯罪提起诉讼作出裁决。（3）本法意义下或相应法律意义下的相关程序。（4）对本法意义下或相应法律意义下的公职人员的控告、行为进行调查，以及对此类调查失察的调查。

第41条规定必须确保该机构执法官根据许可令、紧急授权、同等许可令、同等紧急授权、紧急情况下无许可令使用监视设备获得的每个录像或报告，均按照该主管负责人制定的指南，保存在安全的地方，未被授权处理录像或报告的人不得访问。

《悉尼市2010年街道安全监控计划操作守则》规定只有在刑事调查时需由公众确认录像或照片中人物的身份的情况下，媒体和公众才可使用录像或照片。在使用录像时应防止未经授权使用、更改、公布或意外遗失或破坏录像，应按照规程处理录像，确保证据的连贯性。

《悉尼市2010年街道安全监控计划操作守则》第8条规定应向公众公布《操作守则》复印本。任何宣传街道安全监控计划的活动都应说明《操作守则》的获取途径。

---

[1] 参见公安部治安管理局、公安部第一研究所编著：《国外城市视频监控系统应用与管理》，群众出版社2012年版，第72页。

(三) 域外视频监控信息使用比较分析

1. 政府部门使用视频监控信息程序

政府的工作部门因工作需要使用视频监控信息，各国做法不尽相同：

(1) 履行相关批准手续。如英国政府部门要求政府提供监控录像资料时，必须办理相关手续。英国还制定了《调查权力规范法》(Regulation of Investigatory Powers Act)，严格规范了执法机构行使监控权的法定程序和法定条件。美国执法人员必须获得行政授权，才能间接使用储存的归档前视频材料。

(2) 严格的使用程序。如美国对于保留、储存、销毁、使用和传播视频监控图像，市政府必须制定明确的规则和程序。

(3) 取得数据主体的同意或委托授权。日本《街头监控摄像机的管理及使用纲要的现状》规定，关于视频监控数据的使用必须通过受理使用或提供数据的书面委托书，并取得管理或使用负责人的认可。

(4) 许可证制度。澳大利亚《2004年监控设备法》规定向执法机构颁发许可证，以授权其为收集刑事诉讼程序中可采信的证据而使用监控设备。

2. 作为证据的视频监控信息

(1) 视频监控的任何信息都可以在法庭上使用。如德国联邦或州警察法的相关规定，只要由公共职权部门授权，就可以安装摄像机对某片区域实时监控。任何记录都可以在法庭上使用，这被视为国家级别的干预。

(2) 有条件使用。如英国警察部门有权根据需要收缴企业或个人的视频监控资料；录像资料必须证明图像没有被修改过，才可以被正式引用为证据。

3. 视频监控信息公开

(1) 可以申请公开其本人享有的信息。如英国的《信息自由法》(Freedom of Information Act) 规定，英国境内的任何人都有权利向包括中央和地方各级政府部门、国家医疗保健系统和教育机构等在内的约10万个英国公共权力机构（public authority）申请公开其享有的信息。但该法在赋予社会公众信息知悉权和设定公共权力机构信息公开义务的同时，也明确规定了政府信息公开的23项例外，以此加强对政府专有信息、涉密信息的保护。

（2）禁止公开。如美国使用公共视频监控系统的原则包括尽量禁止、限制与包括个人诉讼者在内的第三方或其他政府实体分享公共视频监控系统数据。《美国联邦政府关于安装公共视频监控系统的法律模型》第315条——禁止浏览公共视频监控录像带或数据或将其泄露给第三方。规定：除本部分下述条款规定情形外，运营者或运营机构均不可将与公共视频监控系统有关的录像带或数据泄露给第三方，也不可向第三方提供此种录像带或数据，或允许第三方浏览录像带或数据。日本《关于杉并区安装及使用监控摄像机的条例》规定有保护个人隐私的义务，禁止向第三方提供录像内容，但警察等司法机关遵照法令要求提供录像的例外。

（3）有条件公开。《悉尼市2010年街道安全监控计划操作守则》第12条规定只有在符合警方刑事调查的需要或法律诉讼的必要情况下方可获得和使用录像，录像不得被用于商业用途或娱乐用途，只有在警方刑事调查需要或在法律准许的其他情况下，才可向公众公开录像。

4. 其他单位个人使用视频监控信息程序

任何单位及个人有保护好录像资料不被外泄的责任，以保护个人隐私，防止被违法犯罪分子利用。在这一前提下探讨使用视频监控信息的情形。

（1）可以使用。英国《信息自由法》（Freedom of Information Act）规定，英国境内的任何人都有权利向包括中央和地方各级政府部门、国家医疗保健系统和教育机构等在内的约10万个英国公共权力机构（public authority）申请公开其享有的信息。但同时也明确规定了政府信息公开的23项例外。德国民众通过申请调取视频监控。日本政府建立了个人参与原则，即应让数据主体能够确认与自己相关数据的所在地及内容，且保证可提出异议申请。而且日本除特定部位的视频监控资料外，日本并不限制视频监控资料的查阅和下载，日本的视频监控情况不仅可以用电脑在特定的网站查阅，甚至一台Iphone 就能调阅有关视频监控的视频，并可以随时随地把视频监控的情况截取下来。

（2）特定情形下使用。《悉尼市 2010 年街道安全监控计划操作守则》规定只有在刑事调查时需由公众确认录像或照片中人物的身份的情况下，媒体和公众才可使用录像或照片。

第二章 安全技术防范法基本原则

技防法的基本原则,是贯穿于技防法,指导技防法制定和实施的基本准则。研究技防法的基本原则,对于技防立法、执法、守法,以及技防法理论的发展都具有十分重要的意义。

第一节 合法原则

一、合法原则概念

合法原则是指,安全技术防范系统的设计、建设、运行、维护、信息管理使用,以及对上述活动的监督管理等必须依法进行,不得违反法律的规定。这里的"法"应作广义的理解,是宪法、法律、法规和规章等的总称。

合法原则既要求做到实体合法,也要求程序合法。违反实体法或者程序法,都是对合法原则的破坏。

二、合法原则的具体内容

(一)主体合法

主体合法,即技防法律关系的主体合法。要求安全技术防范系统的设计、安装、运行、维护主体及对上述活动进行监督管理的主体,都应当符合法律的规定。

(二)行为合法

技防法律关系主体的行为应当是法律允许的或者不为法律禁止的。如技防管理主体行使管理职权必须有法律依据,并在法律规定范围内依法定程序行使,即职权法定,越权无效。

(三) 主体的行为程序合法

技防系统的设计、安装、维护、运营等行为应当按照法律规范进行,如技防系统的初步设计方案应当经过专家论证并通过审核,技防系统应当经验收合格后才能投入使用,技防管理部门应当依据法定方式和程序进行管理活动,否则将承担相应法律责任。

第二节　合理原则

一、合理原则的概念

技防法的合理原则是指,技防法律关系主体的行为,特别是行政管理主体的行为,要合情、合理、恰当和适度。合理原则是对合法原则的补充。法律往往只规定了制度的底线和行为的幅度,而没有具体规定行为内容。技防管理主体需要根据实际情况和对法律的合理解释,在不违背立法宗旨的前提下所采取的具体措施。合理原则给出了技防管理主体采取具体措施的根据,即技防系统的设计、安装、运行、维护及对上述活动的监督管理行为不仅要合法,而且要合理。合理原则具体要求:

1. 技防管理主体进行管理行为的动机应当符合技术防范确立的目的,即维护公共安全,保护公民、法人和其他组织的合法权益,规范安全技术防范管理,行为的作出应当建立在正当考虑的基础上。

2. 技防管理行为的内容应当是必要的。即主体的行为应当是实现防范目的所必须采取的,并且是可采取的诸多行为中损害最小的。

3. 技防管理行为的内容应当合乎情理。即行为符合社会发展的需要,符合客观规律,应当经得起社会舆论的议论和评价。不能要求管理相对人承担其无法履行或违背情理的义务。

技防管理的行为若违背合理原则的要求,将构成不当行为,给国家、社会或他人带来不应有的损失。

第三节　安全原则

一、安全原则的概念

安全原则是指技防管理主体应当保证技防产品、技防系统以及系统信息的安全，进而实现打击违法犯罪，维护社会公共安全的最终目标。

随着人们对安全需求不断增加，安全防范技术被越来越多地应用于生产、生活之中，应用于社会管理之中，安全防范行业获得了前所未有、异常广阔的发展空间。但是安全防范技术是一把"双刃剑"，上与国家安全和社会稳定密切联系，下与公民的人身安全、公私财产安全密切相关。安全防范技术利用得好，将维护国家安全、社会安全、公民的人身财产安全，利用得不好，其危害将会比一般的违法犯罪变本加厉。另外，随着高新技术越来越多地应用到安全防范领域，用户很难依靠自身的力量判别技防产品的好坏、技防系统效能的大小。种种原因都要求对安防行业进行适当的干预，而干预的最终目的就是保证安全。

二、安全原则的具体内容

1. 技防产品安全。技防产品是技防系统的基本组成部分，只有技防产品、技防设备的质量得到保证，才能保证技防系统的安全，保证建成的技防系统能够实现设计目标。为了保证技防产品安全，相关的技防产品管理部门应严格监管工作。

2. 技防系统安全。技防系统要保证自身的安全，只有系统本身安全了，才能保证其防护对象的安全。技防系统的安全可以通过使用符合法律规定及相关标准要求的产品，系统建成后的检测、验收以及对运行系统的检查维护等手段实现。

3. 系统信息安全。技防系统使用中将采集、存储大量的信息，如门禁系统可能存有用户的指纹信息、掌纹信息、虹膜信息、身份证号码等信息；视频监控系统将采集到大量视频信息。这些信息中可能包含有违法犯罪的证据，不能被擅自的删除或篡改；也可能包含有涉及国家秘密、商业秘密、个人隐私的信息，而不能被任意的公开、复制、买卖。系统信息安全是预防、打击违法犯罪的基础，也是公民、法人或其他组织合法权益不受侵害的保证。

系统信息安全是社会普遍关注的问题，也是技防系统能否得以普及应用的关键，技防管理机关应当特别予以关注，通过完善相关立法，规范系统信息的使用等手段保障系统信息安全。

4. 维护社会公共安全。预防打击违法犯罪，保护公民的人身安全，保护公私财产安全，维护社会公共安全是安全防范的最终目的。要想实现这一最终目标，发挥系统效能是关键。

第三章 安全技术防范管理主体

第一节 安全技术防范管理主体概述

一、概说

技防法律关系主体是指技防法律关系的参加者，即在技防法律关系中权利的享有者和义务的承担者。技防法律关系主体包括国家机关、机构和组织以及公民。从管理的角度，技防法主体分为管理主体和被管理主体。技防法的主要宗旨是规范公共安全视频图像信息系统建设、使用和管理，由于被管理主体具有广泛性的特点，本章将重点研究技防管理主体。

本章研究的安全技术防范管理主体是指，享有管理权，承担管理安全技术防范工作责任的组织。具体包括享有行政管理权的行政主体和享有自律管理权的行业组织等。

二、享有安全技术防范行政管理权——行政主体

行政主体是行政法学中的一个舶来概念，在我国是指能以自己的名义行使国家行政职权，做出影响公民、法人和其他组织权利义务的行政行为，并能由其本身对外承担行政法律责任，在行政诉讼中通常作为被告应诉的行政机关和法律法规规章授权的组织。[1]是

---

[1] 参见姜明安主编：《行政法与行政诉讼法》，北京大学出版社、高等教育出版社1999年版，第7页。

行政管理关系中占主导地位的，与行政相对人相对应的一方主体。行政主体包括行政机关和授权的组织。

行政机关是指依宪法或行政组织法的规定而设置的行使国家行政职能的国家机关。我国的行政机关分为中央行政机关、地方行政机关和特别行政区行政机关。中央行政机关由国务院和国务院的工作部门组成。地方行政机关包括地方各级人民政府及其工作部门。根据职责分工，国务院、地方各级人民政府、公安机关、质量监督检验检疫部门、住房和城乡建设部门、工商机关等都将在各自的职责范围内管理安全技术防范行业，具体管理职责我们将在后面的章节中予以论述。

授权的组织是指依据法律、法规、规章的授权而行使特定行政职能的非国家行政机关组织。对法律法规授权组织应注意从以下几方面理解，第一，定义中的法律、法规、规章指的是狭义的，即法律是指全国人大及其常委会制定的法律。法规是指国务院制定的行政法规和特定的地方人大及其常委会制定的地方性法规。而且这里授权的法律、法规指的是具体的法律、法规，而非行政组织法。第二，法律、法规授权组织行使的职能是特定的行政职能，即职能是具体的某项职能或具体事项，其范围通常非常有限。第三，授权的组织是非国家行政机关组织。该组织本身不具有国家行政机关地位，只有在行使法律、法规所授的行政职能时才享有行政权力，享有行政主体资格。

在技防管理领域，目前还没有被法律、法规授予特定行政管理职权的非行政机关组织。但是随着技防行业的发展、技防立法的不断完善，社会公权力组织的作用日渐显著，法律、法规授予非行政机关组织行使技防行政管理权不是不可能的。

三、享有自律管理权的——行业组织

安全技术防范行业组织是由安全技术防范行业从业单位、团体及个人自愿组成的组织，具体包括中国安全技术防范产品行业协会和地方安全技术防范行业协会。关于安全技术防范行业协会的具体职责我们将在本章第三节介绍。

第二节　安全技术防范行政管理主体

根据职责分工，公安机关、质量监督检验检疫部门、住房和城乡建设部门、工商等行政管理部门具有管理安全技术防范行业的职责。

一、公安机关及其技防管理职责

（一）公安机关是安全技术防范行业的主管机关

公安机关是具有武装性质的国家治安行政力量和刑事司法力量。公安机关是各级人民政府的组成部分，既依法管理社会治安等，行使国家的行政权；又依法行使刑事案件侦查权，行使国家的刑事司法权。公安机关受同级人民政府和上级公安机关的双重领导。

公安机关作为安全技术防范工作的主管机关，主要是由以下三方面原因决定的：

1. 任务目标的高度一致。《中华人民共和国人民警察法》第6条规定，公安机关的人民警察基本职责：维护国家安全、维护社会治安秩序、保护公民的人身安全和人身自由、保护公共财产和个人合法财产、预防、制止和惩治违法犯罪活动。而安全技术防范作为一种预防和制止违法犯罪、辅助侦破和处置各类案事件、维护社会治安秩序的重要手段，直接服从服务于社会公共安全、公民的人身财产安全，两者高度一致的任务目标决定了技防工作应当接受公安机关的监督指导。

2. 发展沿革的紧密贴合。1979年，为了适应改革开放后公安工作的新需要，公安部在石家庄召开了全国刑事技术预防专业工作会议，讨论并通过了《关于使用现代科学技术预防刑事犯罪的试行规定》。自此，安全技术防范工作作为公安业务的一个部分被正式提上了工作日程。公安部原十二局（技侦局）的工作范围不断扩大，由主要搞"技侦"转变为公安部门需要的多个技术领域，进而扩大到社会公共安全所需要的多个技术领域。公安部科技局于1984年3月正式组建了安全技术管理处，随后又成立了公安部安全技术防范工作领导小组和公安部安全技术防范管理办公室（简称"技防办"），领导全国的技防工作成为科技局的一项重要职责。对应公安部安全技术防范管理办公室，各地公安厅、局也分别组建了"技防办"，在辖区内开展具体的安全技术防范管理工作，从发展沿革来看，技防工作一直都是在公安机关的监督指导下发展壮大的。

3. 法律规范的明确规定。1991 年，在国办转发的 21 号文件中，将"中国社会公共安全产品"划归公安部进行行业管理。2000 年 6 月，国家质量技术监督局、公安部联合颁布了《安全技术防范产品管理办法》，其中第 3 条明确规定，"公安机关是安全技术防范工作的主管部门"。国务院办公厅的《关于印发公安部主要职责、内设机构和人员编制规定的通知》中，如国办发〔1998〕116 号、国办发〔2008〕59 号，都明确规定了公安部"指导安全技术防范工作"的职责。

（二）公安机关的安全技术防范管理职责

1. 公安部安全技术防范管理职责

公安部科技信息化局下设安全技术防范工作指导处，负责指导、推动全国的安全技术防范工作。其主要职责：负责研究、制定并执行安全技术防范工作方面的法律、法规、政策；负责安全技术防范工作的执法监督及安全技术防范行业的监督管理；负责指导、监督下级公安机关的安全技术防范管理工作；组织、协调、指导社会相关部门开展安全技术防范工作；组织实施安全防范新技术研究、应用及标准的制修订；管理、指导所属安全技术防范行业组织和中介机构工作，推动、引导安全技术防范行业发展。

2. 省和地级市公安机关技防管理机构职责

对应公安部安全技术防范工作指导处，各地公安厅、局组建了专门的"技防办"，或在科技管理、内保、治安、刑侦等部门内设安全技术防范管理机构，在上级公安机关的指导下开展安全技术防范管理工作。主要管理职责：负责制定、执行本地区的安全技术防范政策、法规和技术应用发展规划；组织、指导、协调有关部门和下级公安机关开展安全技术防范工作；对安全技术防范产品、工程、报警运营服务进行质量控制；指导并开展安全技术防范设施使用情况检查；负责安全技术防范服务机构的管理与行业协会的指导；组织安全防范新技术的研究与推广；组织、指导、监督本地区的安全技术防范标准化执行工作；负责安全技术防范的宣传、统计、评估、培训工作；监管安全技术防范行业。

3. 县级公安机关技防管理职责

县（市）公安机关技防管理的职责包括：负责执行安全技术防范政策、法规和技术应用发展规划；负责本地区的安全技术防范产品、工程、报警运营服务的日常监督管理；负责本地区的安全技术防范从业单位的日常监督管理；负责本地区公安机关自建安全技术防范工程的技术指导；完善安全技术防范管理基础工作；负责本地区的安全技术防范宣传、指导、统计及社会化建设推动工作。

除此之外，各地公安机关在探索公安技防改革的过程中，形成了一些新的管理模式，如有的公安局组建了图像侦查和技防监管总队，实现了视频监控"建、管、维、研、用"一体化模式；有的公安局组建视频侦查管理部门，建设了集车辆、卡口轨迹功能、交通管理功能、社会治安监控功能、可视化指挥功能于一体的综合管理平台；还有公安局组建了视频侦查部门，其职责是视频侦查和便衣打击，全面负责街头抢劫、抢夺、诈骗、扒窃等违法犯罪的打击、防范。

二、工商行政管理部门及其技防管理职责

工商行政管理机关是各级人民政府的职能机构，主要负责市场监督管理和执法工作。

根据工商行政管理机关的行政管理职能，其在安全技术防范管理中主要负责：对从事技防经营活动的单位和个人以及外国（地区）企业常驻代表机构等市场主体的登记注册并监督管理，依法查处取缔无照经营的活动；依法规范和维护技防市场经营秩序，负责监督管理技防市场交易行为和网络商品交易及有关服务的行为；监督管理流通领域技防商品质量，查处假冒伪劣等违法行为，保护经营者、消费者合法权益；依法查处不正当竞争、商业贿赂、走私贩

私等经济违法行为；负责技防广告活动的监督管理工作；负责商标注册和管理工作，依法保护商标专用权，查处商标侵权行为，处理商标争议事宜，加强驰名商标的认定和保护工作；研究分析并依法发布技防企业登记注册信息、商标注册信息等，为政府决策和社会公众提供信息服务。

三、建设行政管理部门及其技防管理职责

安全技术防范系统的安装与城市规划、建筑物的建设是分不开的。因此，技防系统的安装活动还应当接受住房和城乡建设部门的管理。

根据住房和城乡建设部门的法定职责，其在安全技术防范管理中的主要职责：规范建筑建设主体，技防设备、技防系统安装主体的行为；监督管理建筑中技防工程的质量。根据《城市居民住宅安全防范设施建设管理规定》第 8 条、第 16 条规定，建设行政主管部门组织审批的有关住宅建筑设计文件应当包括城市居民住宅安全技术防范设施部分。对不符合安全技术防范设施规范、标准、规定的设计文件，应责成原设计单位修改。对未按有关规范、标准、规定进行设计的，擅自改动设计文件中安全技术防范设施内容的，使用未经鉴定和鉴定不合格的产品、材料、设备的，安全技术防范设施未经验收或验收不合格而交付使用的，由城市人民政府建设行政主管部门责令增补、修改、停工、返工、恢复原状，或采取其他补救措施，并可处以罚款；《城市居民住宅安全防范设施建设管理规定》第 11 条还规定，城市居民住宅竣工后，工程质量监督部门和住宅管理单位必须按规定对安全技术防范设施进行验收，不合格的不得交付使用。

四、质量监督检验检疫部门及其技防管理职责

质量监督检验检疫部门由中华人民共和国国家质量监督检验检疫总局以及地方各级质量技术监督局、出入境检验检疫局组成。

质量监督检验检疫部门在安全技术防范管理中将行使以下职责：组织或参与起草有关技防产品质量监督方面的法律、法规、规

章；负责技防产品质量监督工作，实施、指导对技防产品质量监督检查；负责对国内技防产品生产企业实施产品质量监控和强制检验，组织实施进出口技防产品检验和监督管理，监督管理进出口商品鉴定和外商投资财产价值鉴定；依法监督管理安防产品检测机构、安全技术防范报警系统标准化技术委员会、中国安全技术防范认证中心的工作；组织依法查处违反标准化、计量、质量等方面法律、法规的违法行为，打击假冒伪劣违法活动等。

除上述行政机关外，工业和信息化部门、保密工作管理部门、专利行政主管部门等也在其职责范围内管理技防行业。如有的企业因为工作的需要在工业和信息化部门申领《计算机信息系统集成企业资质认证》[1]，在国家保密局申领《涉及国家秘密的计算机信息系统集成资质证书》等。

五、行政管理主体间的关系

根据国务院的职责分工，公安机关是安全技术防范工作的主管部门，质量监督检验检疫、住房和城乡建设、工商行政管理等部门应当按照各自的职责分工，负责相应的管理工作。以质量监督检验检疫部门和公安机关的技防行政管理职责为例，《安全技术防范产品管理办法》第 3 条规定，质量技术监督部门是产品质量监督管理的主管部门，具体负责安全技术防范产品质量国家监督管理工作。公安机关是安全技术防范工作的主管部门，在质量技术监督部门指导下，具体负责安全技术防范产品质量行业监督管理工作。这是法律关于两机关技防管理职责关系的界定，根据该规定，两机关职责的具体分工：对技防产品质量的监督管理以及围绕技防产品质量监督所进行的检查、检验、鉴定、监控、违法查处等工作由质量监督检验检疫部门具体负责；公安机关是安全技术防范工作的主管部门，其全面管理安全技术防范产品、技防系统的设计、安装、运行、维护等工作。但是在技防产品的质量管理方面，公安机关则应当在质量技术监督部门指导下，通过监督管理技防产品行业而实现对安全

---

[1] 已经失效 2014 年取消。

技术防范产品质量的监督管理。如公安机关可以通过监督检查从事技防产品设计、生产、销售的单位是否符合从业要求，通过配合质检部门进行技防产品的质量抽查等工作实现对技防产品质量的监督。

第三节　安全技术防范行业组织

安全技术防范行业协会是由安全技术防范行业从业单位、社会团体及个人自愿组成的行业性、非营利性、自律性社会团体，包括中国安全防范产品行业协会和地方安全防范行业协会。

一、中国安全防范产品行业协会及其职责

中国安防协会作为一个社会中介组织，担负着为政府服务、为会员服务、为广大用户服务、为全行业服务的重任。其主要任务包括：制定安防行业发展规划，收集、分析、发布行业信息；向政府提出制订有关经济政策、经济法规的建议；参与质量监督工作、安全技术防范标准化工作；推行名牌产品战略，指导帮助企业改善经营管理，促进科技进步和全行业的健康发展；开展安防行业职业培训，不断提高本行业企业和从业人员的素质；举办展览、讲座、讲学，组织出国考察，开展国际技术交流，促进国内外技术、贸易合作；出版协会的期刊及简讯，运行行业网站，促进本行业与相关宣传媒体的交流与合作，加强本行业信息化建设；反映会员意见和要求，协调会员关系，维护会员合法权益；组织订立行规行约，规范行业行为，并监督遵守，创造公平竞争的良好氛围；组织发展本行业的公益事业，参与安防行业市场建设；承担政府主管部门委托的其他任务。

二、地方安全防范行业协会及其职责

地方安全防范行业协会（学会）是由地方安全技术防范从业单位、团体及个人自愿参加的地方性行业组织。省级安全防范行业协会需经省（市）民政厅（局）注册登记。我国现有省级地方安全防范行业协会（学会）20多家。

地方安全防范行业协会（学会）是地方政府和地方安防企业间的桥梁和纽带。一方面，发挥政府部门的助手作用，在政府相关部门的指导下，依靠行业的集体力量，促进地方安全技术防范事业的发展；另一方面，加强行业自律，维护行业与会员单位的合法权益，为会员单位的共同利益服务。其具体职能与中国安防协会的职能基本相同，主要为行业服务、行业自律、行业代表、行业协调等。

三、公安机关与安全防范行业协会的关系

行业协会作为一种由经济主体支撑的社团组织，具有较强的民间性，其运行具有充分的自律性和自主性。公安机关与安全防范协会之间、中国安全防范协会与地方安全防范协会之间不是领导与被领导的关系。

公安机关与行业协会之间是一种合作协调关系，鉴于安全防范行业的社会安全特性，行业协会在业务上受公安机关指导。

为便于全行业整体协调发展，提倡实行以中国安全防范产品行业协会为核心的、各地方安全防范协会积极参与、合作的协会工作联席制度。在这一制度下，各协会不分大小，在法律上是平等的，在组织上是独立的，但在行业整体发展上各地方协会要接受中国安全防范产品行业协会指导，共存共荣、互惠互利、共同发展。各安全防范行业协会可以依据法律规定和当地的实际情况独立自主地开展工作。

第四节　安全技术防范第三方机构

一、全国安全防范报警系统标准化技术委员会及其职责

全国安全防范报警系统标准化技术委员会（简称"全国安防标委会"，代号为SAC/TC100），是经国家标准化管理委员会批准成立的全国性专业标准化工作组织。其成立于1987年，负责我国安全防范技术领域的标准化工作。受国家标准化管理委员会委托，公安部科技信息化局领导和管理全国安防标委会的工作。SAC/TC100目前

已完成国家标准和行业标准 100 余项。这些标准涉及入侵和反劫报警、视频安防监控、出入口控制、实体防护、防爆安检、安防工程等多个专业技术领域。

SAC/TC100 的主要工作任务：向国家标准化管理委员会和公安部科技信息化局提出安全技术防范领域的标准化工作方针、政策和技术措施建议；按照国家标准化工作的方针、政策，制定安全防范技术领域的标准体系和标准制、修订规划、计划草案；按照国家和行业下达的标准制、修订年度计划，组织制定和审查国家标准草案和行业标准草案；对经批准、发布的国家标准、行业标准，组织宣传、培训和定期复审、修订；为企业标准化工作提供咨询和服务；对口国际电工委员会/报警系统技术委员会（IEC/TC79）的工作，参加 IEC/TC79 国际标准草案的审查和投票表决。

二、中国安全技术防范认证中心及其职责

中国安全技术防范认证中心（CSP）是依据《中华人民共和国产品质量法》《中华人民共和国认证认可条例》等法律、法规，由中国国家认证认可监督管理委员会和中华人民共和国公安部批准成立，具有第三方公正地位，实施合格评定的认证运作实体。现为中国安全防范产品行业协会的一部分。

中国安全技术防范认证中心的宗旨：遵守国家法律、法规，遵循国际惯例，坚持客观、独立、公正的原则，维护相关方合法权益；不以营利为目的，独立核算，自负盈亏；竭诚为国内外客户提供认证服务。

中国安全技术防范认证中心的职责：依据中国国家认证认可监督管理委员会批准的认证业务范围，开展安全技术防范产品、道路交通安全产品、刑事技术产品等社会公共安全产品的认证工作。

三、质量监督检验（测）中心及其职责

目前我国有两个国家安全防范报警系统产品质量监督检验中心，分别设立在北京和上海。上述两中心是经公安部政治部批准，经过国家认证认可监督管理委员会计量认证合格，通过国家实验室

认可委员会认可，具有第三方公证地位的检验机构，是面向社会的公益性非营利技术服务部门。上述两中心受国家质检总局和公安部科信局、公安部治安局和公安部装财局等相关业务局的指导和领导。

检验中心的主要业务范围包括：承担国家和公安部委托的各类安全技术防范产品质量监督与抽查任务；承担安全技术防范产品的型式检验和境内外产品的委托检验；承担中国安全技术防范认证中心的强制性与自愿性产品认证的工厂检查任务；承担安全技术防范报警系统的工程质量检测和计算机信息安全系统的测评工作；承担安全技术防范产品质量验证、鉴定检验、仲裁检验工作；主持或参与安全技术防范产品的国家标准、行业标准和地方标准的制订、修订工作和有关标准的试验验证工作；开展产品质量监督检验方面的国际合作、评审和技术交流等活动；研究开发安全技术防范产品的检验技术和方法，并对各地承担同类产品质量监督检验机构进行技术指导及技术交流工作。

第五节　公安机关安全技术防范管理模式研究

党的二十大提出转变政府职能，优化政府职责体系和组织结构，推进机构、职能、权限、程序、责任法定化，提高行政效率和公信力。[1]公安机关是安全技术防范行业的主管机关。随着安全防范技术的发展，技防行业的变化，公安机关的管理职能由以管理技防产品和指导行业发展为主，到牵头开展城市报警和监控系统建设。如今公共安全视频监控系统（简称"视频系统"）已大规模建成，视频系统在公安工作中发挥的作用越来越大，视频应用成为公安机关战斗力新的增长点，公安技防管理工作重心向视频应用转移，管理模式创新重构势在必行。

---

[1] 参见习近平：《高举中国特色社会主义伟大旗帜 为全面建设社会主义现代化国家而团结奋斗——在中国共产党第二十次全国代表大会上的报告》，载《人民日报》2022年10月26日，第1版。

一、公安技防管理现状

(一)现行公安技防管理模式

多年来,公安机关在技防管理方面进行了诸多探索,管理模式主要有以下三种。

1. 科信技防办模式

1979年,为了适应改革开放后公安工作的新需要,公安部在石家庄召开了全国刑事技术预防专业工作会议,讨论并通过了《关于使用现代科学技术预防刑事犯罪的试行规定》。该试行规定指出安全技术防范是治安防范工作的一个组成部分,是同刑事犯罪做斗争的一个重要手段。自此,安全技术防范工作明确成为公安业务工作的一部分。公安部科技局于1984年3月正式组建了安全技术防范管理处,随后又成立了公安部安全技术防范工作领导小组和公安部安全技术防范管理办公室(简称"技防办")。与公安部技防办相对应,各地公安厅、局也分别组建了"技防办",在其辖区内开展技防管理工作。40多年来,公安部及80%以上地方公安机关沿袭着这种管理模式。由于"技防办"多归口科信部门(原为科技部门,后科技与通信部门合并,简称科信部门),我们称为"科信技防办"模式。

2. 隶属其他警种模式

为了使视频系统能够更好地为公安工作服务,有些地方公安机关尝试把技防管理归入科信部门以外的其他警种,如北京市公安局的技防管理工作曾经归口内保局管理,现调整为指挥部管理;上海、山西归口治安部门管理等。管理职能仍以行业管理、产品管理、系统建设管理为主,警种内技防系统的利用率提高。

3. 集约管理模式

由于视频在社会管理和打击违法犯罪中的作用越来越大,为了能够充分发挥技防系统的作用,公安机关尝试设立独立的视频管理部门,该部门集视频系统建设、运维、应用于一体。如深圳市公安局下设视频警察支队,天津市公安局设图像侦查和技防监管总队等,以加强对视频系统的管理和应用。

除以上三种主要的技防管理模式外,各地公安机关还有很多有益的尝试,探索更加适合技防管理的方式。如多个地方公安机关在刑侦部门下设专门的视频侦查(支队、科、工作室等)或视频研判机构(如浙江省刑侦总队设立了视频侦查支队),深度挖掘可疑行为信息,为侦查破案提供支撑;还有公安机关在具体业务部门下设视频巡控(指挥)中心,与社会面上的警力相结合,共同预防打击违法犯罪行为。如北京市公安局治安总队下曾设小型视频监控中心,广东省公安厅设立了刑事科技中心视频侦查科等。这些尝试由于规模小、变化快、差异大,故无法称其为模式。

(二)现行公安技防管理存在的问题

1. 现行管理模式不利于视频应用

科信技防办模式是现行技防管理的主要模式,其优点是管理模式成熟,机构上下对应,利于警令畅通。弊端在于,首先,在科信技防办模式下,系统的建、管和用分离,技防办不是直接使用技防系统的部门,容易造成系统建设无法满足公安实际应用需要。其次,该模式不利于系统维护。由于系统维护在技防办,系统使用在各警种,一旦出现故障,部门之间容易出现扯皮,影响系统的维护效率,影响系统应用。最后,对系统的应用缺少指导。受传统管理理念影响,该管理模式更注重产品管理和系统建设管理,对系统的应用和运行缺乏管理和指导,造成系统使用率低下,系统信息泄露等问题。这与系统的建设目的相悖,也与公安工作对技防系统的需求相悖。

"隶属其他警种"模式把技防管理职能归入某业务部门(侦查、治安等),优点是对有利于该业务部门的视频应用。不足是没有从根本解决系统应用问题,不利于其他警种对系统的使用,妨碍系统整体效能的发挥。同时该管理模式也不利于系统的维护和信息的上传下达。

集约管理模式集视频系统的安装、管理、应用于一体,是对技防管理的有益尝试。该管理模式的不足:首先,没有对口管理机关。其次,模式不够完善、成熟。该管理模式是新生事物,适用该管理模式的公安机关在管理机构设置、管理职责等方面都存在很大的差异,有些地方甚至实施一段时间后又改回了"科信技防办"模式。

2. 现行管理组织限制了技防应用

受传统技防管理体制的影响,公安技防管理组织多设在公安机关的科信部门。科信部门由于不具体使用技防系统,他在管理公安视频系统的同时,还管理公安通信系统、公安科技工作以及监督指导整个安防行业,其工作内容以及专业能力决定了科信部门在视频应用方面的促进作用非常有限。

新时代公安工作对技防系统应用提出了新的需求,技防管理组织要与时俱进,以适应公安工作的新需求,推动公安技防工作的高质量发展。

3. 传统技防管理职能无法适应新时代公安工作的需要

传统管理职能以产品管理和系统建设管理为主。首先,公安机关的产品管理职能正逐渐萎缩。根据《安全技术防范产品管理办法》第4条的规定,安全技术防范产品管理制度包括:工业产品生产许可证制度、安全认证制度和生产登记制度。[1]2004年随着行政许可法的颁布,技防产品无需再申领工业产品生产许可证,工业产品生产许可证制度首先被废止。2016年2月,安全技术防范产品生产登记制度再被废止。[2]现阶段,我国安全技术防范产品的管理制度只剩下安全认证制度,而认证制度的主体是认证机构,不是公安机关。现阶段公安机关的技防产品管理职能是会同质量管理机关开展不定期的质量监督检查。其次,系统建设管理职能渐行弱化。2004年公安部牵头在全国开展了"3111工程"[3]。在各级党委、政府的高度重视和公安机关的大力推动下,城市报警与监控系统的

---

[1]《安全技术防范产品管理办法》第4条:对安全技术防范产品的管理,分别实行工业产品生产许可证制度、安全认证制度和生产登记制度。对同一类安全技术防范产品的管理,不重复适用上述三种制度。

[2]《国务院关于第二批取消152项中央指定地方实施行政审批事项的决定》(国发〔2016〕9号)取消安全技术防范产品生产登记批准书核发。

[3]"3"是表示在省市县三级。第一个"1"是在每一个省确定一个市,第二个"1"是每个市确定一个县,第三个"1"是有条件的县设定一个区或者一个派出所,计划在08年完成。在全国确定了22个城市作为"3111工程"的试点城市。

建设已成相当规模，公安机关的系统建设职能越来越少。

与此同时，视频系统应用成为公安机关战斗力新的增长点。在诸多侦查（调查）措施中，视频证据最能客观反映违法犯罪全过程，视频技术已成为继刑侦、技侦、网侦技术后的又一大侦查技术。但是传统的技防管理职能缺少对视频应用的管理与指导，无法满足公安工作的实际需要。

4. 专业人员缺乏，不利于视频系统质效的发挥

公安机关中使用视频系统的是各执法勤务部门，如刑侦、治安、指挥中心等。由于没有专业人员负责，普通干警对系统的点位分布和系统操作不熟悉，更缺少视频技战法的训练，造成系统的效能无法充分发挥。

二、"311"公安技防管理队伍构建

（一）构建依据

2023年全国公安厅局长会议要求，公安机关要坚持改革强警，加快健全自上而下的高效率组织体系，加快完善实战化、扁平化、一体化警务运行机制，加快构建同城乡基层治理体系相适应的基层警务新机制新模式，加快推进智慧公安建设，着力塑造公安工作高质量发展新动能新优势。[1]2017年10月，全国公安视频监控联网工作推进会在深圳召开。会议明确了公安技防监控工作在公安工作中具有全局性、基础性、战略性的地位，并提出了要强化担当、狠抓落实，坚持不懈推动视频监控建设联网应用工作更好发展，努力打造视频监控"升级版"，推进视频监控工作登上更高台阶，迈向更高水平。[2]公安部早在广州召开的全国公安机关视频监控建设与应用工作会议上就大力推进视频监控系统建设与应用工作进行了研

---

[1] 参见《全国公安万局长会议精神"关键词"扫描——为全面建设社会主义现代化国家开好局起好步贡献力量》，载 https://news.cpd.com.cn/yw_30937/123/t_1067114.html，最后访问时间：2024年4月23日。

[2] 参见《全国公安视频监控联网工作推进会在深圳召开》，载 https://news.21csp.com.cn/c243/201711/11364323.html，最后访问时间：2023年3月26日。

究部署,提出"深化建设"、"深化应用"、设立专门机构和建立专业队伍的要求。

(二)"311"公安技防管理组织体系

根据公安部关于视频工作的部署,改革创新公安技防管理体制,设立专门机构,建立专业队伍,在公安技防管理实践的基础上,我们研究创设了以视频应用为中心,集中管理与分散指导相结合的"311"公安技防管理模式。

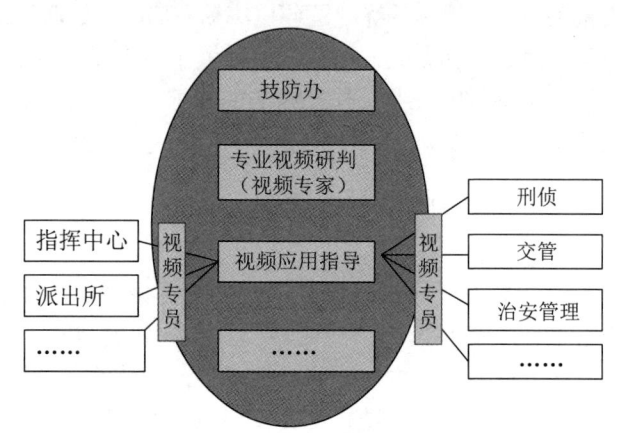

图 3-1 "311"技防管理组织框架

1. "3"是指,在省、市、县三级公安机关中建立独立的技防管理机构。传统的技防办管理模式,前期是以行业和产品管理为主,后期主要推动系统建设,技防办设在地市级以上的公安机关。新技防管理模式以推动视频应用为中心,而视频应用多在基础一线,所以新型技防管理组织下沉到县级公安机关。

2. 第一个"1"是指,设立一个集视频建管用于一体的、独立的技防管理部门,我们称为"视频警察部门"。该部门是整个技防工作的大本营,服务于全警。

首先,视频警察部门是一个独立的部门,不隶属于任何公安机关内设机构。该部门服务于全警,参与或者指导违法犯罪的侦查(调查),建议设置为执法勤务类机构。

其次,该管理部门是一个技防综合管理部门。集技防系统的建设、管理、应用于一体的综合性管理机构。该部门保证公安机关有视频可用,有视频会用,指导、推动视频监控的深度应用。该设置方式可以有效解决视频系统建设上的盲目,和使用上力不从心等问题。

该部门集技防管理传统职能和指导应用职能于一身,内设但不限于以下机构:技防办、专业视频研判(视频专家)、视频应用指导机构等。由于产品管理、行业管理等传统管理职能萎缩,建议将原技防办并入视频警察部门,继续从事传统的技防管理工作,即履行行业、产品管理职能,负责系统的建设和运维;专业视频研判(视频专家)机构主要负责疑难、复杂视频图像的研判,模糊图像的处理,图像信息的专业分析与处理,面向各警种提供视频图像研判支持,研究开发视频系统的智能化深度应用软件等;视频应用指导机构主要负责视频应用技术的研究和推广,视频技战法的研究与推广,负责视频专员的管理与培训等。

3. 第二个"1"是指,建立一个"视频专员"制度。类似于公安机关的法制员制度,在任务量大的基层一线单位,如派出所、指挥中心、各执法勤务类部门,派驻专职的视频专员,负责该单位的视频工作(包括但不限于视频系统操作、视频信息收集、运用视频展开技战法),指导其他干警应用视频系统,为公安业务工作提供支持,提升视频应用整体能力。

各警种业务不同,他们对视频图像的需求不同,对视频系统的使用方法也不尽相同。如派出所、指挥中心多是监看需求,刑侦、治安等部门多是利用视频收集证据,抓获违法犯罪嫌疑人,所以视频应用不是一个部门能够包办解决的,需要术业专攻,需要视频管理部门与业务部门协调配合。视频专员就是连接视频管理部门和业务部门的桥梁、纽带。视频专员是专业的视频工作人员,可以灵活操纵技防系统,指导干警使用视频系统更多功能,在联网系统上获取更多的视频资源,利用先进的技战法预防制止惩治违法犯罪。同时,其还可以将实战部门对视频的需求及时反馈视频警察部门,使视频管理工作有的放矢,推动公安工作高效、高质量发展,提升公安工作现代化水平。

新型的技防管理模式，以综合管理部门（视频警察）为核心，以专业队伍为基础，视频专员队伍为抓手，实现技防工作队伍的正规化、专业化、职业化，有效解决技防系统建、管、用上的脱节现象，有利于技防系统与公安工作相融合，有利于技防信息的共享和利用。

三、新型公安技防管理队伍的职能

（一）技防办的主要职能

技防办并入视频警察部门，继续从事传统的技防管理工作。具体负责安防行业的指导监督，安防产品的监督检查；负责技防系统的建设管理，如系统规划、系统初步设计方案审核、系统建成后的验收，负责系统运行维护。

视频警察部门保留技防办职能，一是因为公安机关是技防行业的主管机关，相关的行业管理职能必须履行。二是可以掌握技防系统的安装位置与安装数量等。技防办通过对系统设计方案审核和系统备案管理等管理手段，可以准确掌握公共安全视频系统的安装数量和安装位置等信息，为系统应用提供有力支撑。三是有利于系统的运行和维护。同在一个部门下，系统出现故障，信息沟通更顺畅，维修会更及时。

（二）专业技防研判机构（视频专家）的职能

专业视频研判队伍（视频专家）专门从事疑难、复杂视频图像的研判，负责模糊图像的处理，研究开发视频系统的智能化深度应用软件等。该机构面向各警种提供视频图像研判支持。

关于视频研判组织的设置，地方公安机关曾做过不同有益的尝试。如有设置在刑侦部门下的，有设置为独立工作室的。该机构设置在视频警察部门，更符合比例原则，节约成本。与海量视频信息相比，疑难复杂图像终是少数，因此无需各警种均设置视频研判机构，也没有足够的技术力量。而设置在某个警种当中又不利于为其他警种的服务。所以，建议设置在视频警察部门，集中专业力量，更好为各警种提供技术支持。

第三章　安全技术防范管理主体

（三）视频应用指导机构的职能

视频应用指导机构的主要职能：管理视频专员队伍，根据基层一线部门的任务量和工作需要派驻视频专员，开展系统操作和技战法培训，研究、推广先进视频技战法，统筹管理公安视频信息、保障信息安全，根据视频专员的申请推送跨区视频信息等。

建立视频应用指导机构是在公安机关改革实践的基础上，根据技防工作的实际要求提出的，该机构职能的发挥，将大大提高视频系统的应用效能，推动公安工作高质量发展。

（四）视频专员的职能

视频专员是连接技防综合管理部门（视频警察）和视频应用部门（各警种）的桥梁和纽带。视频专员可以利用视频系统进行社会面治安情况的巡查；与社会面上的干警联动打击违法犯罪；有权查询本辖区的技防信息，经申请可以跨区域查询技防信息，在满足使用需要的同时保障技防信息的安全；视频专员根据业务需要分析、处理图像信息；根据实战需要研发新的视频技战法（有推广价值的，视频管理部门可以在全警推广）；运用技战法预防制止惩治违法犯罪行为。

一方面，综合管理部门对其进行技术培训和技术支撑，进而推动各警种技防应用工作的开展，提升公安的执法能力和执法水平。另一方面，技防专员工作中发现视频监控盲点，及时报技防办，使系统的建设有的放矢；工作中发现系统故障，报管理部门维护，保证系统完好率和高在线率。

视频专员受派驻单位的领导和视频警察部门指导，是视频警察部门在各警种的抓手。视频专员的具体业务由各警种的业务决定，如刑侦部门的视频专员的主要任务是利用视频收集犯罪证据，运用视频技战法抓获犯罪嫌疑人；指挥中心、派出所的视频专员更多的是负责技防图像的监看和利用，社会面上的治安情况的视频巡查，预防、发现、控制违法犯罪活动，与社会面上的干警联动打击违法犯罪等。

第六节　公安机关视频监看队伍建设研究

一、公安机关建立专业视频监看队伍的必要性

（一）推动公安视频工作高质量发展的需要

在地方各级党委、政府的高度重视和大力支持下，公共区域视频监控系统建设初成规模，视频监控技术被广泛应用在社会治安治理、交通出行、环境保护、城市管理等多领域。公共安全视频监控系统将成为立体化社会治安防控体系和"平安城市""智慧城市"的重要基础设施，在反恐维稳、治安防范、打击犯罪、创新社会治理、服务保障民生等方面发挥重要作用。公共安全视频监控系统发挥作用的基础是应用，视频监控系统应用的基础是监看。因此，建设一支业务素质高、责任心强、技术娴熟、管理规范的专业视频监看队伍，是公共安全视频监控系统效能充分发挥的关键。

大量事实证明，建设一支高素质的专业视频监看队伍是非常必要的。从2011年开始，大约200名伦敦警察被招募到一个超级识别小组，该小组在伦敦2011年骚乱发生后的调查过程中发挥了独特的价值。被捕的约5000名骚乱分子中约有4000名是警方从监控录像中识别出的嫌疑犯，超级识别组负责了约30%的任务。其中一名超级识别者认出了近300名罪犯。在2013年诺丁山狂欢节活动中，该小组派出了17名成员根据预先给出的犯罪分子和黑帮成员的图像，在活动开始后守在监控控制室，认出嫌犯后通知警方进行现场处置，预防了许多盗窃和斗殴的行为，后来每届狂欢节都有超级识别者执勤负责视频监控系统的监看。国内的视频监看队伍也是成绩斐然，如广州市公安局组建1300多人的专职视频监控员队伍，实现主要道路、重点部位、重点区域、重点场所等公共区域全覆盖，有效拓展治安防控的可视空间，形成强大隐性震慑。2017年以来，依托各类

视频技防手段，共协助破获刑事案件4630宗。[1]上述实例说明了专门的视频监看队伍，专业的视频监看人员可以有效提升打击违法犯罪的能力。

（二）公安机关视频监看队伍现存问题的需要

各地各级公安机关纷纷尝试设立专门的队伍或人员从事视频监控系统监看工作。但是由于没有成熟的经验，这支队伍的建制及工作内容比较混乱，整体工作效果也不理想，有些甚至损害了公安机关形象。总体来看，公安机关视频监看队伍存在以下问题：

1. 队伍不健全。由于各地公安机关对视频监控工作的理解和重视程度不同，各地的视频监看队伍建设也不尽相同。有些地方公安机关的视频监看队伍庞大，工作机制完善。但是大量公共安全视频监控系统只有一两个人负责监看，甚至没人专门监看。视频监看队伍不健全，视频监控系统应用将受到限制，视频监控系统效能得不到充分发挥。

2. 人员素质参差不齐。公共安全视频监控系统的监看工作多由警务辅助人员进行。有些视频监看人员经过简单的培训，多数视频监看人员没有经过培训，缺少相关的业务知识、法律知识和保密知识，业务能力多靠个人的悟性和实践中摸索。视频监看人员素质参差不齐，使得系统难以发挥实时发现、精确打击违法犯罪功效，视频监控应用成效大打折扣；有些地方出现视频监控系统信息外泄，甚至出现利用视频监控系统和系统信息进行违法犯罪活动，严重危害了人民群众的基本利益。

3. 管理制度缺位。实践中，关于视频监看队伍、监看人员的管理制度、管理标准缺位严重。既没有关于视频监看人员的从业条件等入职制度，也缺少入职后队伍的管理制度以及激励机制等，地方在监看人员招录、培训以及管理方面随意性较大，导致视频监看队伍人员复杂，整体素质不高，工作定位不清，工作积极性不高，不

---

[1] 参见《广州公安构建社会治安防控体系 侦破电信诈骗案升三成》，载http://news.china.com.cn/2017-08/07/content_ 41360523.htm，最后访问时间：2023年4月27日。

能很好地发挥监看人员在公安视频监控系统中的作用。

4. 经费保障不到位。视频监看队伍保障经费来源不同（有的经费来自地方政府，有的经费来自街道和派出所），标准不同，经费的划拨也未能做到常态化，许多地方没有专门视频监看队伍建设经费。视频监看人员的工资待遇比较低，甚至基本与地方最低工资标准持平。而视频监看人员整天对着监视屏，工作强度大而枯燥，相应的薪酬与监看人员如此大劳动量的工作不成比例，以至监看人员流动性较大，给公安视频监控管理工作带来很大困难。

5. 职责不明确。由于对视频监看人员的工作职责没有明确的规定，对监看成果没有明确要求，很多视频监看人员认为视频监控工作只是看看屏幕，操纵一下操纵杆，工作随意性很大。系统多用于违法犯罪发生后的倒查，事前的预防和事中的控制作用发挥不充分，系统效能没有得到充分发挥。

公安机关构建专门的视频监看队伍，专业的视频监看人员可以有效提升打击违法犯罪的能力，解决视频监看的现存问题。

二、公安专业视频监看队伍构建

目前公安视频监控系统终端大量、集中使用在公安机关的各个指挥中心与派出所。指挥中心在协调出处警、派出所在了解本辖区内社会治安情况等方面有得天独厚的优势，所以建议专门的视频监看队伍设置在公安指挥中心和派出所。其中派出所的视频监看队伍、人员归派出所管理，业务受派出所和技防管理部门双重领导。指挥中心的视频监看队伍，人员归指挥中心管理，业务受指挥中心和技防综合管理部门的领导。指挥中心和派出所根据监控区域的大小和重要程度，合理设置监控中心规模，配备专职监看人员的数量。

（一）公安专业视频监看队伍人员构成

在视频监看队伍的人员属性上，有些地方的公安机关的视频监看人员全部是在职在编的公安干警，有些地方的视频监看人员全部是临时聘用人员。公安专业视频监看队伍人员构成建议由少量公安干警和大量警务辅助人员共同组成模式。原因有三：

首先，由于视频监控系统越建越多、越建越密，如果监看人员全部由正式干警担任，会使本就紧张的警力资源更加雪上加霜。

其次，虽然视频监看人员不参与公安执法工作，但是该工作涉及违法犯罪活动打击和公民权利的保护，所以监看人员也不能全是临时聘用人员。

最后，《关于规范公安机关警务辅助人员管理工作的意见》第4条规定，警务辅助人员不具备执法主体资格，不能直接参与公安执法工作，应当在公安民警的指挥和监督下开展辅助性工作。这样不仅缓解了警力资源紧张的情况，还能通过正式干警的言传身教提高监看人员识别违法犯罪行为的能力，加强对聘用警务辅助人员的监管。在这种模式下可以将视频监看人员划分为若干小组，小组长由正式民警担任，组员则由聘用的警辅人员组成。

具体由基层公安机关上报辅警岗位需求，经地市级公安机关审核把关，报政府审批后，进行公开招录。择优录取或者从现有的辅警队伍中择优选拔，特别优先选拔在人脸识别与视频监控技术及系统操作等方面有特殊才能的人员。各地方应落实专项经费，建立一套完善从优的视频监看人员工资体系，保证视频监看人员队伍的稳定性。队伍稳定，才能减少因人员流失造成的人员聘用、培训等成本，才能不断提高视频监看人员的工作经验，使视频监控系统发挥最大的功效。

三、公安机关专业视频监看队伍主要职责

1. 视频监控系统的实时监看，并协调出处警。通过视频监控系统对辖区社会面的治安动态、重点、要害部位等进行实时监控；指挥协调街面巡逻力量对警情进行有效处置。

2. 发现可疑信息并及时报告。监看人员在接报警情或发现可疑行为要及时对涉案人员体貌特征、携带可疑物品、逃跑方向及车牌号等信息按规定做好跟踪录像记录和相关文字记录的同时，及时向本单位带班领导和分局指挥中心报告。

3. 视频影像资料建库立档。监看人员应对监看过程中或事后回看视频所发现的可疑人员建库立档，监看人员应定期倒查录像资料数据，从中发现违法犯罪线索，将有价值的资料数据刻录在册作为

工作资料备查,为打击违法犯罪提供参考依据。监看人员还应充分利用人脸识别等软件及时预警。

4. 配合公安机关做好案件的倒查工作。协助有关单位做好视频监控录像资料的调取、翻查,并做好登记。

5. 视频监控信息使用登记。监看人员应认真检查落实信息收集和监控系统使用情况登记工作。对视频监控系统图像信息必须严格管理,及时归档;如实、详细填写《值班日志》和相关台账,做好交接班工作。

四、公安机关专业视频监看人员从业条件

(一)从业条件

根据公安机关视频监看队伍的工作职责,专业的视频监看人员的准入条件:

1. 专业技能。

(1)具备设备操作技能。首先,视频监看人员应具有高中(含职高、中技)及以上学历。其次,应具备计算机操作系统、应用软件等方面的基础知识,能正确操作系统中相关的机电设备。因为视频监看人员通过操作视频监控系统来进行视频图像的实时监看与回放,从而发现可疑行为、可疑人员。最后,在熟悉各项设备使用的基础上,还需知道系统的连接方法、操作程序、设备状态正常与否,能够判断系统故障的位置,对一般性的问题、故障能采取临时的应急措施。

(2)掌握可疑行为识别技能。监看人员需具备基本的可疑行为识别能力。通过学习、培训,充分发挥主观能动性,运用综合、归纳、联想等方法,掌握识别违法犯罪行为的本领,在监控区域内主动寻找和发现疑点的能力。

2. 了解基本法律知识。

视频监看人员还应掌握基础的法律法规,有良好的法律意识,这样才能有效、及时地发现问题并采取恰当的措施。另外还应对当地的风俗人情和违法犯罪情况有所了解和认知,这样才能在工作中分清主次、有重点、有针对性地实施监控。

3. 具有职业道德。

（1）视频监看人员应拥护中国共产党的领导，具有良好的服务社会、服务人民的思想，有良好的道德品行。

（2）视频监看人员应具有强烈的责任感和敬业精神。视频监看人员工作繁重且枯燥，如果没有责任心和敬业精神，即便有再好的技术也不能发挥其应有的作用，甚至会事与愿违。所以视频监看人员应保持良好的精神面貌，认真负责的对待视频监看工作。

（3）严明的纪律性。公安视频监控工作与隐私权保护是一对矛盾。如果视频监控的监看人员不能严格遵守监控部门的工作纪律，利用工作之便，肆意窥视群众个人隐私，或将无意中拍摄到的群众私人活动恣意传播甚至进行恶意渲染，那么人民的切身利益将会因此遭到极大的损害，公安部门的社会形象、群众的社会安全感也会随之大大降低。因此，视频监看人员在工作中必须严守监看工作纪律，严格保密规定，遵守相关规章制度，自觉接受公安机关的纪律约束。

（二）从业禁止

所谓从业禁止是指为了维护社会公众利益，预防潜在的风险，禁止特定的人从事特定的工作，或者禁止特定职业的特定人员从事特定的活动。我国很多领域都规定了从业禁止措施，如《中华人民共和国证券法》第104条规定："因违法行为或者违纪行为被开除的证券交易所、证券登记结算机构、证券公司的从业人员和被开除的国家机关工作人员，不得招聘为证券交易所的从业人员。"《中国人民共和国人民警察法》第26条第2款规定："有下列情形之一的，不得担任人民警察：曾因犯罪受过刑事处罚的；曾被开除公职的。"《中华人民共和国刑法修正案（九）》第1条第1款规定："因利用职业便利实施犯罪，或者实施违背职业要求的特定义务的犯罪被判处刑罚的，人民法院可以根据犯罪情况和预防再犯罪的需要，禁止其自刑罚执行完毕之日或者假释之日起从事相关职业，期限为三年至五年。"

视频监看人员的主要工作为视频监控系统的监看、可疑行为识别，突发事件报告及警力资源的调度等，虽然不涉及公安执法活动，但事关违法犯罪，事关公民人身权益和财产权益的保护。视频监控技术是一把双刃剑，使用的好可以有效预防、制止和惩治违法犯罪，保护公民的人身权益，保护公民和组织的财产安全；使用的不好，他会给公民、法人和其他组织造成损害，甚至成为违法犯罪的工具。为了维护社会公共利益，防止具有某种潜在风险的人进入该行业后，利用职业便利或违背职业要求实施更为严重的违法犯罪行为，结合公安视频监看工作的特点，根据《关于规范公安机关警务辅助人员管理工作的意见》第17条的规定，我们认为具有下列情形之一的，不得从事视频监看工作：

1. 受过刑事处罚或者涉嫌违法犯罪尚未查清的；
2. 曾因违法行为，被给予行政拘留、收容教养、强制戒毒等限制人身自由的治安行政处罚的，或故意从事其他违法行为的；
3. 被国家机关、事业单位开除公职或者辞退的；
4. 有较为严重的个人不良信用记录的；
5. 其他不适合从事警务辅助工作的。

第四章 安全技术防范产品管理

第一节 安全技术防范产品的概念和特征

安全技术防范产品管理在技防管理中相对比较成熟，也是受行政审批制度改革影响最大的一个。

《安全技术防范产品管理办法》第2条第1款的规定，安全技术防范产品（以下简称"技防产品"）是指用于防抢劫、防盗窃、防爆炸等防止国家、集体、个人财产以及人身安全受到侵害的并列入《安全技术防范产品目录》的专用产品。根据该规定，安全技术防范产品具备以下三个特征：

1. 安全技术防范产品是防止国家、集体、个人财产以及人身安全受到侵害的专用产品。即技防产品是专门用于防入侵、防盗窃、防抢劫、防爆炸等防止人身、财产受到侵害的产品。虽然技防产品可能被开发出很多用处，但其最根本的作用是防范人身、财产受到侵害。

2. 安全技术防范产品是通过安全防范技术实现防范目的的产品。技防产品与普通的门、窗、锁、铁栅栏、围墙等物防产品不同，它本身包含有安全防范技术，是依靠这些技术实现安全防范目的的。这些技术可以是物理防范技术、电子防范技术、生物统计学防范技术，也可以是这些防范技术的集成。

3. 安全技术防范产品是被列入《安全技术防范产品目录》的产品。《安全技术防范产品目录》由国家质量监督检验检疫总局、公安部共同制定并公布。只有被列入《安全技术防范产品目录》的产品才是法律上的技防产品，纳入技防产品管理制度管理。当今社会，物理防范技术、电子技术、生物识别技术的发展都是非常迅猛的，技防产品也不断地推陈出新，这就要求相关部门制定的《安全技术防范产品目录》也要不断地与时俱进，以免限制安全技术防范产品行业的发展。我国目前适用的是2000年公布的安全技术防范产品目录。

表4-1 安全技术防范产品目录

序号	产品名称
1	入侵探测器
2	防盗报警控制器
3	汽车防盗报警系统
4	报警系统出入口控制设备
5	防盗保险柜（箱）
6	机械防盗锁
7	楼宇对讲（可视）系统
8	防盗安全门
9	防弹复合玻璃
10	报警系统视频监控设备

第二节　安全技术防范产品管理制度

为了保证技防产品质量，法律设定了技防产品市场准入管理制度，规定只有满足特定条件才能从事技防产品的生产和销售。

一、安全技术防范产品市场准入制度概述

鉴于技防产品涉及公共安全的特殊属性，1992年国家质监局授

权公安部对社会公共安全产品质量进行监督管理，1995年公安部和国家质监局联合下文，明确"公安部在国家质量技术监督局指导下，对全国安全防范产品实行行业监督管理"。2000年国家质量技术监督局和公安部联合出台《安全技术防范产品管理办法》。《安全技术防范产品管理办法》第4条规定，对安全技术防范产品的管理，分别实行工业产品生产许可证制度、安全认证制度和生产登记制度。对同一类安全技术防范产品的管理，不重复适用上述三种制度。

1. 工业产品生产许可证制度。实行工业产品生产许可证制度的产品由公安部科信局申报，经国家质量技术监督局批准后，公安部科信局组织实施；该类产品范围按《国家工业产品生产许可证发证目录》执行。在国家质量监督检验检疫总局最新公布的实行工业产品生产许可证管理的产品目录中没有技防产品，这就是说，目前，技防产品不实行工业产品生产许可证管理。

2. 安全认证制度。实行安全认证制度的产品经国家质量技术监督局批准，由中国安全技术防范认证委员会组织实施。根据《中华人民共和国国家质量监督检验检疫总局、中华人民共和国国家认证认可监督管理委员会公告》（2004年第62号），我国目前已有四类技防产品被列入实施强制性认证产品目录。

3. 生产登记制度。[1]实行生产登记制度的产品由各省、自治区、直辖市公安机关技防管理部门具体负责实施，并报公安部科技局备案。为了保证安全技术防范产品质量，防止国家、集体、个人财产以及人身安全受到侵害，特定的技防产品生产企业向公安机关提出生产登记申请，公安机关经过审核作出批准生产登记决定，填发生产登记证书的活动。根据《安全技术防范产品管理办法》的规定，实行生产登记制度管理的安全技术防范产品，未经公安机关批准生产登记的，禁止生产和销售。

---

〔1〕 技防产品生产登记制度已于2016年废止，本节不做详细介绍。相关介绍见附件2，供研究参考。

对技防产品的管理不是固定不变的，根据安全防范技术及市场发展的具体要求，技防产品管理制度可以调整。技防产品的管理制度调整应提前3个月正式公布，自某种产品的管理制度实施之日起，原管理制度自动废止。党的十八大报告明确要求：深化行政体制改革，继实行工业产品生产许可证管理的产品目录中技防产品后，2016年2月3日，根据《国务院关于第二批取消152项中央指定地方实施行政审批事项的决定》（国发〔2016〕9号）的规定，取消安全技术防范产品生产登记批准书核发。现阶段，我国安全技术防范产品的管理制度主要有安全认证制度。

二、安全技术防范产品认证制度

对涉及健康、安全、卫生、环境保护的产品实施产品认证制度，是我国兑现入世承诺，按照国际通行规则进行产品管理的重大举措，为在社会主义市场经济体制下加强产品质量管理、规范市场和维护消费者权益提供了制度保证。随着我国加入WTO及市场经济发展的需要，将会有越来越多的安全技术防范产品采用认证管理制度。

（一）认证制度概述

所谓认证是指由认证机构证明产品、服务、管理体系符合相关技术规范、相关技术规范的强制性要求或者标准的合格评定活动。认证认可活动应当遵循客观独立、公开公正、诚实信用的原则。

根据不同的标准，认证可以分为不同的种类，如根据认证对象的不同，可以分为产品认证、服务认证和管理体系认证；根据产品的种类不同，认证可分为电线电缆、农机产品、装饰装修材料、消防产品、信息安全等众多种类；根据认证的强制性程度不同，认证可以分为强制认证和自愿认证。强制认证的全称是"强制性产品认证制度"，中国强制认证简称3C认证（China Compulsory Certificate）。强制性产品认证是政府组织实施的一种强制行为，凡列入强制性产品认证目录的产品，没有获得指定认证机构的认证证书并标注认证标志，一律不能出厂、销售、进口或者在其他经营活动中使用。3C认证是一种基本安全认证，获得该认证只表示认证产品的安全质量合格，并不意味着产品的使用性能良好。根据《认证认可条例》的规定，列入强制认证目录的都是涉及国家安全、人体健康或者安全、动植物生命或者健康、环境保护的产品。自愿认证是企业根据自愿原则向认证机构提出产品认证申请，由认证机构依据认证基本规范、认证规则和技术标准进行的合格评定。经认证合格的，由认证机构颁发产品认证证书，准许企业在产品或者其包装上使用产品认证。

产品、服务、管理体系符合认证要求的，认证机构应当及时向委托人颁发认证证书。获得认证证书的，应当在认证有效期和认证范围内使用认证标志。

强制认证标志是《中华人民共和国实施强制性产品认证的产品目录》中产品准许其出厂销售、进口和使用的证明标记。强制认证标志，由国务院认证认可监督管理部门统一规定。强制认证标志的名称为"中国强制认证"。强制认证标志的图案由基本图案、认证种类标注组成。国家认证认可监督管理委员会根据认证工作需要制定和发布有关认证种类标注，如图2中的"S"代表安全认证。

图4-1　认证标志基本图案图　　图4-2　认证标志图案

认证机构可以自行制定认证标志，并报国务院认证认可监督管理部门备案。中国安全技术防范认证中心（"CSP"）承担中国公共安全产品的认证工作，其专有认证标志。

为中国公共安全产品认证标志（以下简称"GA标志"）。GA标志基本图案如图4-3和图4-4。

图 4-3　　　　　　图 4-4

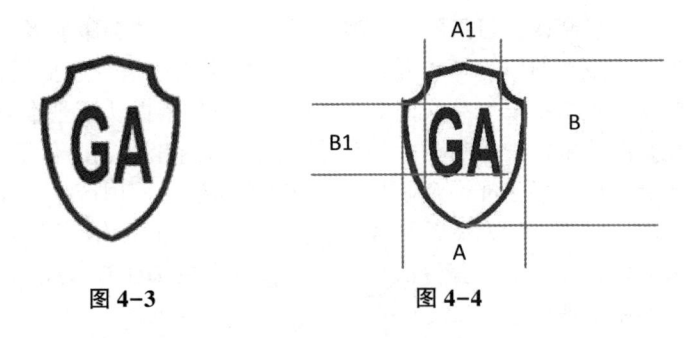

(二) 适用认证管理的技防产品种类

我国技防产品共十类，根据国家质量监督检验检疫总局和国家认证认可监督管理委员会公告（2001年第33号）发布的《第一批实施强制性产品认证的产品目录》，入侵探测器（室内用微波多普勒探测器、主动红外入侵探测器、室内用被动红外探测器、微波与被动红外复合入侵探测器）实施认证管理。该类商品从2002年5月1日起受理申请，自2003年5月1日起，未获得强制性产品认证证书和未加施中国强制性认证标志的产品不得出厂、进口、销售。

根据国家质量监督检验检疫总局和国家认证认可监督管理委员会公告（2004年第62号）发布的《第二批实施强制性产品认证的产品目录》，入侵探测器类（磁开关入侵探测器、振动入侵探测器、室内用被动式玻璃破碎探测器）；防盗报警控制器类（防盗报警控制器）；汽车防盗报警系统类（汽车防盗报警系统）；防盗保险柜（箱）类（防盗保险柜、防盗保险箱）等安全技术防范产品实施强制性产品认证。自2005年10月1日起，凡列入目录内的安全技术防范产品，未获得强制性产品认证证书和未加施中国强制性认证标志的，不得出厂、销售、进口或在其他经营活动中使用。自2004年8月1日起，委托人可以向指定认证机构提出认证产品的认证委托。

根据中国安全技术防范认证中心公布的《公共安全产品自愿性认证目录》，防盗安全门实施自愿认证管理。

(三) 安全技术防范产品认证模式

认证模式是指认证机构证明产品、服务、管理体系是否符合相关技术规范、相关技术规范的强制性要求或者标准所采用的方式。产品的认证模式,依据产品的性能,对人体健康、环境和公共安全等方面可能产生的危害程度,产品的生命周期特性等综合因素,按照科学、便利等原则予以确定。

强制性产品认证适用以下单一的认证模式或者若干认证模式的组合,具体包括:设计鉴定、型式试验、制造现场抽取样品检测或者检查、市场抽样检测或者检查、企业质量保证体系审核、获得认证的后续跟踪检查等。具体的产品认证模式在认证实施规则中规定。

根据相关的认证规则的规定,技防产品的认证模式为型式试验+初始工厂检查+获证后监督。

防盗安全门等自愿认证产品的认证模式分为基本认证模式和其他认证模式。其中基本认证模式为型式试验+初始工厂检查+获证后监督。为了方便委托人也可以采用初始工厂检查+型式试验+获证后监督。所谓其他认证模式是指根据生产、贸易和市场的具体情况,由认证委托人与认证机构协商确定的认证模式。

(四) 安全技术防范产品认证实施规则

认证实施规则是认证机构从事具体认证活动的依据。《中华人民共和国认证认可条例》第 21 条第 1 款规定,认证机构以及与认证有关的检查机构、实验室从事认证以及与认证有关的检查、检测活动,应当完成认证基本规范、认证规则规定的程序,确保认证、检查、检测的完整、客观、真实,不得增加、减少、遗漏程序。

产品认证实施规则应当包括以下基本内容:适用的产品范围、适用的产品对应的国家标准和技术规则、认证模式以及对应的产品种类和标准、申请单元划分规则或者规定、抽样和送样要求、关键元器件的确认要求(根据需要)、检测标准和检测规则等相关要求、工厂审查的特定要求(根据需要)、跟踪检查的特定要求、适用的产品加施认证标志的具体要求、其他规定。

由于产品之间的差别很大,所以每类产品都有自己的认证实施规则。纳入认证管理的技防产品的具体实施规则见表 4-2。

表 4-2

序号	产品名称	认证实施规则
1	主动红外入侵探测器	CNCA-10C-047：2009《安全技术防范产品强制性认证实施规则 入侵探测器产品》
2	室内用被动红外入侵探测器	
3	室内用微波多普勒探测器	
4	微波和被动红外复合入侵探测器	
5	振动入侵探测器	
6	室内用被动式玻璃破碎探测器	
7	磁开关入侵探测器	
8	防盗报警控制器	CNCA-10C-052：2009《安全技术防范产品强制性认证实施规则 防盗报警控制器产品》
9	汽车防盗报警系统	CNCA-10C-053：2009《安全技术防范产品强制性认证实施规则 汽车防盗报警系统产品》
10	防盗保险柜	CNCA-10C-054：2009《安全技术防范产品强制性认证实施规则 防盗保险柜（箱）产品》
11	防盗保险箱	
12	防盗安全门	CSP-V01-001：2009《安全技术防范产品自愿性认证实施规则 防盗门产品》

（五）安全技术防范产品认证程序

为了确保认证的完整、客观、真实，认证活动应当按照认证规则规定的认证程序进行。认证的程序包括以下全部或者部分环节：认证申请和受理、型式试验、工厂审查、抽样检测、认证结果评价和批准、获得认证后的监督。

根据《中华人民共和国认证认可条例》《强制性产品认证管理规定》，中国安全技术防范认证中心公布了技防产品认证程序：

第一，认证申请人应当向指定的认证机构提出申请。根据《强制性产品认证管理规定》，认证申请人包括产品的生产者、销售者和进口商。申请时，申请人应当向指定认证机构提交认证申请书、必要的技术文件和样品。申请人为销售者、进口商时，应当向指定认证机构同时提交销售者和生产者或者进口商和生产者之间订立的相关合同副本。

申请人还可以委托他人代为办理认证等事项。申请人委托他人申请产品认证的，应当与受委托人订立认证、检测、检查和跟踪检查等事项的合同，受委托人应当同时向指定认证机构提交委托书、委托合同的副本和其他相关合同的副本。

第二，指定认证机构负责受理申请人的认证申请，并对申请人的申请进行审核。

第三，对于审查合格的申请，认证机构应当根据认证实施规则的规定，安排型式试验、工厂审查、抽样检测等活动。

第四，根据实验、监察、检测的结果作出是否予以认证决定，并向获得认证的产品颁发认证证书、公告认证结果。指定认证机构在一般情况下，应当自受理申请人认证申请的90日内，作出认证决定并通知申请人。

第五，对于获得认证的产品，指定认证机构应当按照具体产品认证实施规则的规定，对其颁发认证证书的产品及其生产厂（场）实施跟踪检查，适时作出监督评定并予以公告。

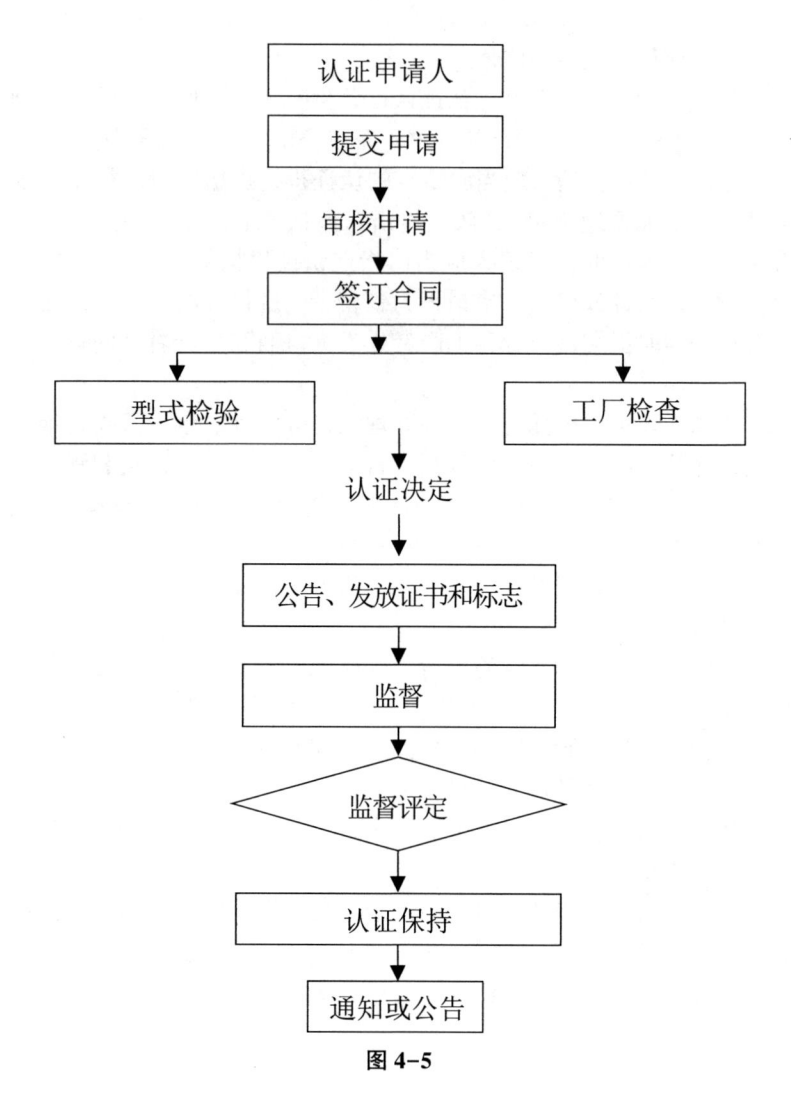

```
            ┌──────────────┐
            │  认证申请人  │
            └──────────────┘
            ┌──────────────┐
            │   提交申请   │
            └──────┬───────┘
                   ▼
                审核申请
            ┌──────────────┐
            │   签订合同   │
            └──────┬───────┘
        ┌──────────┼──────────┐
        ▼                     ▼
  ┌──────────┐          ┌──────────┐
  │ 型式检验 │          │ 工厂检查 │
  └────┬─────┘          └──────────┘
       ▼
    认证决定
  ┌──────────────────┐
  │ 公告、发放证书和标志 │
  └────────┬─────────┘
           ▼
       ┌──────┐
       │ 监督 │
       └──┬───┘
          ▼
       ╱ 监督评定 ╲
       ╲        ╱
          ▼
     ┌──────────┐
     │ 认证保持 │
     └────┬─────┘
          ▼
     ┌──────────┐
     │通知或公告│
     └──────────┘
```

图 4-5

（六）安全技术防范产品认证的注销、停止使用和撤销

根据《CSP [1] 暂停、恢复、撤销、注销认证的条件和程序》

---

[1] 中国安全技术防范认证中心的英文简称。

的规定，技防产品认证的注销、停止使用和撤销应遵守以下规定。

1. 技防产品认证的注销

认证的注销是指认证机构取消已经取得认证的产品在认证机构的登记事项。在认证过程中，符合要求的认证申请人在获得认证证书、认证标志的同时，其获得认证事项的相关信息在认证机构要进行记载，作为官方的历史性纪录。如果没有信息记录，其证书、标志的合法性就有待进一步证实。认证的注销就是取消在认证机构登记的相关信息，使认证失去法律效力。

有证据证明获证组织出现下列情况之一时，将被注销认证：

（1）认证适用的标准、技术规范或认证实施规则发生变更，获证组织不能和/或不同意满足变更要求的；

（2）获证产品已不再生产的；

（3）持证人明示不再保持认证（或书面申请注销认证证书）的；

（4）其他需要注销的情况。

中国安全技术防范认证中心（CSP）作出批准注销的认证决定后，向持证人发出注销认证通知书，收回认证证书，并告知相关方（含 CCC 标志管理机构）；持证人注销认证后，应立即将证书交回 CSP 认证管理部，停止使用被注销的证书及相关标志，并告知相关方注销认证状态；否则，可能导致被 CSP 撤销认证。

CSP 一般不恢复注销的认证。

2. 技防产品认证的停止使用

（1）暂停使用的条件

有证据证明获证组织出现下列情况之一时，将被 CSP 暂停认证：

①未按规定使用认证证书和认证标志，尚未产生严重后果且 CSP 能够承担其可能导致的认证风险的；

②违反相关认证实施规则的要求，未能及时采取纠正和纠正措施，但已书面承诺在规定期限内完成整改的；

③获证后 12 个月内，连续 2 次不承诺或以不作为的事实表明不接受 CSP 安排的监督的；

④获证后监督结果不符合相关认证要求，但具备在规定期限内完成整改的条件且已采取相应措施的；

⑤拒不按照规定缴纳认证费用的；

⑥获证产品和/或质量保证体系发生重大变化，原证书有效性不足以证实时；

⑦持证人申请暂停的；

⑧监督检查时，未在规定的时间内抽到样品或工厂不能在规定时间内将样品送达检测机构的；

⑨获证工厂地址发生变更，与证书不一致，原地址不再生产获证产品时；

⑩其他需要暂停的情况。

CSP根据上述条件作出暂停认证决定后，向获证组织发出暂停认证通知书，告知相关事项并公告；向有关管理机构通报暂停认证信息。

暂停认证期间，获证组织应停止使用认证证书，不得利用认证证书或认证合同进行误导性的宣传或声明；向现有的或潜在的所有相关采购方明示认证证书被暂停的状态；不得在暂停认证的产品上加施认证标志；封存认证标志；对存在潜在缺陷的认证产品采取纠正措施，适当时召回处理；获证组织在暂停期限内向CSP提交整改报告；被要求时，将认证证书交回CSP；保存上述记录，以便CSP跟踪检查等。

获证组织的同一证书，经CSP认证决定，在每个监督周期内，原则上只批准1次暂停，期限通常为3个月；确有特殊情况（如生产厂搬迁、境外生产厂整改等）可适当延长但不超过12个月。证书在被暂停期间为无效状态。

（2）对暂停认证的恢复

获证组织应及时进行整改并向CSP提供相关证据，相关纠正与预防措施须经CSP评价与验证符合要求，方可恢复认证。

在暂停期限内，获证组织完成整改，向CSP相关部门提交整改证实材料。CSP审查整改材料后，需要时应对整改情况进行评价

（包括资料、检测评价、现场验证），并收取发生的相关费用。CSP认证管理部根据认证决定结果，通知持证人恢复证书并及时发布信息通告。被恢复的证书为有效状态。

3. 技防产品认证的撤销

认证的撤销与注销从结果上没有绝对的区别，但发生原因是不同的，撤销通常是对获证组织违反认证要求的一种处罚。

有证据证明获证组织出现下列情况之一时，撤销认证：

（1）相关政府管理部门已明文规定，必须撤销的；

（2）监督结果证明认证产品存在严重缺陷的，且在规定期限内未能整改的；

（3）认证产品因不符合认证要求导致产品质量事故，被投诉和/或被依法调查，且已经有明确结论的；

（4）持证人或生产厂在认证暂停期限内，获证组织未采取纠正措施或纠正措施无效的；

（5）因2.1.4[1]情况导致暂停，逾期仍不缴纳认证费用的；

（6）获证组织违规使用认证证书和标志造成严重后果，且CSP不能承受将导致的认证风险的；

（7）伪造、变造认证证书和标志已被证实的；

（8）弄虚作假，隐瞒事实真相，骗取认证证书的；

（9）国家或行业监督抽查结果证明产品出现严重缺陷的且被判定不合格的；

（10）拒绝接受国家或CSP监督的；

（11）其他需要撤销的情况。

CSP做出撤销认证决定后，向持证人发出撤销认证通知书，并向社会通告撤销信息。

撤销认证后，持证人必须停止使用撤销的认证证书及相关标志，并按照规定进行相应处理。持证人必须将认证证书交回CSP，无法

---

[1] 获证后监督结果不符合相关认证要求，但具备在规定期限内完成整改的条件且已采取相应措施的。

交回的，必须在合法报刊上予以公告，并将公告行为通知 CSP；被撤销认证的组织应采取措施消除影响并承担相关责任。

CSP 一般不恢复撤销的认证。对于已被撤销认证的组织，CSP 在撤销批准之日起 6 个月内不受理其相应产品的认证申请。

4. 对注销、暂停认证、撤销行为的救济

根据《强制性产品认证管理规定》第 47 条，申请人和认证证书持有人对指定认证机构的认证决定有异议的，可以向作出认证决定的认证机构申诉。

持证人或供方对 CSP 注销、暂停使用、撤销等决定有异议或不满，可以向 CSP 提出申诉、投诉，对 CSP 处理结果仍有异议的，可以向国家认证认可监督管理委员会申诉。

第三节　安全技术防范产品质量监督检查

为了确保安全技术防范产品质量，打击无证和假冒伪劣产品，保护公私财产安全和公民人身安全，对技防产品的生产、销售环节应加强监督管理。

一、安全技术防范产品监督检查的依据、方式

安全技术防范产品质量监督检查，是指由产品质量监督机构、有关组织，按照技术标准，对生产领域、流通领域的产品进行评价、随机抽样、检验，并对抽查结果公布和处理的活动。对技防产品监督检查可以有效促进企业加强质量管理，执行质量标准，保证产品质量，维护用户和消费者利益。

（一）安全技术防范产品监督检查的依据

对技防产品进行质量监督检查的法律依据主要有《中华人民共和国产品质量法》《中华人民共和国认证认可条例》《安全技术防范产品管理办法》《关于加强安全防范产品质量监督管理的通知》《关于加强对列入强制性产品认证目录内的安全技术防范产品质量监督管理的通知》等规定，以及现行的国家标准、行业标准；尚未制定国家标准、行业标准的，依据地方标准或者已备案的企业标准。

(二) 安全技术防范产品监督检查的方式

技防产品质量监督检查以抽查为主要方式。监督检查的方式有以下几种：

1. 监督抽查。具体包括国家监督抽查和地方监督抽查等。国家监督抽查是指国务院产品质量监督部门统一组织和管理，按季度对全国产品质量进行的监督抽查。国家监督抽查的结果，由国务院产品质量监督部门依照法律的要求定期公布。县级以上地方产品质量监督部门在本级区内也可组织监督抽查，但是要防止重复抽查。

2. 统一监督检查。统一监督检查（简称统检），通常适用于检查某类质量问题较突出的产品。做法是按统一产品、统一标准、统一检验方法、统一判定原则和统一汇总口径的五统一原则，对生产同种产品的所有企业普遍进行产品质量监督检查，以全面掌握该产品的全行业的质量状况，推动行业质量管理，提高被检产品的总体质量水平。

3. 定期监督检查。定期监督检查是地方对产品质量进行监督的主要方式。通过制定产品目录，按规定周期，对本地区的重要产品进行质量监控，以促进和保持这些产品的质量水平。

除上述三种主要形式外，技防产品质量监督检查根据发生阶段的不同可以分为：对产品生产的监督检查和产品销售的监督检查；根据实际情况、群众举报，或根据上级及有关部门的指示还可以进行日常执法监督检查。

此外，对于获得认证的产品，指定认证机构应当对其颁发认证证书的产品及其生产厂（场）实施跟踪检查，适时作出监督评定并予以公告。

二、安全技术防范产品监督检查组织

安全技术防范产品质量监督检查组织主要有质量监督检验检疫部门、公安机关、工商机关以及认证机构。

根据《安全技术防范产品管理办法》第 3 条和第 13 条的规定，公安机关、质量监督检验检疫部门的职责分工：质量技术监督部门是产品质量监督管理的主管部门，具体负责安全技术防范产品质量监督管理工作。公安机关是安全技术防范工作的主管部门，在质量技术监督部门指导下，具体负责安全技术防范产品质量行业监督管理工作。

安全技术防范产品质量监督抽查由国家质量技术监督局组织实施，行业监督抽查经国家质量技术监督局批准后由公安部组织实施，地方监督抽查由地方质量技术监督部门组织实施或者会同地方公安机关组织实施。安全技术防范产品质量日常监督检查由地方质量技术监督部门和公安机关在各自的职责范围内依法组织实施，并避免重复检查。即对技防产品质量的监督管理，以及围绕技防产品质量监督所进行的检查、检验、鉴定、监控、违法查处等工作由质量监督检验检疫部门主要负责。公安机关是安全技术防范工作的主管部门，其全面管理安全技术防范产品、安装、运营等各方面工作。但是在技防产品的质量监督管理方面，公安机关则应当在质量技术监督部门指导下，通过监督管理技防产品行业来实现对安全技术防范产品质量的监督管理。如公安机关可以通过监督检查从事技防产品的设计、生产、销售单位是否符合从业要求，通过配合质检部门进行技防产品的质量抽查等工作实现对技防产品质量的监督；工商机关主要负责技防产品生产、销售单位市场主体资格的确认和监督管理流通领域技防商品质量，并按分工查处假冒伪劣等违法行为。

《安全技术防范产品管理办法》第15条规定："对安全技术防范产品生产、销售、检验活动中的质量违法行为的行政处罚，由县级以上质量技术监督部门依据有关法律、法规、规章的规定执行。"

认证机构负责对其颁发认证证书的产品及其生产厂（场）实施跟踪检查，适时作出监督评定并予以公告。

三、安全技术防范产品监督抽查的实施

根据《产品质量监督抽查管理办法》（2011年2月1日施行）的规定，产品监督抽查按照以下程序实施。

（一）抽样

1. 抽样人员不少于2名。抽样人员应当是承担监督抽查的部门或者检验机构的工作人员。

2. 出示证件，告知信息。抽样前，应当向被抽查企业出示组织监督抽查的部门开具的监督抽查通知书或者相关文件复印件和有效身份证件，向被抽查企业告知监督抽查性质、抽查产品范围、实施规范或者实施细则等相关信息后，再进行抽样。

抽样人员应当核实被抽查企业的营业执照信息，确定企业持照经营。抽样人员现场发现被抽查企业存在无证无照生产等不需检验即可判定明显违法的行为，应当终止抽查，并及时将有关情况报送当地质量技术监督部门和相关部门进行处理。

3. 抽样人员随机抽样。抽样人员在市场上或者企业成品仓库内待销的产品中随机抽取样品，不得由企业抽样。在市场抽取样品的，抽样单位应当书面通知产品包装或者铭牌上标称的生产企业。

抽样人员抽样时，应当公平、公正、不徇私情。

抽样人员封样时，应当采取防拆封措施，以保证样品的真实性。

4. 制作抽样文书。抽样人员应当使用规定的抽样文书，详细记录抽样信息。抽样文书必须由抽样人员和被抽查企业有关人员签字，并加盖被抽查企业公章。对特殊情况，双方签字确认即可。

5. 送检。抽取的样品需送至承担检验工作的检验机构的，应当由抽样人员负责携带或者寄送。需要企业协助寄、送样品时，所需费用纳入监督抽查经费。

抽取的样品需要封存在企业的，由被检企业妥善保管。企业不得擅自更换、隐匿、处理已抽查封存的样品。

（二）检验

1. 检验机构妥善保存样品。检验机构应当妥善保存样品。制定并严格执行样品管理程序文件，详细记录检验过程中的样品传递情况。

2. 如实填写检验记录。检验原始记录必须如实填写，保证真实、准确、清晰，并留存备查；不得随意涂改，更改处应当经检验人员和报告签发人共同确认。

3. 出具检验报告。检验机构应当出具抽查检验报告，检验报告应当内容真实、数据准确、结论明确。

检验机构应当对其出具的检验报告的真实性、准确性负责。禁止伪造检验报告或者其数据、结果。

检验工作结束后，检验机构应当在规定的时间内将检验报告及有关情况报送组织监督抽查的部门。国家监督抽查同时抄送生产企业所在地的省级质量技术监督部门。

4. 告知检验结果。组织监督抽查的部门应当及时将检验结果和被抽查企业的法定权利书面告知被抽查企业，也可以委托检验机构告知。

5. 异议复检。被抽查企业对检验结果有异议的，可以自收到检验结果之日起 15 日内向组织监督抽查的部门或者其上级质量技术监督部门提出书面复检申请。逾期未提出异议的，视为承认检验结果。

质量技术监督部门应当依法处理企业提出的异议，也可以委托下一级质量技术监督部门或者指定的检验机构处理企业提出的异议。对需要复检并具备检验条件的，处理企业异议的质量技术监督部门或者指定检验机构应当按原监督抽查方案对留存的样品或抽取的备用样品组织复检，并出具检验报告，于检验工作完成后 10 日内作出书面答复。复检结论为最终结论。

（三）结果处理

1. 公布抽查结果。组织监督抽查的部门应当汇总分析监督抽查结果，依法向社会发布监督抽查结果公告，向地方人民政府、上级主管部门和同级有关部门通报监督抽查情况。对无正当理由拒绝接受监督抽查的企业，予以公布。

对监督抽查发现的重大质量问题，组织监督抽查的部门应当向同级人民政府进行专题报告，同时报上级主管部门。

2. 责令企业整改。负责监督抽查结果处理的质量技术监督部门（以下简称"负责后处理的部门"）应当向抽查出不合格产品的生产企业下达责令整改通知书，限期改正。

监督抽查不合格产品生产企业，除因停产、转产等原因不再继续生产的，或者因迁址、自然灾害等情况不能正常办公且能够提供有效证明的以外，必须进行整改。

第五章 安全技术防范系统建设与运维管理

第一节 安全技术防范系统的安装范围

一、安全技术防范系统安装范围概述

（一）技防系统的安装范围概念

技防系统的安装，根据启动程序的不同，可以分为强制安装、自愿安装和禁止安装。技防系统的安装按照"谁所有谁安装，谁使用谁管理"的原则确定系统安装主体。在社会公共区域的重点部位，以及法律法规规章规定的涉及公共安全的场所和部位，应当安装技防系统；对于涉及国家秘密、商业秘密和个人隐私的场所和部位，禁止安装带有视频采集功能的技防系统；在社会公共区域，个人和其他组织不得擅自安装技防系统，系统由政府组织建设和维护；除上述区域外，公民和组织在不损害他人利益的前提下，自愿安装技防系统。本节重点研究强制安装范围和禁止安装范围。

技防系统安装范围是指，将技防系统安置于在某种区域的界限范围。强制安装范围是指，为了维护社会公共安全和社会稳定，必须安装技防系统的界限范围。例如，《企业事业单位内部治安保卫条例》第14条规定："治安保卫重点单位应当确定本单位的治安保卫重要部位，按照有关国家标准对重要部位设置必要的技术防范设施，并实施重点保护。"《北京市公共安全图像信息系统管理办法》第5条规定："下列单位和区域，应当安装公共安全图像信息系统：

(1) 党政机关、国家机关所在地，广播电台、电视台，电信、邮政、金融、服务单位，博物馆、档案馆、重点文物保护单位，危险物品生产、销售、存放场所等重要单位；(2) 宾馆、饭店、商场、医院、学校、幼儿园、文化娱乐场所，举办体育赛事的场馆、场地，住宅区、停车场等人员聚集的公共场所；(3) 重点道路、路段和主要交通路口，地下通道、过街天桥，机场、火车站、地铁和城铁车站，公共电汽车的重要交通枢纽等；(4) 城市供排水、电力、燃气、热力设施，城市河湖及其他重要水务工程等重要城市基础设施；(5) 国家法律、法规规定的其他地点和区域。公共安全图像信息系统建设的市级主管部门可以根据需要确定其他应当安装公共安全图像信息系统的区域，报市人民政府批准。公安机关监督检查强制安装范围内的技防系统安装，应当安装没有安装的单位予以处罚。"

禁止安装范围是指，禁止安装技防系统的界限范围。例如，《湖北省公共安全视频图像信息系统管理办法》第8条规定："下列涉及公民个人隐私的场所和区域禁止建设、安装公共视频系统，即规定了禁止安装范围，包括：(1) 旅店业客房内；(2) 集体宿舍、公寓房间内；(3) 哺乳室，公共浴室、更衣室、化妆间、卫生间；(4) 金融、保险、证券机构内可能泄露客户个人信息的区域；(5) 选举箱、举报箱、投票点等附近可能观察到个人意愿表达或者行为的区域；(6) 其他涉及个人隐私或者涉及公民、法人和其他组织合法权益的场所和区域。"

(二) 技防系统的安装范围研究意义

1. 有利于技防系统合法合理安装

据IHS Markit最新数据显示，中国在公共和私人领域共装有1.76亿个监控摄像头，我国目前已经建成的视频监控的"天网"，拥有视频监控摄像头超过2000万枚而且视频监控行业继续保持较快的行业发展，2018年市场规模总值已经超过3900亿元。[1]但是同

---

〔1〕 参见《科技造就行业新高点 从技术看2018视频监控发展趋势》，载http：//news.21csp.com.cn/c17/201801/11365956.html，最后访问时间：2021年3月15日。

时，在调查（侦查）违法犯罪行为时，也会出现无视频图像可用的情形，出现视频系统拍摄他人隐私等情形。安装范围的研究将指引我们合法合理安装技防系统，实现在维护公共安全的同时，保护他人合法权益，为实务部门的系统安装管理工作提供可操作性指引。

2. 有利于公民、组织合法权益的保护

正如拉伦茨指出的，"一旦冲突发生，为重建法律和平状态，或者一种权利必须向另一权利让步，或者两者在某一程度上必须各自让步"[1]。对权利削减的过程，亦是对利益冲突予以协调、衡量，对价值予以比较、取舍的过程。在公共场所安装公共视频系统的目的旨在维护公共安全利益，但也可能侵害身处其中的人们的利益。这时就会出现公共安全利益与个人隐私利益之间的冲突，此时个人利益应当让步于公共利益，但是这种让步并不是没有限制的。确定强制安装范围的同时，规定禁止安装的范围，即平衡了公共安全利益与个人隐私利益之间的关系，在为了维护公共利益采集信息的同时，能够使具有秘密、隐私性质的信息免受公开和收集。

3. 有利于发挥公安机关的指导作用

《中华人民共和国人民警察法》第 6 条第 13 项规定，公安机关具有指导和监督企事业等单位进行治安保卫工作的职责。《企业事业单位内部治安保卫条例》第 16 条第 1 项规定，公安机关承担着指导企事业单位落实治安防范措施的职责。技防系统安装范围确定，公安机关能够按照不同场所范围指导辖区内的企事业单位安装技防系统，及时发现日常工作中的安全隐患，防患于未然。

二、安全技术防范系统安装范围立法模式

立法是安装范围规则化的有效途径。现行立法关于技防系统安装范围的立法模式主要有例举式、概括式和混合式三类。

1. 例举式。例举式是指，立法以列举的方式使得安装范围的类型、范围等得以明确的立法模式。绝大多数技防立法采取了列举式

---

[1]［德］卡尔·拉伦茨：《法学方法论》，陈爱娥译，商务印书馆 2003 年版，第 279 页。

立法模式，如《内蒙古自治区公共安全技术防范管理条例》第8条、《南昌市公共安全视频监控图像信息系统管理办法》第7条、《贵州省公共安全视频图像信息系统管理办法》第8条等都是例举了应当安装技防系统的场所和部位范围。

2. 概括式。概括式是指，对系统安装范围给出一种抽象的标准，对安装范围的内涵作原则性概括，不进行详细例举的立法模式。公安部受国务院委托制定的《公共安全视频图像信息系统管理条例（征求意见稿）》关于强制安装范围的规定采用的是概括式规定。其第9条第1款规定："社会公共区域的重点部位以及法律、行政法规规定的有关场所或者部位，应当建设公共安全视频图像信息系统。"《广东省安全技术防范管理条例》第9条规定："任何单位和个人不得利用技防产品或技防系统侵犯他人的合法权益。"此处规定的"不得侵犯他人的合法权益"即禁止安装范围边界的高度概括。

3. 混合式。混合式是指，兼采列举式与概括式的方式对安装范围作出规定的立法模式。如《北京市公共安全图像信息系统管理办法》第5条规定，下列单位和区域应当建设安装公共安全图像信息系统：党政机关、国家机关所在地，广播电台、电视台，电信、邮政、金融、服务单位，博物馆、档案馆、重点文物保护单位，危险物品生产、销售、存放场所等重要单位……在具体的列举之后，又增加了描述前述所列举场所的共同特征即"重要单位"的概括规定。

三、安全技术防范系统强制安装的范围

现行技防立法中普遍规定了技防系统的强制安装范围，目的保护不特定或多数人的人身、财产安全，维护社会公共秩序稳定。归纳起来强制安装技防系统的场所和部位主要有：

1. 社会公共区域和交通枢纽、交通工具。主要包括：案件高发区域、城市广场、治安复杂场所、要害部位；道路主次干道的路口和卡口、桥梁、隧道、轨道交通干线；火车站、机场、公交车站、码头；货币、票据的押运车、城市公共客运轨道交通运行车辆、专用运输工具内部等。

2. 重要单位。主要包括：武器、弹药，易燃、易爆剧毒、放射

性物品的生产、存放或者经营场所；存放重要资料、档案的馆、库；实验、保存传染性菌种、毒种的单位；存放金融票据、账簿、有价证券的金融场所；党政机关、国家机关所在地；电视台、广播电台、博物馆、档案馆等。

3. 人员聚集的公共场所。人员聚集的公共场所包括：酒店、商场、网吧、医院、学校、文化娱乐场所、旅游景区、幼儿园等。

4. 重要的城市基础设施。主要包括：大型供水、供电、供气等能源设施；河流堤坝、重点水流和湖泊；其他重要水务工程等。

5. 治安重点防控场所。具体包括：防范恐怖袭击的重点目标、治安保卫重点单位、重要涉外场所；易发或者频发刑事和治安案件的场所和区域等。

6. 其他场所和部位。法律、法规、规章规定的其他区域或者场所等。

四、安全技术防范系统禁止安装范围

随着视频系统大量建设与应用、人们权利意识的提高，社会对包括视频系统在内的技防系统侵犯个人隐私的关注度越来越高。体现在技防立法上，以视频图像信息系统为调整对象的立法，基本都有禁止安装范围的规定。有概括性的规定，也有具体的例举。归纳起来，涉及国家秘密、商业秘密和个人隐私的场所和部位不得安装带有视频监控功能的技防系统。具体包括：

1. 宾馆客房、旅店客房、病房、集体宿舍、公共浴室、更衣室、化妆间、哺乳室、居民住宅的门窗、门口、楼道等涉及个人隐私的场所和部位。

2. 金融、证券、保险等行业内可能泄露客户个人信息的操作部位。

3. 选举箱、投票点等地附近可能观察到个人意愿表达的部位。

4. 其他涉及国家秘密、商业秘密和个人隐私的场所和部位。

五、安全技术防范系统安装范围立法存在的问题

（一）立法模式存在缺陷

现行技防立法中，关于系统的强制安装范围多采用例举的方式，规定禁止安装的范围时，多采用概括的立法方式。列举式规定的不足是无法穷尽所有应当安装技防系统的场所和部位，概括式规定方式易导致裁量权滥用。为了解决上述问题，使立法更科学，建议采用混合立法方式。

（二）具体安装范围有待深入研究

由于各地的治安情况存在特殊性，技防系统安装范围，或者禁止安装范围存在不同是正常的。但问题是同样的情形各地的规定不尽相同。如在住宅小区是否应当安装系统的问题，各地的规定不尽相同。如果必须安装，将是非常大的安装量。

具体安装范围存在差异，深层原因是安装范围的确定标准不统一，安装范围理论研究的不足。

（三）禁止安装范围的规定不利于实操

现行技防立法关于禁止安装范围的规定多为原则性的规定，如《北京市公共安全图像信息系统管理办法》第9条第1款规定："设置公共安全视频图像信息系统，不得侵犯公民个人隐私。"《广东省安全技术防范管理条例》第9条规定："任何单位和个人不得利用技防产品或技防系统侵犯他人权益。"这些规定具有高度的概括性。原则性规定有利有弊，不足是不利于实际操作。首先，概括性规定的具体适用情形，由适用人判断。由于个人认识的不同，实践中当事人不做判断，或者错误判断的情形时有发生。其次，由于相关法律规定和理论研究的滞后，规定不具有操作性。比如关于个人隐私权的外延，法律没有明确规定，理论研究也没有明确的界定，导致立法上因为侵犯隐私而禁止安装范围的差异，实践中涉及隐私权的场所范围判断无所适从。

第二节 安全技术防范系统建设（工程）管理

一、安全防范工程管理制度概述

（一）相关概念

安全防范工程是指，为建立安全防范系统而实施的建设项目。[1]

安全防范工程管理，是指公安机关等相关管理部门依据国家相关法律规范的规定，对安全技术防范工程的规划、立项、设计、施工、验收和使用等方面进行的监督指导服务管理等工作。公安机关是安防行业的主管机关，本节重点从公安机关的视角介绍对技防工程的管理。

各地的公安机关依据国家的相关法律和规范对安全防范工程进行管理，制度大致相同，但各地的地方性规范在管理内容和管理范围方面有一定差异。

（二）安全防范工程管理模式

2004年7月1日，《中华人民共和国行政许可法》正式施行。《中华人民共和国行政许可法》的施行对安防工程管理造成了很大影响，大量技防工程方面的行政许可废止，并自此形成了两种管理模式。一种是事前审批管理模式。有些地方、有些种类的技防工程仍采用行政许可方式管理，如军工产品储存库、邮政局（所）、金融机构营业场所、金库等场所，根据《国务院对确需保留的行政审批项目设定行政许可的决定》（国务院第412号令）、《金融机构营业场所和金库安全防范设施建设许可实施办法》、《军工产品储存库风险等级和安全防护级别的规定》（GA 26-1992）、《军工产品储存库风险等级认定和安全技术防范工程方案审核及工程验收工作指南》《邮政局（所）安全防范管理规定》等的规定实行安全防范设施的

---

[1] 参见中华人民共和国住房和城乡建设部、国家市场监督管理总局：《安全防范工程技术标准》（GB 50348-2018）2.0.6，中国计划出版社2018年版。

设计方案审核及工程验收许可。另一种事中事后管理模式。事中事后管理即非行政许可管理，目前多数地区采用这种模式，公安机关对安全防范工程的管理已从原来的事前审批，向事中、后期的监管转移。

二、公安机关安全防范工程管理职责

根据《安全防范工程技术标准》（GB 50348-2018），安全防范工程建设程序应划分项目立项、工程设计、工程施工、工程初步验收与试运行、工程检验验收及移交等主要阶段。在上述各阶段中，公安机关技防管理部门履行以下管理职责。

（一）规划

技防管理部门负责本省（或本市、本县）技防系统的规划工作。具体包括：研究制定中长期发展规划，明确发展目标、实施策略、重点任务、保障措施等；对其他部门制定的政策性文件、工作指导意见、专项行动方案文稿中涉及的技防内容进行审核把关，发现问题及时协调沟通；对统一部署的重大工程，以及涉及跨地区应用或可能影响全市整体框架设计、统一流程规范的科技信息化建设项目进行审核备案、检查监督，对发现的问题及时协调解决；负责组织专题调研，广泛听取和征求各级公安机关、警种部门、基层民警对技防管理工作的意见建议，开展技术交流，对创新成果给予推广奖励。

（二）初步设计方案的审核

技防管理部门负责组织对项目牵头建设单位所提交的初步设计方案的必要性、可行性、科学性、经济性进行审核论证。建设单位实行回避制度。

审核的内容包括：项目建设是否符合总体发展规划和框架体系设计；业务需求是否明确具体、科学合理，与现有系统是否存在重复或冲突，如何实现系统对接整合和共享；项目经费预算是否科学合理，是否已纳入年度预算或有明确来源渠道；项目建设方案、技术路线、实施策略、建设方式是否科学可行；项目是否符合现行技术标准和业务规范要求；项目数据来源是否科学可行，是否已充分共享复用已有数据资源，数据是否按照全省（市）统一规划开放共享，如何实现；项目软硬件配置方案是否科学合理，并充分利用现有设备资源；项目是否具有可靠的维护管理力量和手段；项目是否符合安全保密要求，具有必要的安全管理手段，是否存在重大安全风险隐患；项目建成后是否满足基层实战要求。

审核论证后，技防管理部门负责整理论证意见，并协助项目牵头建设单位完善方案。

（三）工程质量监管

技防管理部门负责牵头组织对项目质量、实施进度、方案执行情况等进行检查监督；负责调解决项目实施过程中的技术问题；重大项目可根据有关规定，聘请专业监理公司负责监督管理等。

技防工程质量的监督管理主要从两方面入手：

一是器材与材料的质量管理。器材与材料方面，要确保采购的器材与材料符合工程需要，必须符合国家法规和现行相关标准的要求，并经检验或认证合格，其安全性指标应符合现行国家标准《安全防范报警设备安全要求和试验方法》（GB 16796-2022）和相关产品标准规定的安全性能要求，对关键设备必须检查合格后才能适用于系统中。

二是工程实施的质量管理。工程质量管理方面包括但不限于：向施工方明确相关工程质量与技术要求，对所有线材及材料必须经过现场检测后才能入管布线，不能达到使用要求的、有故障隐患的材料绝对不可以勉强使用。布线工程完成后，必须按照相关标准进行测试，经过检测后才可以通电试机。不能通过检测的必须找出原因，排除后才能通电试机；做好工程实施过程中的各项记录，为以后的系统维护工作打好基础。

（四）系统检测试运行

技防管理部门监督"系统初验后30天以上试运行"的实施管理；试运行后，负责委托相关单位进行系统功能性测试、性能压力测试、安全性测试和标准符合性测试。在此过程中，收集使用单位意见建议，及时反馈项目建设单位落实调整优化。

（五）系统验收

技防管理部门收到验收申请后，负责组织相关部门对项目进行验收。可通过听取汇报、检查资料、在线抽查、实地检查等方式，从工程资料、系统功能、工程质量等方面进行全面检查评估，形成验收报告。

（六）项目保密管理职责

技防管理部门配合保密部门对项目的安全保密工作进行检查监督，涉密项目管理可按照有关规定执行。

（七）项目建档

技防管理部门协助并督促项目建设单位、承建单位整理项目档案和相关资料，并按照有关规定，移交相关部门建档管理。

三、公安机关安全防范工程管理程序

公安机关在技防工程管理中主要进行以下管理程序。

（一）项目报批程序及要求

根据国家发改委《企业投资项目核准和备案管理办法》（国家发改委2017年2号令），申请使用政府投资补助、贷款贴息的，应在履行核准或备案手续后，提出资金申请报告。技防管理部门对已通过内部审核的各部门申报项目，负责组织专家对项目进行必要性、可行性论证，论证后提交；在经信委、发改委、财政局联合组织专家进行项目论证时，技防管理部门派专门人员参加论证会议，并根据意见完善项目材料；在经信委批复建设计划后，技防管理部门向相应部门下达建设任务，在收到牵头建设单位的系统建设方案论证申请后，组织相关人员对系统方案进行论证。

没有经过论证的项目，不得立项；没有批准立项的项目，不批准建设。若为特殊急需项目，经党委批准并通过技防管理部门组织的立项论证后可补充列入到计划项目中。

（二）系统设计方案论证程序

1. 一般程序

设计单位完成设计方案后，向建设单位提交有关设计文件，建设单位将技术方案提交技防管理部门。技防管理部门审查上报资料，

对符合论证条件的，组织方案论证；对不符合论证条件的，应通知建设单位整改，并退回有关设计文件。

设计方案论证由技防管理部门负责牵头会同建设单位共同组织安排。参会人员包括建设单位、建设单位上级主管部门、技防管理部门、设计施工单位和相关技术专家。技术专家一般不少于5人，组成专家组，自行选定1人为专家组组长。

专家组对设计方案的各项内容进行审查，对其技术、质量、费用、施工组织计划做出评价，提出书面论证意见，并由全体专家签字。

技防系统设计方案论证通过的，由技防管理部门书面通知设计单位；对提出整改要求的，技防管理部门应指导建设单位与设计单位按照论证意见中提出的整改意见，对原设计方案进行修改、补充、完善；论证未通过的，不得施工。

2. 特殊审核（许可）程序

军工产品储存库、邮政局（所）、金融机构营业场所、金库等场所的安全防范设施的设计方案审核程序。

（1）申请

申请的主要材料有：《安全防范设施建设方案审批表》；中标通知书；工程项目合同文本；安全防范设施建设工程设计任务书；现场勘察记录；安全防范设施建设工程设计方案；工程全套图纸；工程设计论证意见等。

（2）受理

①受理单位：按照保卫工作隶属关系或属地管理的原则由公安机关的主管部门受理。

②受理标准：申请事项属于本机关的职权范围；申请材料齐全、符合法定形式。

③受理程序：

第一，依法不需要取得行政许可的，应当即时口头告知申请人不予受理，并说明理由；申请人要求书面决定的，受理机关应当出具《不予受理行政许可申请决定书》。

第二，申请事项依法不属于公安机关管辖范围或者虽属于公安机关管辖但不属于本单位职权范围的，应当口头告知申请人向有关行政机关或者有管辖权的公安机关申请；申请人要求书面决定的，受理机关应当出具《不予受理行政许可申请决定书》。

第三，申请材料存在可以当场更正的错误的，应当允许申请人当场更正，并由申请人签字确认。

第四，申请材料不齐全或者不符合法定形式的，应当当场或者在5日内送达《行政许可申请材料补正告知书》，一次告知申请人需要补正的全部内容；逾期不告知的，自收到申请材料之日起即受理。

第五，申请事项属于本单位职权范围，申请材料齐全、符合法定形式，或者申请人按照要求提交全部补正申请材料的，应当受理行政许可申请，并填写《受理行政许可申请决定书》和《收取行政许可申请材料凭证》，及时送达申请人。

（3）审查

审查，包括审查、审核、审定等。审查，一般在10个工作日内完成。审核，一般在5个工作日内完成。审定，一般在5个工作日内完成。

（4）决定和送达

第一，申请人的申请符合法定条件及标准，准予行政许可的，审批机关应向申请人出具《准予施工通知书》。

第二，申请人的申请不符合法定条件及标准，不予批准行政许可的，向申请人出具《不准予施工通知书》，并载明不予批准的理由，并告知申请人依法享有申请行政复议或者提起行政诉讼的权利。

第三，因提供审核材料不完整不予批准的申请，申请人整改后，可以按照本程序重新提出申请。

第四，批准行政许可申请或不予批准行政许可申请的决定，由最初受理人员及时送达申请人。

（三）系统验收工作程序

根据新修订的国家标准《安全防范工程技术标准》（GB50348-

2018）的要求，系统验收分为初步验收和竣工验收。

1. 一般程序

（1）验收条件

试运行达到设计要求并为建设单位认可；编制了详细的培训材料，并完成对使用人员的技术培训；系统竣工（技防系统按设计方案要求全部建成，经试运行达到设计要求并为建设单位认可，视为竣工。系统竣工报告由设计、施工单位完成。少数非主要项目未按合同规定全部经建设单位与设计、施工单位协商，对遗留问题有明确的处理办法，系统经试运行并为建设单位认可，也视为竣工。

（2）验收程序

① 初步验收

设计、施工单位应当依据合同有关条款须对有关人员进行技术培训，培训应提供有关设备、系统操作和日常维护的说明、方法等技术资料。培训内容应征得建设单位同意。

由建设单位组织设计、施工单位根据设计任务书或合同提出的设计要求，进行初验，填写隐蔽系统随工验收单。若系统设计有修改的，应填写更改审核单并报原方案审核部门备案。

系统初验报告应包括以下内容：系统试运行评述；对照设计任务书要求，系统功能检测情况及质量主观评价；对照正式设计方案，核对安装设备数量和型号的结果；施工质量初验意见（含隐蔽系统随工验收单）。

初步验收通过、项目整改及复验完成后，安全防范系统至少应试运行30天，由建设单位做好系统试运行记录。并依据试运行记录，写出系统试运行报告。试运行报告的内容包括：系统试运行起迄日期，试运行状态；故障产生的次数、原因和排除故障的日期；系统功能是否符合设计要求以及综合评述。试运行期间，设计、施工单位应配合建设单位建立系统的值勤、操作和维护管理制度。

② 竣工验收

安全防范工程建设完成，经试运行达到设计和合同要求后，施工单位应编制竣工报告。

竣工文件包括建设项目立项审批文件、工程合同、设计文件、施工文件、验收证明文件、使用/维护手册、技术培训文件和竣工图纸。竣工图纸包括图纸目录、设计说明、图例、总平面图、系统图、设备器材平面布置图、传输及系统布线图、监控中心/设备机房布置图、主控设备布置图、设备接线图、施工大样图等。

公安技防管理部门对材料进行初审。初审合格后由技防管理部门负责组织相关部门人员和专家对系统进行资料、施工、功能、决算等方面的最终验收。

③移交

系统竣工验收后，牵头建设单位应及时向使用单位办理移交手续，使用单位根据实际制订项目使用、运维管理制度，规范岗位操作，详细记录使用起用时间、使用人、维护情况、维修经费、故障原因及消耗性材料的使用情况等。

④评估

系统验收合格运行满半年后，由公安技防管理部门组织实施评估。评估包括系统牵头建设单位自我评价、用户评价和专家评估等几个环节。

2. 特殊验收程序

军工产品储存库、金融机构营业场所、金库等场所的安全防范工程验收程序。

（1）申请

申请的主要材料有：《安全防范系统设施建设工程验收审批表》；安全防范工程试运行报告；工程设计变更内容；初步验收报告；乙方的工程竣工报告；竣工资料和图纸；工程检测报告；系统使用说明书等。

（2）受理

①受理单位：原安全防范工程设计施工方案审批单位。

②受理标准：申请事项属于本机关的职权范围；申请材料齐全、符合法定形式。

③受理程序：

第一，依法不需要取得行政许可的，应当即时口头告知申请人不予受理，并说明理由；申请人要求书面决定的，受理机关应当出具《不予受理行政许可申请决定书》。

第二，申请事项依法不属于公安机关管辖范围或者虽属于公安机关管辖但不属于本单位职权范围的，应当口头告知申请人向有关行政机关或者有管辖权的公安机关申请；申请人要求书面决定的，受理机关应当出具《不予受理行政许可申请决定书》。

第三，申请材料存在可以当场更正的错误的，应当允许申请人当场更正，并由申请人签字确认。

第四，申请材料不齐全或者不符合法定形式的，应当当场或者在5日内送达《行政许可申请材料补正告知书》，并一次告知申请人需要补正的全部内容；逾期不告知的，自收到申请材料之日起即受理。

第五，申请事项属于本单位职权范围，申请材料齐全、符合法定形式，或者申请人按照要求提交全部补正申请材料的，应当受理行政许可申请，并填写《受理行政许可申请决定书》和《收取行政许可申请材料凭证》，及时送达申请人。

（3）审查

审查，包括审查、审核、审定。审查一般在10个工作日内完成。审核一般在5个工作日内完成。审定一般在5个工作日内完成。

（4）决定和送达

第一，申请人的申请符合法定条件及标准，经验收合格，准予行政许可的，审批机关应向申请人出具《准予行政许可决定书》。

第二，申请人的申请不符合法定条件及标准，经验收不合格，不予批准行政许可的，审批机关应向申请人出具《验收不合格通知书》，并载明不予批准的理由，告知申请人依法享有申请行政复议或者提起行政诉讼的权利。

第三，对验收不合格的，申请人整改后，可以按照本程序重新申请验收。

第四，批准行政许可申请或不予批准行政许可申请的决定，由最初受理人员及时送达申请人。

四、公安机关在安全防范工程管理中存在的问题

公安机关在视频监控等技防系统建设中的工作主要包括建设前的论证、建设中的质量监督、建设后的验收。其中存在的主要问题。

（一）规划占位不高，方案论证不充分

1994年由公安部批准颁布的公共安全行业推荐性标准《安全技术防范工程程序与要求》（GA/T75-1994），明确了技防工程建设需要进行初步设计方案评审。《安全防范工程技术规范》，再次强调对技防工程建设要进行初步设计方案评审和竣工验收，并且对初步设计方案的评审及竣工验收工作的组织、条件、程序、内容要求都作出了具体的规定。

系统建设前的论证尤为重要，包括两个步骤：一是立项论证，二是方案论证。立项从某种意义上讲可等同于规划，方法则是规划的实现方法。然而目前由于各技防管理部门的归口不一，有设在治安口的，有设在刑侦口的，有设在科技口的，有设在内保口的，还有设在办公室的等，在众多归口中，尤以设在科技、治安的居多。这只队伍归属于哪个口在当地貌似都有其合理恰当的理由，但目前的情况是这只队伍建制不规范、关系梳理不清、工作职责不分明，严重影响了技防管理工作的开展），从规划来讲缺少统筹，更缺少高屋建瓴。这样即便是实现的技术方案合理得当，也会造成系统对各警种功能应用覆盖不全、实战应用寿命不长，更严重的还会推倒重来，造成重复投资或经济损失。技防建设是一个系统工程，涉及面广，技术含量高，资金投入量大，需要一个长远的规划来实施，逐步完善。监控布点不是越多越好，必须在法律的范围下进行科学论证。在平衡公共利益和个人隐私的关系方面，还缺乏一个调节机制，以指导科学布点。对基层单位而言，要有一个明确的目标。就技防建设而言，还缺乏一个统一的规划、长远的计划。

方案论证是一项技术性极强的工作，尽管这是工程实施过程中的一个步骤，但关系到建成后系统的性能及功能对需求的吻合性。由于管理职责不清、技防系统建设管理程序监督不到位，年度建设资金急于消耗等诸多原因，很多地方将方案论证仅仅当成了一个需要实施的步骤，流于形式，有的甚至没有技防相关管理人员参加。

（二）建设过程中质量监督缺位

目前由于各种原因，这方面的工作是缺失的。特别是一些社会单位对技防规范、标准了解不够，贯彻不到位，导致技防系统建设、使用的相关技防产品不符合规范、标准要求，直接影响防范效果。

（三）项目验收跟进不足

按照《安全防范系统验收规则》（GA308-2001）的规定，安防工程的验收由建设单位会同公安技防管理部门组织安排，出席验收的人员包括建设单位的上级业务主管部门、建设单位（含工程承包单位、使用单位、监理单位）、施工单位、公安技防管理部门、公安业务主管部门和一定数量的技术专家，必要时还应有检测机构代表。但事实上上述规定并没有得到有效贯彻。还是由于技防部门归口不一、职能不明且人手短缺，造成很多地区技防管理部门不参与技防工程的验收工作，这直接关系到公安打、防、控、管一体化防范体系的形成，影响到案件的侦破。

由于规划占位不高，公安视频防控网格化布局仍有待完善，主要体现：监控点位对重点要害部位覆盖密度有限，处于基本满足城市管理和治安防控的需要，功能可扩展性不高，对于目前新技术（如动态人脸识别）的无缝接入仍存在问题；前期建设的部分监控图像资源镜头清晰度不高、存储质量差、存储时间短，系统升级改造费用大；视频监控系统标准不统一、联网率不高、运维水平不高，难以满足现代化城市管理工作的需要；社会行业单位监控资源整合力度仍不够，充分利用社会视频图像资源开展警务活动仍有困难；治安卡口、电子警察布建少，未形成区域闭合态势，难以做到"一点布控、全网响应"的要求；尽管《公共安全视频监控联网系统信息传输、交换、控制技术要求》（GB/T 28181-2011）出台已久，但仍存在很多"信息孤岛"，对于目前的大数据公安云系统的建设很是不利。

第三节　安全技术防范系统运行维护管理

一、相关概述

系统运行是指，利用安全防范系统开展报警事件处置、视频监控、出入控制等安全防范活动的过程。[1]

系统维护是指，保障安全防范系统正常运行并持续发挥安全防范效能而开展的维修保养活动。[2]

公安机关是安防行业的主管机关，本节重点研究研究对公安技防系统运维的管理，其他技防系统可以参照适用。

二、安全技术防范系统运行使用中的管理职责和管理程序

（一）管理职责

1. 安全管理

通过安全管理，保证系统安全，保障系统信息安全。具体包括：非监控室人员不得进入监控室、需领导签字同意后方查看历史录像资料。未经上级领导同意，值班人员不得修改系统设置。监控室值班人员必须具有保密意识，监控的范围、监控设备的布防方案严禁外传。不得在监控室以外的场所议论相关内容，发现个人隐私情况的，必须认真、恰当处理并严格保密。

系统储存、显示的有关监控数据、资料、发送的信息等，工作人员应妥善将其保存，未经批准不准泄露。

2. 图像处理

负责相关图像处理插件的研究与实现；负责相关图像处理操作的编写与调试；配合完成相关项目的调试工作；负责处理各种模糊图像，使其达到可用程度。

3. 信息研判

信息研判是指承担源头信息采集和信息研判的人员，结合本警

---

[1] 参见《安全防范工程技术标准》（GB 50348-2018）2.0.37。

[2] 参见《安全防范工程技术标准》（GB 50348-2018）2.0.38。

种岗位，采集工作职责范围内的人员、车辆、物品、轨迹等基础源头信息、不安定因素信息、处警反馈信息、审查对象信息、图像监控信息、GPS定位系统信息等，并加强综合分析研判和辖区内的定期研判，指导开展针对性的警务工作和巡防工作。

编写警情动态（日、周、月），对典型案例实行一例一评，总结经验教训，评估风险提高指挥处置能力等。

4. 技战法培训

负责培训需求的调查，拟定年度培训计划并组织实施，收集、整理、总结视频技战法，组织编写培训教材，组织开展分级分类的培训，负责培训效果进行评估，提出改进意见。

除此之外，技防管理部门还应当履行制定、执行本地区的安全技术防范政策、法规和技术应用发展规划，负责辖区内安防行业的管理，监督指导其他技防管理队伍，开展安全技术防范设施使用情况检查、评比，为其他部门（如内保）的技防管理工作提供支撑等。

（二）管理程序

在系统的应用方面，技防管理部门主要负责推送视频；跨辖区视频使用的审批和推送；模糊图像处理和疑难可疑行为分析等。根据工作的不同，工作程序如下：

1. 推送视频的工作流程。推送视频图像，由公安机关视频管理部门依职权，根据视频使用部门的管辖区域和使用图像信息的权限，推送相关辖区的图像信息。

2. 跨辖区视频使用的审批和推送程序。视频应用单位因工作需要跨区域使用视频图像信息的，提出申请，经管理部门主管领导批准后，由管理部门推送相关视频图像信息。申请应当载明使用的目的、使用范围、使用时间和使用人员。

跨辖区使用视频图像信息，由市技防管理部门批准。跨市使用视频图像信息，由省技防管理部门批准。使用目的正当，应当批准。

3. 受理模糊图像处理和疑难可疑行为分析程序。视频图像应用部门遇有处理不了的模糊图像信息，遇有疑难案件，可以申请专业视频研判人员帮助。经技防管理部门主管领导批准，专业视频研判人员帮助处理案件。

4. 行使侦查、检察、审判职权的机关因工作需要，公安机关、国家安全机关因行政执法工作需要，或者县级以上人民政府工作部门因调查、处置突发事件需要，可以查阅、复制或者调取技防系统的基础信息或者采集的视频图像信息，相关单位或者个人应当予以配合。

个人因合法恰当缘由申请查阅或者调取技防系统的基础信息或者采集的信息的，建议相关单位或者个人予以配合。

三、安全技术防范系统运维中的管理职责和规则

（一）管理职责

1. 对实施外包运维项目的管理

鉴于目前公安技防系统一般为直接实施外包运维，对此种运维项目应纳入政府采购公开招标。技防管理部门在审核运维项目招标需求时，对投标企业相关资质严格把关，在合同执行期内对运维企业加强监管。

对维护服务单位的要求：应具备相应的维护设备、交通工具及备品备件；应具有相应的资质；技术保障人员应经培训，取得从业资格证明；应建立完善的维护、维修保障制度；应排除和解决运行中存在的损坏、不足、缺陷、漏洞等因素，保证工程系统处于正常的工作状态；应对维护维修相关工作的人、财、物进行合理配置，确保工程处于正常的工作状态。

维护工作要求：各系统的前端设备如有变动应及时调整防护范围，紧固设备的连接，以满足原设计要求；系统性能变化后，应对该系统相关设备参数予以调整，出具书面的文档使之达到原设计要求；系统各关键设备应定期清洁；维护后出具维护报告。

维护类别包括周期性维护、计次维护、驻点维护；维修类别包括寄送维修、电话指导维修、现场维修、远程维修。

2. 自维护项目的管理

技防管理部门负责对项目建立系统维护工作档案，落实系统维护的日常例行工作，强化各种周期性的例行检查。建立维修工作记

录卡，保障维修保养工作的高效运作。

（二）系统运维管理规则

1. 运维经费的使用。各单位应建立健全运维经费核算制度，严格按照经费预算计划执行，确保项目运行维护经费合理使用。

2. 大型、高档仪器设备，成批装备的设备、器材，价格昂贵的消耗性器材应建立技术档案，详细记录使用时间、使用人、维护情况、维修经费、故障原因及消耗性材料的使用情况等。

四、公安机关在系统应用、运维管理中的注意事项

（一）开发系统深度应用

公安视频监控现有的应用模式着重在案件发生后倒查，由于视频系统已经和其他的技术系统完成了交互融合，给办案带来了极大的便利，加之人脸的动态识别与布控，使得系统应用在向预防推进。但视频信息在情报研判、应急指挥、治安防控、反恐防暴、维稳处突、社会管理、群众服务等公安工作中的应用，还有待深度挖掘。后续工作应围绕公安机关的核心任务和工作目标，推动视频监控技术的深度应用，努力提升视频监控技术服务公安机关现实作战能力，充分发挥实战应用效能。

（二）提升系统效能

可视化指挥系统覆盖县级及以上指挥中心以及现场机动指挥部（所），建设各级图像控制中心（室）及公安监控联网平台，应配备高清视频监控和海量图像信息分析与储存装备，有效整合各种视频监控资源，实现对重要场所、重要道路以及重大事（案）件现场有图像的采集处理，为指挥调度、场所监控、视频查证提供保障。现有的视频平台未能有效地与治安防控警务活动融合，不能很好地服务于社区防控、场所防控、阵地防控、重点人口防控等公安的实际业务中，数据在各个平台间无法有效共享，往往需要人工转换传递，工作效率低，不能满足警务工作及时有效的要求。

（三）提升系统智能化水平

视频的防控应用，基本上还停留在视频巡逻、视频监看上，没有充分发挥治安防控的实战价值，防控效率低，成效不明显。随着

平安城市建设规模的扩大,视频镜头的数量越来越多,要想做到事前预防,使用传统的民警轮巡监控方式,很容易造成视觉疲劳,防控效率低下,防控效果大打折扣。视频的防控,更多需要结合智能分析技术,通过规则设置,对特定时段、范围、目标及特定事件进行有针对性的布防,当规则被触发时发出报警信号。针对非法闯入禁区、非法逆行、敏感区域滞留、物品遗留、骤变、聚众、人群密度监测预警、人群流向预警、交通流量等事件进行实时布控。

（四）数据挖掘、研判分析的支撑不够

这主要表现在数据统一方面。受到信息化建设阶段性特点制约,以前制定的标准大多是从单一业务出发,解决局部问题,这样就造成了数据缺少统一规范,数据关联性不够,相互孤立。比如,现场勘查信息与案件视频信息不关联、案件视频信息与图片信息不关联、案件视频信息与被盗抢车辆信息不关联,无法实现案件、人员、现场勘查、痕迹、物品等信息关联查询。

公安数据虽然庞大,但却分散在不同的部门手中,各组织机构间缺少数据的有效管理和打通,造成数据不能有效利用。虽然目前随着政策和观念的放开,情况有所改善,但缺少统一的系统,信息难以共享,"信息孤岛"仍然存在。公安要谈大数据实战,需要在机制和技术上打通壁垒,统一资源,只有将数据结构、数据字段（包含数据库字段、结构化后的描述字段等）、用户等资源做好统一（尽管在这方面出台了相关标准,但还存在覆盖问题以及标准的宣传贯彻问题）,才能真正形成大数据资源,为以后的数据挖掘、研判分析做出更有效的数据支撑。

（五）注意防止重投资、重建设、轻维护思想

1. 一直以来技防系统重建设、轻维护,存在一经投入一劳永逸的思想,忽视对技防系统设施的后期管理和维护,导致系统先进功能得不到充分体现和发挥。

2. 尽管制定了设备维护实施方案,但维护措施针对性不强,系统难以得到有计划的有效维护。

3. 监控设备品牌多、产品供应商多、厂家售后保障措施不同,

给系统维护也带来了不便。

导致监控设备使用一段时间后,设备故障不断、损坏率攀升,最终不得不对原有设备进行大面积更换,出现重复投资、严重浪费的现象。特别是企事业单位的技防系统由于疏于管理和维护,导致已建的视频监控系统不能正常运转,部分技防设施不能正常发挥其应有的作用。少数单位嫌麻烦,报警系统不设防,造成技防设施形同虚设。同时,由于部分监控摄像头效果不好,对案件的侦查(调查)帮助有限。

在平安城市建设的过程中,前端的监控点数量,从几百个、几千个增设至上万个,对系统运维的要求也不断地提高,现有的运行维护方式,无法满足不断增长的设备维护需求,大量系统由于未引进视频质量诊断系统实现系统内监控点图像的自动检测和提示报警,在公共安全视频监控系统中,无法确保维护的及时性和有效性,往往一个故障点需要多日才能解决故障问题。

因此,需要从视频联网建设入手加强图像信息资源的综合开发利用和维护管理,开展视频监控系统联网建设、系统视频图像故障诊断技术、视频图像信息整合与共享技术,在保障视频图像优质的同时,有效保障视频图像的管理与维护,实现图像故障自动报警和一般性故障自我修复功能,使视频监控系统像各种查询系统一样成为全警使用的系统,将视频监控技术打造成为各部门、警种使用的重要技术,全面服务于公安工作的各项业务。

第四节　安全技术防范系统日常安全检查

一、建立安全检查制度的目的和意义

技防安全检查制度是公安机关有效加强对单位内部治安保卫等工作指导、监督的一个重要手段,对于维护单位内部治安秩序和社会稳定、预防重大案件的发生、减少单位及社会的经济损失具有十分重要的意义。

第一,实施安全检查制度,可加强公安机关与单位保卫部门的

联系，切实解决单位内部治安保卫工作存在的体制性、机制性的重大问题，通过落实单位内部治安保卫工作"单位负责制"，使单位的主要负责人对本单位的内部治安保卫工作切实负起责任。

第二，实施安全检查制度，公安机关可以有效指导单位建立健全治安保卫机构、配齐配强专职治安保卫人员，指导治安保卫重点单位制定和完善单位管理制度，督促落实各种安全规章制度，完善内部治安突发事件处置预案，有针对性地加强保卫措施，确保治安保卫重点单位的安全。

第三，通过安全检查，可及时排查内部治安隐患及治安防范漏洞，有针对性地指导单位强化防范措施，并督促单位采取切实有力、科学经济的措施加以整改，达到消除安全隐患的目的，预防重大案件的发生。

第四，通过安全检查，深入了解单位保卫队伍建设状况，从而有的放矢地开展治安保卫人员业务培训和考核工作，不断提高单位内部治安保卫队伍的整体素质。

第五，通过安全检查，将单位存在的安全隐患客观地反馈给各单位主管领导，从而引起领导的高度重视，促进保卫工作顺利开展。

二、安全监督检查的主体

监督检查单位的主体是公安机关。中华人民共和国公安部令第93号，《公安机关监督检查企业事业单位内部治安保卫工作规定》（2007年10月1日起施行）第2条规定："县级以上公安机关单位内部治安保卫工作主管部门和单位所在地公安派出所按照分工履行监督检查单位内部治安保卫工作职责。铁路、交通、民航公安机关和国有林区森林公安机关负责监督检查本行业、本系统所属单位内部治安保卫工作。公安消防、交通管理部门依照有关规定，对单位内部消防、交通安全管理进行监督检查。"

《公安机关监督检查企业事业单位内部治安保卫工作规定》中明确了监督单位内部治安保卫工作是公安机关的法定职责，公安机关各主管职能部门对管辖单位内部保卫工作负有监督和检查的职责，只要属于管辖范围内的单位内部治安保卫工作就应纳入其职责范围,并监督和指导管辖单位落实安全防范措施。

三、安全监督检查的对象

安全监督检查的对象是各强制安装技防系统的重点单位,以及重要场所和部位。主要依据是《中华人民共和国人民警察法》第6条第13项明确规定了以下单位内部保卫工作由公安机关负责,即公安机关的人民警察依法"指导和监督国家机关、社会团体、企业事业组织和重点建设工程的治安保卫工作,指导治安保卫委员会等群众性组织的治安防范工作"。《公安机关监督检查企业事业单位内部治安保卫工作规定》第4、5条明确了单位内部保卫工作按一般单位和治安保卫重点单位两个层次进行管理。还有各地方的技防立法。

四、安全检查程序

(一) 安全检查流程图

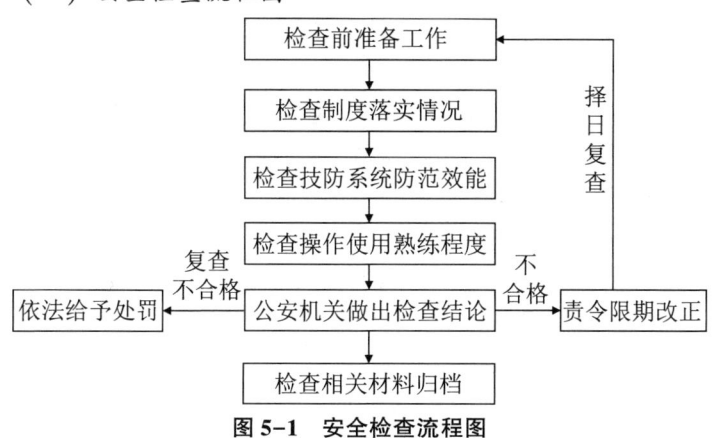

图 5-1 安全检查流程图

(二) 安全监督检查的程序

1. 检查前准备工作

公安机关的检查民警到单位进行安全检查时应不少于两人,检查时应当出示工作证件和《安全技术防范系统日常安全检查证》,并使用统一的《安全检查记录》《技防安全检查表》。

2. 通知被检查的单位接受检查

（1）将确定的检查时间、地点、内容通知被检查单位的负责人；

（2）要求被检查单位的保卫工作负责人、值机人员到场接受检查并做好配合工作。

3. 检查制度落实情况

（1）听取被检查单位汇报安全防范工作的基本情况。

（2）按《技防安全检查表》中设定的内容检查技防档案、突发事件处置预案、监控值班人员管理和工作记录。检查中如发现问题，应在《技防安全检查表》中做好标记。

4. 检查技防系统防范效能

按《技防安全检查表》中设定的内容，分别检查重点要害部位、主要通道、周界现场安装的各探测器、摄像机、出入口控制设备的防范效果，检查监控室安装的报警、视频控制、存储记录设备的功能情况。检查中如发现问题，应在《技防安全检查表》中做好标记。

5. 检查值机人员操作的熟练程度

按《技防安全检查表》中设定的内容，检查值机人员的上岗证、值机人员应知、应会的内容和操作的熟练程度，并在《技防安全检查表》的"存在问题"栏中做出标记。

6. 给出检查结论

检查工作完成时，应依据《技防安全检查表》中做出的标记，填写《安全检查记录》，并向被检查单位指出存在的问题，提出改进建议和要求。检查记录应一式两份，一份给被检查单位作为整改依据，另一份由检查人员存档。复查时应再次填写《安全检查记录》。

（三）安全监督检查的内容

1. 技防安全检查表的使用

按照《公安机关监督检查企业事业单位内部治安保卫工作规定》第4条的规定："公安机关对单位内部治安保卫工作的下列事项进行监督检查：一是，单位按照《企业事业单位内部治安保卫条例》规定制定和落实内部治安保卫制度情况；二是，单位主要负责人落实内部治安保卫工作责任制情况；三是，单位设置治安保卫机构和配备专职、兼职治安保卫人员情况；四是，单位落实出入登记、守卫看护、巡逻检查、重要部位重点保护、治安隐患排查处理等内部治安保卫措施情况；五是，单位治安防范设施的建设、使用和维护情况；六是，单位内部治安保卫机构、治安保卫人员依法履行职责情况；七是，单位管理范围内的人员遵守单位内部治安保卫制度情况；八是，单位内部治安保卫人员接受有关法律知识和治安保卫业务、技能以及相关专业知识培训、考核情况；九是，其他依法应当监督检查的内容。"

依据法律规定的监督检查范围，将技防监督检查的内容分类、分项绘制成《安全检查表》，其内容一般包括制度落实（机制）、防范效能（运行）、操作使用（培训）三类、九项。检查表中列出检查的项目和要点，如"在哪查""查什么""存在什么问题"。

（1）检查表的性质和作用

检查表是为了方便检查而形成的文件，主要描述需要检查的内容及判定检查结果．检查工作中使用检查表是为了提高检查的有效性和效率，可以避免检查中出现遗漏和重复等问题。检查表是一种相对固定的表格形式，不可能穷尽现实检查中的一切情况。因此，在实际检查中如果发现其他问题，可在检查文件中进行说明并补充内容。

①检查表可使检查工作目标清晰、重点明确，有的放矢。检查表的内容编制是根据以往实际工作中的经验，并按照检查目的进行综合考虑而制定的。由于表中明确了有关检查工作的主要内容，使检查工作能有的放矢地顺利开展，提高检查效率，且不会偏离检查方向。

②检查表可使检查的内容完整无缺。检查表由于是通过对实际情况进行综合考量后制定的，可以确保检查的内容全面完整。

③检查表可减少工作中的偏见和随意性。在现场检查中，各种实际情况和问题很容易转移检查人员的注意力，有时可能使检查人员脱离检查方向。检查表可以提醒检查人员要围绕检查目标完成检查，减少因个人兴趣爱好或因个人掌握知识的程度和各种关系影响等情况给检查工作带来的随意性和盲目性，避免影响检查工作的进度。

(2) 检查表的内容及说明
①检查列表形式

表 5-1 技防安全检查表

检查分类	检查项目	检查内容	检查判据	存在问题
制度落实	技防档案	值机人员档案	有；有培训；有上、离岗日期	无□ 无培训□ 无上、离岗日□
		技防工程档案	有；有开工、验收文件	无□ 无开工、验收文件□
		维修档案	有；维修时间；维修单位及人	无□ 无时间□ 无维修单位及人□
		归档的监控值班记录	有；不缺页项；不涂改；有签字	无□ 缺页项□ 涂改□ 无签字□
		安全检查记录	有；签字齐全	无□ 无签字□
	突发事件处置预案	发生抢劫、盗窃、一般治安事件、系统故障等的处置预案	有；有四种处置预案	无□ 不全□
	监控值班记录	交、接班记录	有记录；有签字	无□ 无签字□
		系统布、撤防记录	有布、撤时间记录	无□ 不全□
		报警记录	有报警时间、性质；有处置结果记录	无时间□无性质□ 无结果记录□
		故障记录	有故障时间；现象记录；维修时间；恢复使用时间的记录	无时间□无现象□ 无维修时间□ 无恢复时间□
		演练记录	有记录；有人防力量处置时间和效果	无记录□ 无处置时间□

检查分类	检查项目	检查内容	检查判据	存在问题
防范效能	重点要害部位	探测器防范效果	探测灵敏；满足覆盖要求	不灵敏□ 不满足覆盖要求□
		摄像机监控效果	满足防范要求；图像清晰可辨	不满足防范要求□ 图像不清晰□
	主要通道	探测器防范效果	探测灵敏；满足覆盖要求	不灵敏□ 不满足覆盖要求□
		出入口控制	满足设防要求	不满足设防要求□
		摄像机监控效果	满足防范要求；图像清晰可辨	不满足防范要求□ 图像不清晰□
	周界	探测器防范效果	探测灵敏；满足闭环设防要求	不灵敏□ 不满足闭环设防□
		出入口控制	满足设防要求	不满足设防要求□
		摄像机监控效果	满足防范要求；图像清晰可辨	不满足防范要求□ 图像不清晰□
	报警监控存储	报警、视频监控资料记录、存储效果	记录时间准确，误差在60秒内	不准确□
			记录的图像满足公安侦查取证要求	不满足公安侦查取证要求□
		图像存储容量	图像存储时间满足规定的期限要求	不满足规定的存储期限要求□
	监控室	报警通信手段和实体防护措施	两种报警手段；门、窗实体防护	没有两种手段□ 没有实体防护□

续表

检查分类	检查项目	检查内容	检查判据	存在问题
操作使用	操作使用熟练程度	布、撤防操作	掌握操作程序；熟练完成布、撤防操作任务	不掌握操作程序□布、撤防不熟练□
		突发事件处置能力	熟练叙述处置流程；熟记报警电话号码	不能熟练叙述□不能熟记报警电话□

②《技防安全检查表》的使用要求

安全检查时应按表中所列项目、内容和判据逐项检查，不允许漏项。检查完毕后，归纳《技防安全检查表》中已划"√"的内容，逐项填入《安全检查记录》中。

③检查表主要内容说明

检查表主要内容是制度落实、防范效能、操作使用共三类、九项。

1）制度落实情况

包括技防档案、突发事件处置预案、监控值班记录三个项目。

技防档案应重点检查值机人员档案，档案中应含人事和技术培训的内容，如上岗证考核及是否持有上岗证等情况。

突发事件处置预案，特别是有重点要害部位的单位应在公安机关指导下，结合单位的具体情况，针对可能发生的抢劫、盗窃、突发异常事件（含一般治安事件）和系统故障四种突发事件，制定相应的处置预案。

监控值班记录，应包括人员值班和设备管理制度，并应上墙明示。

2）系统防范效能

包括重点要害部位、主要周界、通道、报警和监控存储，以及监控室等五个项目，应进行实地检查。

重点要害部位，安装的报警探测器应安装牢固、合理、探测灵敏、无漏报，满足覆盖要求；摄像机安装应牢固、合理，有防破坏处置，满足防范取证要求，探测摄取到的图像应清晰可辨，克服逆光现象。

主要通道，安装的探测器应探测灵敏、无死角，满足覆盖要求；出入口控制设备有效、可靠，满足设防要求。

周界，安装的探测器应达到防范要求，探测灵敏有效，满足周界封闭设防管理的要求，整个周界无漏报警。

报警监控存储，应可以调出检查过程中记录的报警、录像资料，检查报警时间是否准确，记录的图像是否满足公安侦查取证要求。

监控室，除检查报警通信手段和实体防护措施以外，还应注意是否有应急照明、消防器材配置。

3）操作使用熟练程度

主要集中在布、撤防操作和突发事件处置两个方面。

布、撤防操作，应注意记录资料是否完整、齐全。

突发事件处置，指定一种突发事件，由值机人员熟练叙述突发事件处置流程，熟记报警联络电话号码。

2. 检查重点内容及方法

（1）入侵报警防范效果检查

①系统的常用功能

1）防区内发生非法入侵时，系统能自动探测到入侵事件，报警控制器会发出报警信号，系统有防拆功能。

2）当单位人员发现非法入侵或受到威胁时，触动报警器，报警信息能传输至监控中心和异地报警。

3）系统能实时探测到入侵事件并有效记录或上传报警信息。

②检查中应关注的问题

1）报警探测器的探测范围、灵敏度及有效性。

2）报警系统是否有误报警和漏报警的情况。

3）紧急报警系统的响应时间要求在规范规定的范围内。

③具体的检查步骤和方法

首先，查看重点要害部位、主要通道和周界等部位是否安装探测器，周界探测器是否满足闭环设防要求。其次，查看探测器探测有效、无漏报事件,是否正常报警,是否满足覆盖要求。

检查的方法是,一位民警可在防范区域通过走动、阻断、敲击等方式触发探测器,另一位民警在监控室确认是否报警。

④系统常见的问题

1)报警器安装位置不合理,设置的防区易受外部环境干扰。

2)报警系统误报率高,存在漏报警现象,报警探测器设置与人员的巡查活动情况冲突。

3)紧急报警系统的响应时间不符合规范要求。

(2)视频安防监控防范效果检查

①系统的常用功能

1)复核图像报警信息。入侵报警系统被触发后,系统自动弹出报警图像画面,值机人员能分辨出报警的真伪,并排除误报警。

2)事件倒查功能。事件发生后,能调取系统内部储存的监控图像信息记录,可为事件处理提供线索和证据。

3)直接观察功能。通过控制手柄,可对摄像机云台,镜头变焦,切换画面,能灵活、方便地寻找到可疑目标。

4)视频报警功能。系统预先设定视频报警条件,当摄像机探测范围内出现异动情况,视频图像系统能自动报警,提示值机人员观察画面情况。

②检查中应关注的问题

1)摄像机的探测范围及清晰度。

2)摄像机的安装位置合理,能克服逆光现象,能满足摄取人的面部特征要求。

3)白天和夜间的探测效果都应达到设计要求。

③具体的检查步骤和方法

一是查看要害部位、主要通道和周界等部位是否安装摄像机。二是查看要害部位、主要通道和周界等部位的监控图像复核是否清晰,灯光联动满足摄取图像的照度要求。

检查的方法是,一位保卫人员在摄像机前走动,民警在监控室查看系统记录值机员调取的人像图像是否清晰可辨。

④系统常见的问题

1）摄像机的探测目的性不强。

2）摄像机安装角度及位置不合理，无法获取有效图像。

3）摄像机夜间的探测效果较差。

（3）出入口控制效果检查

①系统的常用功能

1）系统能自动识别通行对象的身份，并在确认后允许来访者进入。

2）能对不符合授权的通行对象拒绝进入，并报警。授权内容应包括出入区域、出入时间和访问级别等。

3）系统能自动记录所有通行情况数据，包括通行时间、卡号、报警信息等。

②检查中应关注的问题

1）出入口控制区域内是否有其他出入口可以进入。

2）通道门常开状态时系统是否报警。

3）通道门是否为自动闭合。

③具体的检查步骤和方法

一是，查看出入口是否安装控制设备。二是，查看控制设备是否正常开启、闭合，锁具选型合理、有效。

检查的方法是，操作控制器，观察控制设备是否正常开启、闭合。

④系统常见的问题

1）当消防通道无人管理时，设防遗漏，人员可通过消防通道口无障碍进出。

2）出入口工作异常发出报警事件无人及时处置。

3）出入口管理的门工作失效，不能闭合，未配置闭门器等。

（4）监控室的检查

①具体的检查步骤

一是查看值班岗位制度和设备管理制度上墙；查阅报警主机的布、撤防记录、报警记录完整，内容应包括报警的时间、确认时间、报警位置、类型等。二是查看报警主机显示的时间，与北京时间的误差应小于60秒。三是查看存储图像是否满足要求，查看回放图像是否清晰可辨，查看电视监控主机显示的时间，与北京时间的误差应小于60秒。四是查看电子巡查更设备主机是否有巡查更信息（含在线式和离线式）记录。五是查看图像存储容量是否满足存储时限要求，调取存储最长日期的图像进行查看。六是查看监控室是否具备通信电话、对讲机等两种以上通信手段。七是查看监控室的门、窗是否安装实体防护设施。

②监控室常见的问题

1）主机显示时间数台不一致，与标准时间偏离较大。

2）监控室管理制度、实体防护或硬件设置不符合一级风险防护部位要求。

3）录像资料存储时间及存储图像回放质量不符合要求。

（5）值机人员操作熟练程度的检查

①具体步骤

一是，查看值机人员是否可以正确、熟练地对报警探测器进行布防和撤防操作。二是，查看值机人员是否可以正确、熟练地控制摄像机、切换图像、存储图像、回放图像。三是，指定一种报警监控处置预案，检查值机人员是否可以熟练地叙述报警监控处置流程。四是，检查值机人员是否熟记相关报警电话号码。

②值机人员操作常见的问题

1）用消防防火处置预案替代突发事件处置预案。

2）管理制度限定值机人员操作行为，如值机人员无权调取录像等行为，没有设置设备拆解的授权管理。

3）对于较大技防系统，值机人员切换画面操作存在一定的困难。

五、安全监督检查工作的注意事项

（一）安全监督检查工作中应注意的问题

1. 与被检查单位联系接洽

公安机关对单位内容安全保卫工作进行检查前，应事先通知被检查单位。检查人员到达被检查单位后，应主动出示执法身份证件，而后告知被检查单位本次检查的目的、内容和要求。在与被检查单位接洽工作中，态度要和蔼，力求通过检查与被检查单位建立友好工作关系。

2. 与保卫人员面谈沟通

在进行安全检查前，首先应与保卫人员或工作人员进行面谈沟通，这是收集单位工作情况信息的一种重要手段。因此应在面谈中努力营造融洽友好的气氛，因为在这样的气氛中进行谈话，可以获得真实的、有价值的信息。另外，可以先请保卫部门的负责人介绍基本情况，在听取情况介绍过程中可采用引导的方式进行提问，使对方有针对性地提供更多的信息，以便充分了解单位的保卫工作情况及存在的问题，也使后续的检查工作有的放矢。沟通内容包括，本单位保卫工作的基本概况、安全制度的建立和执行情况、安全组织的建立和活动情况、职工的安全教育培训情况、有无发生案件情况、其他有关安全的重要情况等。

3. 现场实地检查

首先，单位保卫工作人员陈述的内容不能认定为事实情况，要通过实地勘察进一步验证面谈的内容。在听取汇报和介绍情况之后，被检查单位应当派熟悉单位情况的负责人陪同检查人员对单位现场进行实地检查，检查时可随时提问。另外，检查过程是比较复杂的，应排除其他干扰因素的影响，保持判断的独立性、检查的公正性。因此，检查时检查人员不能只是跟随陪同人员简单观察，而必须是整个检查过程的主导，检查时不可以道听途说，也不可以加入个人的猜想、推理的成分，要以亲眼所见的客观存在的事实为依据。再者，现场检查效果取决于每一位检查人员的个人素质和工作经验，如要做到客观地评价每一个关键环节，应要求检查人员应当具有一定的专业知识，一定的社交协调能力和符合社会行为规范的举止。另外，提示一下检查顺序。一般情况下检查可从监控室开始，先对单位整体防范系统情况作全面了解，在监控室内可以检查技防档案、值班记录、规章制度以及值机员操作情况。然后，根据了解的防范总体情况以及检查中反映出的问题有目的地检查重点要害部位、主要通道、报警系统等具体设置情况。

4. 检查情况评议

安全检查结束后,应填写《安全检查记录》,说明"检查单位"、"检查时间"、"检查内容"、"检查部位"、"存在问题"和"改进意见和要求"。并且被检查单位负责人和检查人员都要签字和盖章,用以说明,安全检查记录的内容是经过双方确认和同意的。另外,检查不仅仅是为了发现问题,更重要的是为解决出现的安全隐患。对于安全检查中发现的问题要认真分析,要抓住问题的实质和主要方面,有针对性地、实事求是地提出切合实际的解决办法。检查结论归纳内容要有条理,用词要准确。那么,检查后提出的整改措施应当从有利于改进的目的出发,对于存在的问题要与保卫负责人进行适当的沟通,充分听取被检查单位的意见,保证整改方案可行,整改措施有效,并提出整改措施时间及其他方面的要求。如果在检查中,发现单位在保卫工作的优点要予以肯定,及时总结单位在防范工作中切实可行、突出或有效做法加以推广。

5. 责令限期整改

《责令限期整改治安隐患通知书》应当自检查完毕之日起3个工作日内送达被检查单位,整改期限一般最长不超过2个月。具体整改措施计划的实施期限可视各单位的实际情况而定,应充分考量单位的实际情况,比如单位再投资审批周期的长短、目前是否具备施工条件等情况。整改措施的实施一定要有计划,应当需要相关部门的配合,提请最高管理者或主管部门管理者协调解决,确保在规定的时限内采取有效的措施。整改措施实施过程中支出经费的发票,以及施工合同等纪录要进行保存,作为以后对整改情况及结果的验证信息。

6. 依法处罚

在对单位内部安全保卫工作进行检查时,发现有违反《企业事业单位内部治安保卫条例》规定,存在治安情形的,经公安机关责令限期整改后逾期不整改,严重威胁公民人身安全、公私财产安全或者公共安全的,要对单位及单位主要负责人和其他直接责任人员进行处罚。

(二)造成检查效果不理想的原因

造成检查效果不理想的原因有很多,下面谈几点比较突出的问题。

1. 人员素质

检查人员的工作能力直接影响到检查的效果。在基层工作中，检查工作主要由外勤民警负责，但大多数民警技防专业知识不足，而且经过理论知识的培训后仍不能完全解决在实际工作中遇到的复杂问题，在实际工作中常遇到不知怎样检查、哪些是重点、如何引用规范及规定督促整改等技术性问题，导致检查结果不够准确、评价不够合理，影响了检查工作的深度和质量。

2. 检查方法

检查人员要在检查过程中抓住要点和关键问题，对安全隐患进行定性、定量的客观评价，才能做出可信、客观、可用的检查结论。检查表只是检查过程中必要的程序化文件，但检查人员往往过多地注重填写检查表而并非从客观实际出发，造成检查结果大同小异，不能很好地反映实际情况。

3. 检查制度

检查制度还存在一定的局限性，实际检查工作往往缺乏深度，要从单纯的个案问题的解决提升到对整体检查对象的评价结果系统性分析，研讨检查制度的合理性，确认检查工作的效果，以便改进监督管理方法，确保达到监督管理的目的。

解决这些问题要从加强检查人员实地培训入手，切实提高实际工作能力，并在执法过程中，收集适用数据，调研执法过程中的困难及原因，进一步丰富检查方法、完善检查制度，通过基层检查工作达到预定的管理目的和检查的目的。

第五节　安全技术防范工程企业从业管理
——能力评价制度

一、安防工程企业设计施工维护能力评价制度概述

（一）制度简介

安防工程企业设计施工维护能力（以下简称"能力"）评价制度是现行的安防工程企业从业管理制度，是中国安全防范产品行业

协会（以下简称"中安协"）从本行业实际出发，制定评价标准和实施办法，确定其能力等级，并颁发证书的活动。该制度适用于在中华人民共和国境内依法从事安防工程设计、施工、系统维护企业，目的是为企业营造公平、有序、诚信的安防市场环境，引导安防工程企业规范经营，保证工程质量，提高服务水平。

按企业规模、工程业绩、管理水平、诚信表现等标准，企业能力设为一级、二级、三级，共三个等级，三级为最低级别。企业能力评价信息公开发布，接受社会监督。

（二）制度背景

能力评价制度的前身是安防工程企业资质评定制度。从1990年开始，公安技防管理部门设定了行政许可资质，由各地公安局审批企业资质。该资质为遏制无序竞争、规范市场良性发展、保护消费者的利益起到了积极的作用。

2019年4月23日修订的《中华人民共和国行政许可法》第13条第3项规定："行业组织或者中介机构能够自律管理的可以不设行政许可"；《中华人民共和国行政许可法》第15条第2款则更加明确地表示"地方性法规和省、自治区、直辖市人民政府规章，不得设定应当由国家统一确定的公民、法人或者其他组织的资格、资质的行政许可；不得设定企业或者其他组织的设立登记及其前置性行政许可。其设定的行政许可，不得限制其他地区的个人或者企业到本地区从事生产经营和提供服务，不得限制其他地区的商品进入本地区市场"。政府以许可手段直接管理市场企业行为终结。但是，在市场经济还没有完全成熟，企业诚信还没有完全确立，保障消费者利益机制还不完善的情况下，实施企业资质控制，还有其必要性。

为了寻求行业自律管理、企业资质市场化评定的革新之路，公安部2005年确立部级重点课题"安防企业资质信用制度建设"。课题小组形成了一整套具有可操作性的安防工程企业市场准入新的管理方式和运作模式。为安防工程企业资质评定市场化运作奠定了基础。从2006年开始，在课题研究成果的基础上，由中安协牵头组织，在公安部科技局的大力推动下，在全国开始了安防工程企业资质评定试点工作，有越来越多的企业申请并获得了全国性的安防工程企业资质资格。安防工程企业资质评定制度于2017年废止。

为推进安防行业自律机制建设，营造公平、有序、诚信的安防市场环境，引导安防工程企业规范经营，保证工程质量，提高服务水平，促进安防行业持续健康发展，由中安协牵头组织，在公安部科技局的大力推动下，在全国开始了安防工程企业设计施工维护能力评价制度。2018年中安协出台了《安防工程企业设计施工维护能力评价管理办法》《安防工程企业设计施工维护能力评价标准》《安防工程企业设计施工维护能力证书管理办法》系列能力评价体系文件。目前已有四千多家安防企业参与能力评价。

二、安防工程企业设计施工维护能力评价的管辖

企业能力评价按照"属地管理"原则，由中安协委托省（自治区、直辖市）安防行业协会（以下简称"省安协"）组织实施本行政区域内企业能力评价工作。

能力评价工作由中安协牵头开展。中安协设能力评价中心具体负责制修订能力评价文件和能力评价管理程序、开展能力评价活动、各地能力评价机构资格认定、年审及监督管理、企业一级能力评价终评与年审及能力评价证书管理、能力评价评审员/专家的资格授权培训和管理。

中安协实施一级企业能力终评；省安协设立企业能力评价分中心，组织实施二级、三级企业能力评价和一级企业能力初评。未与中安协建立委托关系的省（以下简称"其他地区"），中安协组织实施一级、二级、三级企业能力评价。

中安协企业能力评价管理中心对省安协企业能力评价分中心进行年审和不定期抽查，以加强对分中心的监督与管理，促进企业能力评价规范运行，确保评价质量。对发现的问题，能力评价管理中心将下发整改通知，限期纠正。

三、安防工程企业设计施工维护能力评定标准

依据相关法规、标准和安防工程企业的实际情况，安防工程企

业设计、施工、维护能力设为一级、二级、三级三个级别。

（一）一级能力企业条件

1. 具有独立法人资格，在中国工商行政管理部门登记注册，注册资本人民币不少于1000万元或等值外币。

2. 专业技术人员不少于20名，须具备相关专业技术职称、职业资格，或通过中安协企业技术人员综合能力验证。技术负责人不少于2名。

3. 近两年内承担过5项（含）以上经验收合格的一级规模安全技术防范工程项目，竣工安防工程合同总额2000万元（含）以上，其中至少有两项不少于300万元的工程。

4. 法定代表人和主要管理人员无犯罪记录；工商、银行、税务信用无不良记录；承诺履行并签署《安防企业诚信公约》。

5. 有固定的工作场所，能满足企业机构设置及其业务需要，工作面积不少于300平方米。

6. 建立、保持适宜有效的质量管理体系，并通过质量管理体系认证。

7. 按照法律、法规规定，建立、健全安全生产管理制度，并得到有效执行。近2年承建的工程无重大安全、质量责任事故。

8. 建立、健全客户服务制度，持续增强顾客满意。

9. 依法为员工办理社会保险，保证员工合法权益

（二）二级能力企业条件

1. 具有独立法人资格，在中国工商行政管理部门登记注册，注册资本人民币不少于500万元或等值外币。

2. 专业技术人员不少于10名，须具备相关专业的技术职称、职业资格，或通过中安协企业技术人员综合能力验证。技术负责人不少于1名。

3. 近2年内承担过5项（含）以上经验收合格的一级、二级规模安全技术防范工程项目，竣工安防工程合同总额1200万元（含）以上。

4. 法定代表人和主要管理人员须无犯罪记录；工商、银行、税

务信用无不良记录；承诺履行并签署《安防企业诚信公约》。

5. 有固定的工作场所，能满足企业机构设置及其业务需要，工作面积不少于 200 平方米。

6. 建立、保持适宜有效的质量管理体系，并通过质量管理体系认证。

7. 按照法律、法规规定，建立、健全安全生产管理制度，并得到有效执行。近 2 年承建的工程无重大安全、质量责任事故。

8. 建立、健全客户服务制度，持续增强顾客满意度。

9. 依法为员工办理社会保险，保证员工合法权益。

(三) 三级能力企业条件

1. 具有独立法人资格，在中国工商行政管理部门登记注册，注册资本人民币不少于 50 万元，或等值外币。

2. 专业技术人员不少于 5 名，须具备相关专业的技术职称、职业资格，或通过中安协企业技术人员综合能力验证。

3. 近 2 年内承担过经验收合格的安全技术防范工程项目，竣工安防工程合同总额在 50 万元（含）以上。

4. 法定代表人和主要管理人员须无犯罪记录；工商、银行、税务信用无不良记录；承诺履行并签署《安防企业诚信公约》。

5. 有固定的工作场所，能满足企业机构设置及其业务需要，工作面积不少于 100 平方米。

6. 建立、保持适宜有效的质量管理体系。

7. 按照法律、法规规定，建立、健全安全生产管理制度，并得到有效执行。近两年承建的工程无重大安全、质量责任事故。

8. 建立、健全客户服务制度，持续增强顾客满意。

9. 依法为员工办理社会保险，保证员工合法权益。

四、安防工程企业设计施工维护能力评定程序

申请 ⟹ 评审 ⟹ 批准 ⟹ 年审与监督

(一) 申请

能力评价实行企业自愿原则。申请能力评价的企业，须网上提交下列资料：

1. 《安防工程企业设计施工维护能力评价申请表》。
2. 《安防工程企业基本情况登记表》。
3. 《安防工程企业工程业绩汇总表》。
4. 《安防企业诚信公约》。
5. 《安防工程企业设计施工维护能力自评报告》。

(二) 评审

各级评价机构采取随机和选择性相结合的方式对申报能力评价的企业进行现场抽检。重点检查企业提交的申报资料和证明材料，或核实与投诉有关的事项。

1. 一级能力评审。一级能力评审由省安协组织一级能力初评，明确审查结论，并批转至中安协企业能力评价管理中心。中安协企业能力评价管理中心组织一级能力终评。

2. 二级、三级能力评审。省安协组织二级、三级能力评价。

未与中安协建立委托关系的省，由中安协组织实施一级、二级、三级企业能力评价。

(三) 批准

1. 一级能力证书由中安协批准，省安协按照中安协企业能力评价管理中心的通知制作、颁发给企业并备案记录。

2. 二级、三级能力证书由省安协批准、制作，施加省安协印章，颁发给企业并备案记录。

3. 其他地区的一级、二级、三级能力证书经中安协领导批准，中安协能评中心制作、核发并备案记录。

能力证书由中安协企业能力评价管理中心负责设计、印制、分发与管理。安防工程企业设计、施工、维护能力证书分正本和副本两种，有效期均为3年。首次颁发证书，证书编号由颁证机构按相关规定确定，证书编号具有唯一性。换发新证书时应全数收回原证书，并在收回的证书上施以"注销"标识。

安防工程企业设计、施工、维护能力证书由获证企业自己使用，不得租借或转让。证书可用于宣传（如广告）、展示（如展台、展室）、投标等。企业遗失证书的，应先办理挂失手续，然后到原发证机构补领新证。

(四) 年审、复评和重新评价

1. 年审与复评

对获证企业实施年审和复评以确认其综合能力持续满足标准要求。能力证书的有效性依年审合格或通过复评予以保持。年审每年一次,复评每3年一次。

企业通过年审的,原发证书继续有效。其年审合格信息,网上实时发布,提供查询。通过复评的企业,换发新的正、副本证书,原证书收回。证书编号不变,但须在证书编号后增加复评序次。

获证企业在规定时间内未进行年审、复评的,其能力证书自行失效,且在失效后1年内不可重新办理能力评价。

2. 重新评价

获得能力证书的企业,由于改制或者企业分立、合并后组建的新安防工程企业,应重新评价。

企业能力晋级或降级的,须按首次颁证的制作要求重新制作证书,原级别证书注销收回。

(五) 终止、撤销与注销

1. 终止与撤销

经证实,正在进行能力评价的企业有下列行为的,将被终止能力评价。已经获得能力等级证书的,撤销其企业能力证书,3年内不允许申请企业能力评价,并在中安协网站上公布相关信息。

(1) 申报材料中有弄虚作假行为的;

(2) 采用不正当手段承接安防工程的;

(3) 将承接的安防工程转包或者违法分包的;

(4) 承接的安防工程发生重大安全、质量事故的;

(5) 隐瞒真实情况,采用欺骗手段取得能力证书的;

(6) 转让、租借、变造、涂改能力证书的;

(7) 有不良信用记录,列入黑名单的;

(8) 其他违反法律、法规行为的。

撤销企业能力证书,经中安协或省安协批准后执行,中安协企业能力评价管理中心备案。

2. 注销

破产、倒闭、撤销、歇业的获证企业，颁证机构应注销其企业能力证书。

第六章 安全技术防范系统信息管理

第一节 安全技术防范系统信息安全管理概述

一、安全技术防范系统信息安全管理的涵义

（一）信息安全的涵义

"信息安全"，英文有 Information security 和 Cyber security 两种表述，其中前者的含义较广。由于美国已是一个高度网络化的国家，在美国的多数人将二者视为同义词。在我国，"信息安全"更多对应的是 InFormation Security。

关于"信息安全"的定义，现行法律和标准中没有明确规定。学者们在不同的研究阶段，从不同的角度、不同的研究领域出发，对信息安全进行了定义。

《信息安全管理体系实施细则》把信息安全定义为：保持信息的保密性、完整性和可用性，另外还包括真实性、抗抵赖性和可靠性。《中华人民共和国计算机信息系统安全保护条例》第3条将计算机信息系统的安全保护定义为：保障计算机及其相关的和配套的设备、设施（含网络）的安全，运行环境的安全，保障信息的安全，保障计算机功能的正常发挥，以维护计算机信息系统的安全运行。安全电信与信息系统安全委员会（NSTISSC）将信息安全理解为对信息、系统以及使用、存储和传输信息的硬件保护。

（二）技防系统信息安全涵义

基于理论对信息安全涵义的研究，并根据相关的法律和标准，

我们认为，安全技术防范系统信息安全是指通过管理和安全技术等手段，实现安全技术防范系统功能，使安全技术防范系统信息保持完整性、真实性、可用性、保密性状态。

所谓完整性是指保证系统信息在使用、传输、储存过程中不被篡改、丢失，处理过程无不当操作造成信息缺损、删除等。

所谓真实性是指系统采集到的信息是客观事实的再现，系统信息在传输、储存过程中没有不应有的损失，用作证明违法、犯罪等目的使用信息是原始的信息，没有被篡改、剪辑。

所谓可用性是指设定系统信息的使用程序，保证被授权使用人在需要时能够及时获取、使用相关信息，保证工作的顺利开展。

所谓保密性是指保证系统信息仅为被授权使用的人所获取。系统信息的保密性不同，被允许使用信息的人数也不同。可以公开的信息，所有人都可以使用；而对于敏感信息、国家秘密、商业秘密和个人隐私等信息，则应当限制使用。保密信息是有时效的，解密期一到，该信息解密。

（三）安全技术防范系统信息安全管理的涵义

所谓安全技术防范系统信息安全管理，是指通过对安全技术防范系统设备、操作人员、工作程序及安全技术等的综合组织、控制，最终实现安全技术防范系统安全，实现安全技术防范系统信息的完整、真实、保密、可用，安全技术防范系统信息安全管理主要包括：对系统设备设施的管理、对系统操作人员的管理、规范系统工作程序和信息安全技术应用等方面。

长期以来，人们主要依靠技术保障计算机系统信息安全。如早期的加密技术、数据备份技术、病毒防护技术，近期的防火墙、入侵检测和身份认证等技术。厂商在安全技术和产品的研发上也是不遗余力，新的技术和产品不断涌现。但是仅仅依靠技术和产品保障是远远不够的，因为技术也是靠人来操作和控制的，而且有些安全威胁是技术手段无法消除的。

正确的信息安全方案[1]一般是采取多层安全机制来达到其安全目标，也就是通常所说的多层安全或纵深防御。当实施安全措施时，管理人员应该认识到，没有哪个安全措施是100%安全的。必须采取深度和多层防御的方法来达到一个综合安全水平。这些安全层中的任何一个脆弱点都可能导致安全被破坏。

技防系统信息安全管理中应注意管理手段和技术手段的结合，实现：技防系统物理安全、信息采集安全、传输安全（确保信息传输中的机密性和完整性，采用加密、隔离等措施抵御网络攻击等网络安全风险）、存储安全（对静态存储的设备、用户和权限等信息、视音频录像等数据采用密码技术或水印技术确保信息的完整性和机密性）、应用安全（采用身份识别、访问控制、系统监控等措施抵御业务应用安全风险）。

二、安全技术防范系统信息存在的风险

（一）安全技术防范系统面临的安全风险

1. 设备的物理风险。包括监控中心、前端节点、传输网络等设备的盗窃、毁坏、气候影响、电磁辐射、线路截获等物理安全风险。

2. 设备运行风险。包括采集、传输、应用等各类包含软件的设备，由于软件的安全漏洞或设备的安全策略漏洞带来的安全风险。

3. 信息在网络上传输的风险。包括视频信息、录像数据信息、信令信息、用户信息等在传输过程中被窃听和被非法篡改等风险。

4. 业务应用的风险。包括业务被非授权访问、业务软件缺陷、业务系统自身的不稳定因素等风险。

技防系统面临的安全风险将给系统造成不同程度的危害。根据危害的后果主要可分为以下几类：（1）人身伤害。如设备坠落、触电等事故。（2）业务功能无法提供。如信息采集设备被物理损坏，将导致视频图像不能提供；系统设备受到病毒感染严重时会导致主

---

[1] 参见《云计算关键领域安全指南 V3.0》，载 http://www.cloudsecurityalliance.org/guidance/csaguide.v3.0.pdf. 最后访问时间：2023 年 4 月 27 日。

机瘫痪等。系统设备单点故障导致信息传输中断；存储设备失效导致数据丢失而无法提供录像回放查询等功能。（3）设备性能下降。如网络被蠕虫病毒攻击，会占用带宽资源，导致图像丢帧甚至传输阻塞。系统内病毒和恶意代码导致内存占用过多而使系统运行速度降低等。（4）业务被控制。设备被替换、被攻击等都将出现业务被控制的情况，导致图像信息和业务数据被非法获取。

（二）安全技术防范系统信息存在的风险

1. 系统信息被篡改、窃取问题。安全技术防范系统采集到的信息在储存、传输过程中失窃，尤其是涉及国家秘密、商业秘密和个人隐私的信息丢失，将给国家、企业及个人造成巨大损失。有些信息甚至被境内外的违法分子所利用，从事各种违法犯罪活动，对社会和政权的稳定造成危害。

2. 系统信息被擅自复制、买卖和不恰当传播问题。由于管理不够严格等原因，系统信息被擅自复制、买卖、传播等事件时有发生，严重侵害了公民、法人或其他组织的人身权利。

3. 系统被干扰、破坏以致无法正常工作的问题。由于系统的技术防御水平不高，在遭到黑客、病毒攻击时，如破坏设备、破坏数据文件、引入恶意代码等，就会造成系统的瘫痪，使得联网系统局部或全面地无法工作。

4. 系统使用人员操作错误和疏忽造成的威胁，如数据文件的误删除、误存和误改、磁盘误操作等。

5. 处理类型的威胁，如插入假的输入、隐瞒某个输出、电子欺骗、非授权改变文件、修改程序和更改设备配置等。除了上述人为风险外，还有来自自然界的威胁，如地震、雷击、洪水、火灾、静电、鼠害和电力故障等。

（三）技防系统信息安全问题的主要原因

1. 信息安全意识不强。技防系统用户在技防系统设计、安装时考虑更多的是成本问题，很少考虑系统的信息安全问题，待系统建成，一旦遭到攻击才悔之晚矣。有些系统工程商虽然已经为系统用户制定了安全策略，但是系统操作人员觉得麻烦，而私自更改安全策略。更有些系统监控人员信息安全意识不强，不负责任地使用系统信息。

2. 技术防御手段欠缺。由于系统用户、工程商的信息安全意识不强，以及技防系统工程商缺乏专业信息安全技术支撑等原因，大多数安全技术防范系统在设计、施工阶段很少考虑保障系统信息安全，保障信息安全的技术手段欠缺。有些技防工程虽然对信息安全有所考虑，也仅仅是安装个别安全产品，缺乏对技防系统信息安全的系统保护，这就使得我们的技防工程在信息安全方面具有先天缺陷。

3. 资金投入有限。技防系统尤其是技防联网系统往往投资巨大，考虑到成本问题，导致整个技防系统在信息安全方面投入非常有限。资金投入的不足使得有可能避免的问题无法避免，系统的信息受到严重威胁；另外，从整个行业来看，对信息安全产品的研发投入也是非常有限的。

4. 管理制度不完善。首先，有关技防系统信息安全管理的法律不健全。我国内陆省、自治区、直辖市有大约90%制定了安全技术防范管理法律，但是仅有10%左右的技防立法中有规定信息管理内容。并且在现有的技防系统信息管理法律规范中，又多是原则性规定，可操作性的条款不多，这就造成了信息安全管理上的无法可依。其次，信息安全管理制度不健全。在安全技术防范系统运营单位的管理制度中，关于信息安全保护的措施非常少。有些单位虽然有相关的管理制度，但是执行力度不够，造成了系统信息的泄漏。最后，信息安全标准不健全。在现有的安全技术防范标准中，涉及系统信息息安全的标准非常少，其他领域或国外的标准又不完全适合技防系统的信息安全管理。

三、安全技术防范系统信息安全管理原则

安全技术防范系统信息安全管理原则，是贯穿于整个信息安全管理之中，对安全技术防范系统维护及系统信息维护都具有指导意义。它们是信息安全管理措施制定、实施应遵循的准则。

(一) 合法管理原则

合法管理原则是指对安全技术防范系统信息安全管理应当遵守法律、政策和制度的规定。合法管理原则要求在安全技术防范系统信息安全管理中做到：

1. 管理的主体明确、合法。无论是对整个行业的系统信息安全管理还是对某个具体系统信息的管理主体都应当明确、合法，只有管理主体明确了、管理责任明确了，才能切实保障系统的信息安全。

根据安全技术防范法以及国务院的部门职责分工，公安机关是安防行业的主管机关，那么其自然也是安全技术防范系统信息安全的管理机关。但是，在实际工作中参与系统信息安全管理的行政机关除了公安机关以外，还有国家安全机关、保密机关、工业与信息化部门等。众多的管理机关，势必造成政出多门，管理上的交叉和冲突，而无法最大限度地保障、监督系统的信息安全。所以在技防立法中应明确系统信息的管理主体，以及相关管理主体间的职责分工。

在明确系统信息行政管理主体的同时，各单位对于具体的技防系统信息也应明确管理主体，责任到人。接触系统信息的人越多，系统信息受到的威胁就越大。所以各单位应控制接触系统信息的人数，明确系统信息的管理人员，切实保障系统信息安全。

2. 管理依据明确、合法。管理依据明确、合法，首先要求制定安全技术防范系统信息安全管理法律和制度。从国家的层面，应制定完善的安全技术防范系统信息安全管理法律；各系统的建设单位、运营单位应制定完善的系统信息管理制度。只有有法可依，才能有法必依。但是我国现行的安全技术防范系统信息安全管理立法现状不容乐观，全国只有少数几个省市制定有系统信息安全管理法律或在相关的技防立法中规定有信息安全管理条款，而且立法层次集中在地方层面。在各单位的规章制度中，保障系统信息安全的制度也不多。其次，要求制定的信息安全管理法律和制度要合法。既要符合法律关于信息系统安全的管理规定，也要符合宪法、民法等国家根本法、基本法的规定；既要符合法律规则的要求，也要符合相关的法律精神。只有制度合法了，才能保证管理行为合法。

3. 管理行为严格按照规范的程序进行。系统信息管理者的管理行为应按照规定的程序进行，并且该程序应为合法程序。如在社会信息采集点应有明显标识等。

（二）等级保护原则

1994年公布的《中华人民共和国计算机信息系统安全保护条例》第9条规定，计算机信息系统实行安全等级保护的具体办法由公安部会同有关部门制定。公安部根据该条例制定了《计算机信息系统安全保护等级划分准则》（GB 17859-1999），将计算机系统按照功能的不同划分为5个等级，并且按照重要程度进行分级保护。

同样，安全技术防范系统信息也应采取分级保护的原则，根据系统信息不同的安全等级，采取不同程度的保护措施，制定不同的应急响应策略，以确保有限资源的充分利用，确保公民知情权顺利实现。

关于安全技术防范系统信息安全等级的划分标准，建议以系统信息涉及国家安全、公共安全、社会秩序和公民、法人或其他组织的合法权益的程度，以及受破坏后国家安全、公共安全、社会秩序和公民、法人或其他组织的合法权益受损害程度为标准。对于不涉及任何国家安全、公共利益或公民、法人、其他组织合法权益的信息，或者法律规定应当予以公开的信息，系统建设单位、运营单位或者由法定的机关予以公开或者依申请公开；对于涉及国家安全、公共利益和公民、法人、其他组织的合法权益的信息，应依其涉及利益的不同程度，采取不同的保护措施和审批程序，制定不同的应急响应预案，实现系统的信息安全。

为了更好、更细致地保护系统信息，方便采取对应的技术防护手段，安全技术防范系统信息安全等级的划分应与国际上通行的计算机信息系统安全等级保护相对应。

（三）安全责任制原则

安全责任制原则是指安全技术防范系统信息安全事故的责任者必须对自己的行为承担责任。

随着安全技术防范系统的应用普及，信息采集量不断增大，系统信息管理不善给国家、集体、个人造成损失的可能性在不断增大。为了提高系统操作人员、系统信息管理人员的责任感，在制度上预设相应的责任是非常必要的。根据责任人违法行为的不同，该责任可能是刑事责任、行政责任、民事责任，也可能是单位内部的处分；对于重大信息安全事故既要求直接责任者承担责任，还要求领导承担责任。安全责任原则要求做到：

1. 实行信息安全目标责任制。无论是技防系统信息安全主管部门，还是具体技防系统的运行使用单位都应制定明确的安全管理目标和具体的管理指标，并根据设定的指标进行相应的检查、考核和奖惩。

2. 信息安全主管部门应加强对系统信息安全的监督管理工作。

3. 完善信息安全管理制度，建立、健全和丰富信息安全责任制的内容。

第二节 安全技术防范系统信息采集、存储、传输、使用安全管理

一、安全技术防范系统信息采集的安全管理

（一）安全技术防范系统信息采集面临的安全威胁

2015年2月，海康威视生产的上千台视频监控设备被境外IP地址控制。该事件被凤凰网等80余家网站转载，引发社会关注，有券商评价此次事件为"棱镜门"后最严重的信息安全事故，影响程度之大以及对政府的震撼、警醒作用绝不亚于"棱镜门"。安全技术防范系统的信息采集子系统包括摄像机、报警传感器、编解码器、执行器、RFID标签、RFID读写器、移动智能终端等各种物理设备，主要负责感知获取物理环境数据以及执行系统控制命令。通过分布在物理设备上的嵌入式传感器和执行器与物理环境进行交互，对物质属性、环境状态等数据进行大规模分布式的数据获取与状态辨识，并通过数据通信子系统获取上层数据处理结果，反馈至执行器，根

据控制命令进行操作,以适应系统与物理环境的变化。

技防系统中的信息采集子系统是重要的感知数据来源和控制命令执行场所。信息采集子系统的前端摄像头多数部署在无人监控的环境中,容易成为攻击者的目标。系统自动采集信息,并且其节点数据处理能力、通信能力和存储能力有限。目前针对信息采集子系统的主要安全威胁有物理攻击、设备故障、线路故障、电磁泄露(设备在工作时经过地线、电源线、信号线等,线路将电磁信号辐射出去,电磁信号如果被接收下来,经过提取处理,就可恢复出原数据,造成失密)、电磁干扰、拒绝服务攻击(攻击者通过对网络宽带进行消耗性攻击方法,导致目标系统停止提供服务)、信道阻塞、重放攻击、感知数据破坏、假冒伪装、信息窃听、数据篡改、非法访问、节点捕获、信息丢失等。

同时系统还面临着操作不当造成的威胁。技防系统的采集子系统多需要人设定系统信息采集角度、调整采集范围。对于可即时调节的安全技术防范设施而言,还存在针对现场进行更精确的信息采集操作的问题。如果操作不当,可能侵害保护国家秘密、商业秘密和个人隐私,对他人造成威胁,因而对信息采集操作就有必要从法律层面上提出要求。

(二)安全技术防范系统信息采集安全保护措施

基于技防系统之信息采集子系统面临的威胁,以及子系统操作不当可能对他人造成威胁,技防系统信息采集管理中应采取但不限于下列安全措施。

1. 禁止采集的信息

从法律的层面上规定涉及国家秘密、商业秘密和个人隐私的信息,一般不允许采集。

(1)国家秘密

《中华人民共和国保守国家秘密法》第21条第1款、第2款规定:"国家秘密的知悉范围,应当根据工作需要限定在最小范围"、"国家秘密的知悉范围能够限定到具体人员的,限定到具体人员;不能限定到具体人员的,限定到机关、单位,由机关、单位限定到具体人员。"因此，只有经特定程序批准建设的安全技术防范系统，才有权采集相应范围内的涉及国家秘密的信息，但不得采集本系统、本设施的使用单位和负责人员所不应知悉的国家秘密信息。除此以外，安全技术防范系统不能采集涉及国家秘密的信息。基于我国的保密法制，在信息安全管理中专门划分出保密级信息，对涉及国家秘密的信息予以特别重要的保护，是有必要的。

（2）商业秘密

一般情况下，安全技术防范系统不得采集涉及商业秘密的信息。《中华人民共和国刑事诉讼法》第54条第3款规定："对涉及国家秘密、商业秘密、个人隐私的证据，应当保密。"《中华人民共和国民事诉讼法》第71条规定："证据应当在法庭上出示，并由当事人互相质证。对涉及国家秘密、商业秘密和个人隐私的证据应当保密，需要在法庭出示的，不得在公开开庭时出示。"《中华人民共和国行政诉讼法》第43条第1款规定："证据应当在法庭上出示，并由当事人互相质证。对涉及国家秘密、商业秘密和个人隐私的证据，不得在公开开庭时出示。"不仅三大诉讼法设置了对商业秘密的保护，实体法对商业秘密的保护更是促成技防系统避免采集涉及商业秘密相关信息的根本所在。《中华人民共和国治安管理处罚法》等实体法确立了商业秘密作为一种与国家秘密、个人隐私相并列的重要法益需要得到保护。

但这种法益并非绝对，而是受制于权衡保护公共利益的需要；就我国现行法律规范而言，商业秘密在涉及公共利益的决定中所受的保护程度不如国家秘密强；它仅仅涉及经济利益形式的法益，在法律的价值秩序位阶中也不具有较高的位阶。此外，在我国的法律制度中，商业秘密还存在一重特殊性：对于国家秘密而言，某一法人所持有的国家秘密，不论该法人本身是否愿意公开，国家秘密都是严格受法律保护的国家秘密；对于商业秘密而言，某一法人所持有的自身商业秘密，只要其愿意公开或与特定对象分享，它就部分或全部地丧失商业秘密的属性。因此，对商业秘密的保护可以不如国家秘密严格，但也需要有专门的规则和机构予以守护，避免利用安全技术防范系统窥探他人的商业秘密。

具体体现到采集规则上，除非基于公共利益的迫切需要并经公安机关批准，安全技术防范系统不得采集包含商业秘密的信息，但使用安全技术防范系统采集本单位的内部信息除外。这样一种规定能够比较准确地把握商业秘密的法律性质。

（3）个人隐私

安全技术防范系统原则上不得采集涉及个人隐私的信息。

个人隐私的法律属性与国家秘密、商业秘密有所类似，但也存在本质上的一些差异。这种差异体现在：第一，个人隐私在法益上涉及人格权，尤其是涉及公民的人格尊严，比商业秘密的法益处于更高的价值位阶。因此，大量的地方性立法都规定不得在涉及个人隐私的场所安装或建设安全技术防范系统，但相对罕有立法规定不得在涉及商业秘密的场所安装或建设此类系统。第二，由于公共卫生间、宾馆、更衣室等的广泛存在，个人隐私更容易被安全技术防范系统（尤其是视频监控系统）所侵犯，相对地商业秘密不容易被一般的安全技术防范系统所获取。第三，安全技术防范系统的使用单位是法人或其他组织，可以采集涉及自己商业秘密的信息；但就公共安全技术防范系统而言，安全技术防范系统的使用单位却不能采集涉及个人隐私的信息，因为主体不统一。禁止安全技术防范系统对公民住宅内部、旅馆的房间、哺乳室、体检室、浴室、卫生间、更衣室、试衣间等可能涉及公民隐私的场所进行拍摄或录音。

公民还可能在部分公共场合暴露隐私，对此应当区别看待：如果是因为思想偏激、暴露癖、精神病等原因暴露隐私，应当正常拍摄记录，以利于违法行为的惩治或为疾病治疗提供参考素材；如果是因为哺乳、逃生等正当原因，就应当避免刻意采集隐私，不能人为操作信息采集设备对准他人的隐私部位进行"趁火打劫"式的拍摄。此外，还有一种特殊情形，就是人穿着衣服，但是可以从某些特殊角度窥见隐私部位，在此种情况下，也应防止刻意操作信息采集设备窥探人的身体隐私；但是，对于某些可能潜在或正在进行的犯罪，如果有充分的合理基础，也可以为了公共利益的需要进行拍摄。

在这些情形以外，因为侵犯隐私风险的广泛存在，还应当设置原则性的兜底条款，禁止故意利用安全技术防范系统的活动拍摄装置进行其他与安全防范无关的拍摄或录音，以实现对公民隐私的最充分保护。

2. 采取安全措施保证系统有效运行，采集信息满足要求

（1）通过加强安全技术措施，实现防盗窃、防破坏、防雷击，保障电力供应设施的安全，保障数据完整性、保密性。如通过设置门磁开关、振动探测器等设备，加强前端箱的物理性保护，保障传感器、执行器、RFID装置、图像捕捉装置等设备的安全，这是安全技术防范系统安全的基础。通过MAC地址等物理识别信息进行接入认证，或者与设备证书绑定后，进一步认证以实现对节点的身份进行管理。通过生物识别和近场通信等技术更好地保护节点感知数据安全。

（2）通过加强对系统信息采集的管理，实现技防采集子系统安全有效运行。在实践中，有些单位对其负责管理和使用的安全技术防范系统没有责任人，或一些直接负责人对此漠不关心，甚至有部分直接负责人因为系统运行有微弱的噪声索性将其关闭，导致关键时候无信息可用的现象。因此，在管理中首先，要确定责任人，保证系统的连续不断正常运行负责。其次，根据信息采集情况需要及时检查和调整。安全技术防范系统的使用单位如果发现采集的信息未能满足正常使用的要求或未达到预期的信息采集质量，应立即调整设备的配置，甚至维修、更换或改造相关设备。最后，管理单位履行监督检查职责。如公安机关应当对法律规定强制安装的安全技术防范系统进行日常检查，确保信息采集的连续性和有效性，发现问题及时纠正，建立使用单位和公安机关的"双保险"。

此外，采集信息如涉及国家秘密或工作秘密，还应当根据国家保密法律制度的要求采取保密措施，对于涉及重要国家利益的安全技术防范系统，不论其所采集的信息是否涉密，都应当采取运用电磁泄漏发射防护技术或使用包含电磁泄漏发射防护技术的设备，避

免在信息采集环节泄漏信息。因为这些系统有可能在某些时候采集到重要的、从本质而言应当保密的信息，但不一定经过明确的定密程序，为安全起见，仍应采取最大限度的保护措施。

3. 信息的分析与挖掘

有关组织和个人在操作安全技术防范系统依法采集信息时，发现有违法犯罪活动或其他可疑情形，应及时向公安机关或政府有关部门报告。

至于何为可疑情形，至少有以下几类应当纳入：（1）怀疑相关人员是在逃的犯罪嫌疑人；（2）发现有违法、犯罪活动，或发现与违法、犯罪活动相关的重要线索；（3）发现有人员受伤或发病，缺乏救援，可能危及生命；（4）发现交通事故、踩踏事故或其他危及公民人身安全的事故；（5）发现突发自然灾害、火灾或其他灾害。对于其他可能威胁公民人身或财产安全、社会秩序或国家利益的重要可疑情形，也应当迅速报告。这些情形，都可能对重要的法益造成侵害，对此进行及时的防范和保护，也是安装和运行安全技术防范系统的目的。

二、安全技术防范系统信息存储与处理的安全管理

（一）技防系统信息存储、处理安全概述

1. 主要存储方式

安全技术防范系统中的数据主要可以分为三类：配置数据、信令数据和媒体（视音频）数据。目前常用的视频存储主要分为集中式存储和分布式存储两种方式，相应的存储技术主要有网络存储和DVR数字硬盘存储。网络存储分为NAS网络存储和FC-SAN、IP-SAN网络存储等方式，其优点是存储数据量大，适用于监控密度高、数据保存周期长的场合。DVR存储的优点是简单方便，经济实用。

前端存储时应采取相应安全保护措施，防止视频数据丢失、篡改或盗用。监控中心根据存储容量大小可选择DVR存储或网络存储，采用网络存储时其磁盘阵列应支持RAID技术。不论采用何种存储方式，均应保证对存储系统的统一管理和视频数据的综合利用，

便于视频资源按需查询、检索、调用和备份。

2. 安全威胁

安全技术防范系统信息存储处理阶段的安全威胁主要有数据被篡改、数据被窃听、数据被非法访问和数据丢失等。视频数据需要占用庞大的存储空间，其播放过程中对磁盘的访问也相当频繁，数据易受损，磁介质存储信息难以清除。经过删除、格式化或分区硬盘后，一般用户再看不见数据，但使用专用程序能找到并恢复数据。有研究表明，即使对磁介质进行物理格式化仍会留有信息痕迹，利用专用工具可恢复。

(二) 关于信息存储与处理安全指标

信息存储与处理应当满足对于信息安全的一般原则要求。

对于信息安全的一般要求，学界有多种意见。一种意见认为，信息安全或网络安全应满足保密性、完整性和可用性的要求；[1]另一种意见认为，信息安全的指标应当包括保密性、完整性、可用性、授权性、认证性和抗抵赖性；[2]再一种意见认为，网络的信息安全包括保密性、完整性、可用性、真实性和可控性；[3]还有一种意见认为，信息安全应当包括抗毁性、生存性、有效性、保密性、完整性、真实性、可用性、抗抵赖性、可控性等9个属性。[4]此外，还有所谓的"可审查性"要求等。[5]这些指标或要求之间呈现相互交错的关系，从基本的共同点看，保密性、完整性、可用性是被普遍接受的最基本要求，而真实性和完整性的结合，就已经保证信息的完整无损，抗抵赖性则能够使得所有信息的来源及对信息的一切操作可以追踪，可控性则能够保证信息能够处于一定的物理条件和技

---

[1] 参见李炅等：《网络安全概述》，载《中国工程科学》2004年第1期。

[2] 参见施超：《计算机网络信息管理及其安全防护策略》，载《信息安全与技术》2012年第3期。

[3] 参见尹晓雷等：《公安内部网络安全问题及解决方法》，载《信息技术与信息化》2010年第1期。

[4] 参见孔斌：《试论涉密信息系统安全保障评价》，载《保密科学技术》2011年第2期。

[5] 参见李炅等：《网络安全概述》，载《中国工程科学》2004年第1期。

术控制之中。因此其余的要求都可以看作派生性的要求。

安全技术防范系统进行信息存储（和处理、传输）的一般原则，应当遵从完整性、可用性、可控性、抗抵赖性的要求；对于涉及国家秘密、商业秘密或个人隐私的信息，还应当符合保密性的要求。

（三）关于存储时间

在存储时间方面，安全技术防范系统采集的信息应当存储多长的期限，是一个非常重要的问题。对此，不同地方政府制定了不同的规定，如《长沙市公共安全视频图像信息系统管理办法》第23条第6项规定："公共安全视频图像信息资料的有效存储期不少于十五日；涉及公共安全的重要信息资料应当交由公安机关储存，有效存储期不少于两年。法律、法规另有规定的，从其规定。"《昆明市公共安全技术防范管理规定》第19条规定："已经建成技防系统的单位，应当保证系统正常运行，不得无故中断。技防系统所记录的语音图像信息资料及其他相关记录资料，留存时间不得少于30日。"《河南省公共安全技术防范管理条例》第21条规定："技防系统记录的图像信息资料以及其他相关资料，留存时间不得少于三十日。"《青岛市公共安全视频图像信息系统管理办法》第19条第7项规定"信息资料存储时间不得少于30日，法律法规另有规定的，从其规定。"《黑龙江省公共安全技术防范条例》第23条规定："安全技术防范系统获取的视频、音频信息资料留存时限不得少于三十日。国家另有规定的，从其规定。"可见既有规定的参差不齐，多数现有的规定将存储时间限定在30日及以上。对此，课题组对基层公安派出所民警进行了访谈，反映意见基本上认为需要至少保存30日，重要信息保存时间应当更长，最好能够保存90天以上。可以认为，部分地方性立法所采取的规定是可行的。但是，另一方面，保存信息也需要成本，安全技术防范系统所采集的信息，尤其是视频信息占用空间巨大，一个单位每日采集的信息量就可能以万亿字节（TB）计算，整个城市每日采集的安全技术防范信息更是极具规模。同时，这些信息需要专门的存储设备和保护装置，包括大规模存储和调用时所需的温控、保密、加速等设备或技术，都构成了必不可少的行政成本。因此，存储时间也不能无限地延长，而需要考虑平衡各方面的要求。

考虑到30日的标准已经在立法实践和执法实践获得了相当程度的接受，将存储期限规定在30日以上，应当在现有的资金和技术条件下的一种较为可行的选择，各地可以因地制宜延长存储时间。在此种基本规定之上，我们还应当区分不同类型的信息，对存储期限加以进一步的细化。对于视频信息，按照基层工作人员和技术人员反馈的信息，应以至少存储30日为宜，涉及重要国家利益的，应当予以适度延长；对于其他类型的信息，由于信息量相对不大，可以延长一倍以上的存储时间以应对安全防范的需要。

（四）保密制度

信息存储保护机制的一个重要内容就是保密制度，保密制度又涉及技术和法律两个层面。

1. 法律层面的保护

法律层面上的要求比较偏向于原则性的规定，如对涉及国家秘密或工作秘密的安全技术防范系统应当按照国家保密法律制度的要求采取专门的存储设备和防护措施，及时更换安全技术防范设施，并对依法不再保存的信息及存储介质进行处理。对于已经无法正常使用的信息存储介质，应当根据国家保密法制进行销毁。安全技术防范系统采集的不涉密的信息超过规定保存期限时，如技术条件允许，应当继续保存；存储系统已不能继续保存的，应当稳妥地删除。

此外，安全技术防范系统的管理运营单位还应当保证系统进行正常数据存储与运算的必要物理条件与技术条件。涉及社会公共利益的安全技术防范系统应当指定专门的信息存储室，严格按照消防安全的有关要求进行布置，定期检查，并对信息存储地点建立严格的出入登记制度，防止无关人员进入，确保信息安全。

2. 技术层面保护

建议采用密码技术等保护数据的机密性和完整性；视频数据应采用独立设备或介质存放、存储内容加密等方式保障存储的安全可靠性；建议采用分布式和集中式存储相结合的混合存储方法；建议在异地建立和维护一个备份存储系统，利用地理上的分离来保证系统和数据对灾难性事件的抵御能力。通过安全防护措施实现系统的自主访问控制、恶意代码防范、安全审计、系统保护、剩余信息保护，以及数据的完整、安全、保密等性能。

三、安全技术防范系统信息传输的安全保护

（一）技防系统信息传输安全概述

1. 技防系统信息传输安全的涵义

技防系统传输安全指通信网络设备通过对通信双方进行可信鉴别验证，建立安全通道，并实施数据传输保护，确保其在传输过程中不会被窃听、篡改和破坏。

技防系统信息传输安全包括：（1）运行系统的安全，如硬件运行安全、操作系统安全、防止电磁泄漏等。（2）系统信息的安全，通过用户身份认证、存取权限控制、审计跟踪、数据加密等技术保障。（3）信息内容的安全，主要指意识形态方面的不健康内容或对人类发展、社会稳定不利的内容，如暴力、反动言论、色情内容等。

2. 技防系统信息传输信号

技防系统中传输的信号可能是模拟信号，也可能是数字信号；可能通过有线传输，也可能通过无线传输；可能通过技防系统专网，也可能通过现代的信息网络。在早期的技防系统中，传输的是报警、控制、状态、音频和视频等信息的模拟信号。而随着物理安全信息管理（PSIM）和视频管理系统（VMS）技术的发展，目前技防系统内传输的是报警、控制、状态、音频和视频等信息的数字信号。

技防系统内传输的信息事关安全，具有如下几个特点：（1）高敏感性：技防系统内的信息数据，常常事关国防、经济、安全等重要领域，多属于敏感信息，不希望让恶意用户获取。（2）高可靠性：技防系统内的数据主要是即时数据，如果数据不可靠，则无法保证数据的正确性，信息共享就失去了存在的价值。（3）高联系性：相比传统网络信息，技防系统内的信息数据存在更大的逻辑关联性，通过对这些关联性进行数据挖掘，很可能会给信息安全与隐

私保护构成很大的风险。

3. 技防系统信息传输线路

视频专网的传输网络是专为联网系统建设的独立于公安信息网之外的专用网络。其中，电信运营专网的传输链路是社会公共通信网络中的VPN专网，公安自建专网和安防运营专网的传输链路是专用光纤或数字电路专线。数字电路专线包括DDN、SDH、HDSL、MSTP等。

公安专网的传输网络是现有的公安信息网。其前端图像传输应根据区域环境、经济条件等实际情况选用铺设光纤或同轴电缆或租用电信运营商数字电路专线等方式，以确保公安信息网的安全。

（1）有线通信线路。有线通信介质包括架空明线、双绞线、同轴电缆、光缆等。

（2）无线通信线路。无线通信包括红外通信、激光通信和微波通信。由于它们都是沿直线传播的，有时也称它们为视线媒体，因为这三种技术都需要在发送方面和接收方面有一条视线通路。有线介质不可能在任何时候都满足要求。例如，当通信线路要通过某些建筑物、一座高山或一个岛屿时，施工挖掘与铺设电缆往往费时又费钱，因而需要自由空间做通信介质，进行数据的通信。

4. 技防系统信息传输网络

传输网络是技防系统传输的载体。传输网络可分为公安信息网、社会公共通信网络和专为安防系统建设的独立网络。

（1）公安专网

公安专网是通过已建公安信息网，接入公安视频监控资源和必要的社会监控资源，实现了城市报警与监控系统的互联互通互控。根据需要与公安业务同网融合，增强了信息共享程度。

（2）视频专网

"视频专网"采用在公安信息网以外，建设一个独立的视频监控报警专网，专门用于报警与监控信息的传输。"视频专网"依据其运营主体又可分为电信运营专网、公安自建专网和安防运营专网三种类型。

电信运营专网是指基于电信、网通、广电等公网运营商的社会公共信息网络组建的数字视频监控报警系统。即由公网运营商根据政府的统一规划和公安的技术要求，承建全部的城市监控报警系统（包括设备、线路、监控中心、管理平台等），建成后将系统交付公安机关使用。运营商负责整个系统的运行和维护，公安机关负责系统的使用和管理。

公安自建专网是指由公安机关自行组织建设和运行管理的独立的视频专网。其组网模式可以采用模数混合型方式，也可以采用数字型方式。通信链路一般是公安自建光纤或租用公网运营商的光纤。

安防运营专网是指基于安防运营商的监控报警服务网络组建的视频专网。此类模式，一般采用社会化、市场化运作模式。系统建设由公安机关主导，按照城市报警与监控系统的建设要求，由安防运营商先期投资建设并承担运营维护。

（二）技防系统信息传输安全管理

1. 面临主要威胁

数据在生成、传输、存储、使用和销毁的整个生命周期都面临着各种安全风险，传输阶段的威胁主要有物理破坏、数据被篡改、数据被窃听、数据被非法访问、数据丢失、网络攻击等。

2. 传输安全管理制度建设

（1）信息传输分级制度

不同的信息传输渠道存在不同的优势和风险，从保密性的角度看，无线通信线路的保密性较差，有线通信线路中公安专网的保密性较好，而互联网加密传输的保密性次之。鉴于保密性要求在安全技术防范中的重要性，应当根据信息在保密性方面的类型，对传输的渠道和手段加以区分。

对于不涉及国家秘密、商业秘密、个人隐私或可能妨害正常执法活动或者影响社会稳定的执法信息的普通级信息，可以通过无线通信线路或互联网进行传输；对于敏感级信息，则应尽可能通过专网（包括电信运营专网、安防运营专网和公安自建专网）进行传输。如果受制于客观条件，难以通过专网进行传输的，应当由公安机关进行批准；安全技术防范系统管理单位本身是公安机关的，应当由上一级公安机关批准。这样能够建立法律责任上的双重保障，避免滥用例外条款。如果需要传输的信息较多而超出了专网可能承受的范围，则应考虑通过专用的移动存储介质复制和递送，明确责任到人，由需要使用该信息的单位依法进行申请、调用和删除。这样的处理方式能够尽可能地避免在公开的网络上暴露敏感信息。对于保密级信息，则应尽可能通过移动存储介质进行复制和递送，避免通过通信线路进行传输，如果通过移动存储介质进行递送并不方便，则必须在专网进行传输，并签订严格的保密协议、落实保密措施，同时采取必要的防窃取、防干扰、防电磁泄漏等手段。对于特别重要的保密信息，如果通常的专网传输并不能保证其不在传输过程中被窃取，则应通过移动存储介质进行递送，并对此采取严格的保密措施。

（2）建立信息传输安全责任制

建立信息传输安全责任制，由专门的管理人员管理信息的传输和调用，可以督促系统运营单位相关人员认真履行职责，便于系统对关键操作进行专门化的认证，确保信息安全。建议参照中华人民共和国国家质量监督检验检疫总局、中国国家标准化管理委员会于2008年发布的《信息安全技术 信息系统安全等级保护基本要求》（GB/T 22239-2008），在传输敏感级信息（相应于上述基本要求中第一级、第二级信息）时，应当对登录网络设备的用户进行身份鉴别，具备登录失败处理功能，可采取结束会话、限制非法登录次数和当网络登录连接超时自动退出等措施，并采取必要措施防止鉴别信息在网络传输过程中被窃听。不仅如此，系统还需要对所有的信息传输操作进行认证和记录，以满足抗否认性的要求，明确法律责任的主体。在传输保密级信息时，还应当由安全技术防范系统管理部门进行审批，通过双重责任机制确保传输的合法性，并应记录审批过程、保存审批文档。参与审批和传输操作的人员都必须签订保密协议，其效力须从担任相应职务之日起至离岗一段合理时间（根据国家保密法制确定）止，保证管理层面的信息安全。

信息传输的操作人员在进行信息传输以前，必须认真审查信息的等级，启动必要的传输和保密操作，并密切关注传输操作的进程是否正常，发现异常情况应当立即进行报告。

（3）完善日常管理制度

日常通过加强安全措施防护，如物理防破坏技术、防病毒技术、防火墙技术、入侵检测、防御技术、防泄漏、安全审计等技术，确保信息传输中的机密性和完整性，采用加密、隔离等措施抵御网络攻击等网络安全风险，并最终实现信息传输系统的物理安全、软件安全、网络安全、业务应用安全、业务数据安全。

四、安全技术防范系统信息使用管理

（一）技防系统信息使用概述

安全技术防范系统信息的可用性是安全技术防范系统信息构建和存在的基础。安全技术防范系统信息包括入侵报警系统信息、视频安防监控系统信息、出入口控制系统信息、电子巡查系统信息、停车场管理系统信息、防爆安全检查系统信息、报警通信指挥系统信息、车辆和移动目标防盗防劫报警系统信息、电视监控系统信息等。随着科学技术的不断发展，我们处在一个"信息化时代"，安全技术防范系统信息越来越多地应用到社会管理生活之中。如果采集的信息使用不当，大量的信息被删改、盗用或者用于从事违法活动，则给国家、社会和公民个人造成的损失难以估量。为了更好地、安全地使用这些安全技术防范系统信息，有必要加强安全技术防范系统信息的使用管理。

中心管理平台是安全技术防范系统的核心系统软件，对系统内的视频、音频、报警等各种信息资源进行集成及处理，对联网系统的设备、用户、网络、安全、业务等进行综合管理，实现联网系统所规定的相关功能。中心管理平台至少应包括应用集成模块、应用模块、服务模块、系统管理模块和系统协议模块。各种异构的监控资源接入中心管理平台，向中心管理平台传送监控信息（包含图像、声音、报警信号和业务数据等）。联网系统的用户终端可访问管理平台，实现对各种信息资源的共享、处理和分析研判。中心管理平台会收集大量的用户隐私数据,比如用户的身体特征、行为习惯、出入场所等,因此必须考虑安全技术防范系统中的隐私保护问题。同时由于应用系统种类繁多,安全需求也不尽相同,这也为制定合适的安全技术防范系统安全策略带来了巨大的挑战。

技防系统信息使用面临的安全威胁主要包括用户隐私泄露、非授权访问、恶意代码、分布式拒绝服务、数据挖掘中的隐私泄露、控制命令伪造攻击、漏洞攻击、病毒、木马、数据库攻击、云计算服务威胁等。

(二)技防系统信息使用主体

明确安全技术防范系统信息使用的主体,有利于保障信息的安全使用,确定使用主体的责、权、利,实现信息资源共享、合法使用。实践中,公共安全视频监控系统已成为立体化社会治安防控体系的重要组成部分和"平安城市""智慧城市"的重要基础设施,被广泛应用在社会治安治理、交通出行、环境保护、城市管理等多个领域。公共安全视频监控系统在反恐维稳、打击犯罪、治安防范、创新社会治理、服务保障民生等方面发挥了重要作用。

视听资料、电子数据等安全技术防范系统信息除作为违法犯罪证据,公检法使用外,其他行政管理部门根据执法的需要,也可以使用安全技术防范系统信息。社会组织或者公民个人也可能成为安全技术防范系统信息使用主体,如公民为追回遗失物或对已报案的有关案件提供线索,可以请求安全技术防范系统的管理单位或公安机关提供系统采集的相关信息,或由管理人员代为查看相关情况。本部分我们将根据技防信息的不同使用主体、不同用途,分别研究使用规则。

(三)技防系统信息使用规则

随着我国经济的快速发展,安全技术防范系统建设规模的不断扩大,安全技术防范系统信息在惩治犯罪、维护社会稳定、服务人民等方面发挥了重要作用。但是信息的泄漏可能危及国家秘密、商业秘密,或者对公民的人身安全造成威胁。因此,有必要明确安全技术防范系统信息使用的规则。

1. 技防系统信息使用的一般规则

（1）遵守信息使用和保密制度。根据《信息安全等级保护管理办法》等法律规范和技术规范的规定，使用技防系统信息。对信息涉及国家秘密、商业秘密、个人隐私的信息需要控制知悉范围，建立信息分级负责制度，由适格主体调用相应信息安全等级及其以下级别的信息，严格遵守安全技术防范系统信息资料的使用、保密的要求。建立健全信息资料使用管理制度，明确安全技术防范系统管理人员职责和责任。

完善安全措施，包括但不限于身份鉴别、访问控制、资源控制、代码安全、安全审计、软件容错等，以防止非授权使用、恶意攻击、恶意控制等安全隐患，保证系统的可用性和稳定性。

（2）建立信息有效储存期限制度。安全技术防范系统采集的信息保存多长时间合理，是一个值得探讨的问题。从目前的安全技术防范系统的主控设备储存的信息量推定，一般存储期不少于15日比较合理，但涉及公共安全和其他违法犯罪行为等重要信息资料的有效存储期应不少于2年。很多公共安全视频图像信息系统管理办法都有规定，如《广东省公共安全视频图像信息系统管理办法》第18条第5项规定："涉及公共安全和其他违法犯罪行为的重要信息资料的有效存储期不少于两年。法律、法规另有规定的，从其规定。"

（3）可疑行为报告制度。发现涉及公共安全和其他违法犯罪行为的可疑信息，及时向公安机关或相关部门报告。安全技术防范系统的主控设备所在的单位一般为安全技术防范系统的使用单位。在采集的信息中如果发现危害公共安全和其他违法犯罪行为的可疑信息，应当及时向主管机关报告，预防和打击违法犯罪活动，最大限度地发挥安全技术防范信息的作用。

2. 国家机关及其工作人员因工作需要使用技防信息规则

（1）程序符合法律规定。行政管理部门工作人员查阅、复制或者调取安全技术防范系统信息资料时，工作人员不少于2人。出示工作证件、出示公安机关的批准文件或者所在单位出具的证明文件。行政机关的工作人员调取信息，则遵从基本的"二人同行"原则，工作人员不少于2人，并且需要证明其身份（出示工作证件）。

（2）登记备案。有关行政管理部门工作人员查阅、复制或者调取安全技术防范系统信息资料时，履行相应登记手续，对信息资料的录制人员、调取人员、调取时间、调取用途以及去向等情况进行登记。有关行政机关因工作需要，查阅、复制或者调取安全技术防范系统信息资料时，应当凭有效证件及所在公安机关开具的证明查阅、复制或者调取相应信息安全等级及其以下级别的安全技术防范系统的有关信息资料，调用的时候需要遵从一定的程序，履行相应的手续。《公安机关讯问犯罪嫌疑人录音录像工作规定》第20条规定："调取光盘时，保管人员应当在专门的登记册上登记调取人员、时间、事由、预计使用时间、审批人等事项，并由调取人员和保管人员共同签字。对调取、使用的光盘，有关单位应当妥善保管，并在使用完毕后及时交还保管人员。调取人归还光盘时，保管人员应当进行检查、核对，有损毁、调换、灭失等情况的，应当如实记录，并报告办案部门负责人。"

（3）禁止行为。公安机关、国家安全机关、司法机关和其他行政管理部门工作人员在使用安全技术防范系统信息资料时，应注意以下问题：不得擅自删改，不得隐匿、毁弃留存期限内安全技术防范系统信息的原始记录；不得擅自改变安全技术防范系统信息系统的用途，将其用于采集涉及国家秘密、商业秘密或者公民个人隐私及其他合法权益的信息；不得故意隐匿、毁弃安全技术防范系统采集的涉及违法犯罪活动的信息资料；不得泄露安全技术防范系统的秘密；不得干扰、妨碍安全技术防范系统的正常使用。

3. 技防系统的安装运营单位使用信息规则

技防系统的安装单位和个人为了自身管理和安全需要使用系统信息，这是系统安装单位和个人的权利。但是在使用系统信息时应当注意不得违反法律的相关规定，不得侵害他人的合法权利。系统的使用者应注意对系统信息的监管，对涉及国家秘密、商业秘密和个人隐私的信息应予以保密。不得擅自复制、为他人提供、买卖、散发、非法播放系统信息资料，违者将受到法律制裁。那么为了抓获违法者、追究违法者责任能不能自行"曝光"违法者信息呢？如上海某律师事务所被盗，盗窃者的违法行为恰被事务所安装的视频监控系统录下，事务所便将监控录像挂在网上，希望有知情者能够提供更多有效线索。该事件引起了社会的普遍关注，律师事务所的行为是否合法也众说纷纭。有人认为是合法的，此行为不构成侵犯肖像权，而且悬赏缉拿也不是公安机关的专利；也有人认为这种做法不妥，私力救济也应循法而行。笔者同意后者的观点，因为维护社会治安，打击违法犯罪是公安机关的职责，是否是盗窃，是否构成犯罪，要由公安机关侦查，最后经法院判决认定。律师事务所并不是适格的行政主体，他没有管理社会治安，通缉犯罪嫌疑人的权力。私自将拍摄到的他人盗窃过程的照片公布在互联网上，与《中华人民共和国刑事诉讼法》的规定不符。律师事务所的这种行为属于"私力救济"行为，如果不加约束放任发展，将大大损害司法机关权力，损害法治秩序。律师事务所正确的做法应当是将录像资料交给公安机关，由公安机关根据具体情况决定是否将录像资料公开。

4. 其他单位和个人对技防系统信息的使用规则

小区业主对小区内安装的报警与监控系统采集的信息是否享有使用权？我们认为，小区业主是小区内报警与监控系统的所有人。既然是所有人，对自己的东西当然有使用权。所以小区业主出于正当目的是可以使用系统信息的，系统的管理者（物业）应当为业主的使用提供方便。但我们认为，业主使用系统信息应履行必要的手续如进行审批或登记等，业主使用系统信息时系统管理者应当在场，以防信息不正当的使用。

那么其他公民个人和组织（包括媒体）是否可以使用技防系统采集的信息呢？笔者认为，既然是公共资源就应当可以共享。如果确有必要，应当允许其他公民个人或组织使用系统信息。具体做法我们这里提两个建议：其一，收费使用。在英国，公民有权要求政府提供相关图像，但每次须付20英镑。《中华人民共和国政府信息公开条例》第42条第1款规定："行政机关依申请提供政府信息，不收取费用。但是，申请人申请公开政府信息的数量、频次明显超过合理范围的，行政机关可以收取信息处理费。"行政机关收取信息处理费的具体办法由国务院价格主管部门会同国务院财政部门、全国政府信息公开工作主管部门制定。鉴于此，本书建议为确有需要的公民个人和组织提供系统取得的信息，按照规定收取一定的费用。其二，设定专门的程序获取系统信息。如果确有需要，可以按照属地管辖的原则，由技防系统所在地的公安派出所来协调使用系统信息。为防止系统信息被不正当使用，侵害公民权利，可以通过限制使用方式如只允许当场看，不允许复制、拍照等或要求使用者签订使用协议，明确约定使用原因、使用方式、使用范围及违约责任。这样既可以体现政府的服务意识，同时也满足了公民的需要。使报警与监控系统取之于民，用之于民，满足群众的需要。

媒体对系统信息的使用主要有两种目的，即宣传警示和娱乐大众。笔者认为，如果媒体为公共利益使用系统信息（如在法制宣传中作反面教材等），应当允许其使用，但媒体应对系统信息先期技术处理后再播出，以免侵害当事人的名誉权。如果仅仅是娱乐之目的，则应在征得当事人同意后使用，媒体不得擅自使用系统信息，以免造成对当事人人身权的侵害。

（四）视频图像证据研究

1. 视频图像证据及其法律属性

（1）视频图像证据的概念

国家强制标准《安全防范工程技术标准》（GB 50348-2018）规定，视频监控系统（VSS），是指利用视频技术探测、监视监控区域并实时显示、记录现场视频图像的电子系统[1]。视频监控系统，也称为视频安防系统、视频图像系统，现行立法中多称为视频图像信息系统。视频安防监控系统前端摄像机采集到的信息，通过传输设备传输到后端的控制设备，由控制设备进行信号的转换、显示并记录监控图像，形成视频监控信息资料，这是视频图像证据的主要来源。

---

[1]《安全防范工程技术标准》（GB 50348-2018）2.0.10。

视频图像证据（视频证据）是指利用视频图像采集等技术采集、传输、存储的能够证明案件事实的信息材料。视频图像证据除固定的视频监控系统采集视频图像资料外，还包括移动视频采集设备采集的视频图像资料。

（2）视频图像证据的法律属性

关于视频图像证据属于何种法定证据种类，理论界尚存争议。有学者认为，视频图像证据是视听资料证据的一种。[1]也有学者将视频图像证据归入电子数据证据。例如，何家弘教授在其主编的《电子证据法研究》一书中将电子证据定义为：以电子形式存在的、用作证据使用的一切材料及其派生物；或者说，借助电子技术或电子设备而形成的一切证据。[2]笔者认为，之所以存在不同的观点，主要是因为法学界对电子数据与视听资料的区别还没有形成统一的认识，以及对视频图像信号的生成、存储和传输方式不甚了解造成的。

视频图像根据生成、存储和传输方式的不同，可以分为模拟视频图像和数字视频图像。模拟视频图像就是基于连续的模拟信号组成的视频图像，如电影、电视胶片、录像带上的画面通常都是以模拟视频的形式出现的；数字视频图像是指由数字信号组成的，即把图像中的每一个点（称为像素）都用二进制数字组成的编码来表示。模拟视频与数字视频各有利弊，模拟视频占用频带较少、技术要求简单，但存在保密性差、抗干扰能力弱。数字视频传输中保密性好、抗干扰能力强，但存在占用频带较宽、模/数转换时易出现误差、易修改等不足。近些年建设视频监控系统多采用数字信号存储与传输。

根据《最高人民法院 最高人民检察院 公安部关于办理刑事案件收集提取和审查判断电子数据若干问题的规定》第 1 条的规定，电子数据是案件发生过程中形成的，以数字化形式存储、处理、传

---

[1] 参见龙宗智、杨建广主编：《刑事诉讼法》，高等教育出版社 2003 年版，第 139 页。

[2] 参见何家弘主编：《电子证据法研究》，法律出版社 2002 年版，第 5 页、

输的，能够证明案件事实的数据。电子数据包括但不限于：文档、图片、音视频、数字证书、计算机程序等电子文件。[1]其中包括了音视频文件。所谓视听资料是指，以录音磁带、录像带、电影胶片等设备存储的作为证明案件事实的音响、活动影像和图形等。《最高人民法院关于适用〈中华人民共和国民事诉讼法〉的解释》第116条规定，视听资料包括录音资料和影像资料。电子数据是指通过电子邮件、电子数据交换、网上聊天记录、博客、微博客、手机短信、电子签名、域名等形成或者存储在电子介质中的信息。存储在电子介质中的录音资料和影像资料，适用电子数据的规定。根据电子数据、视听资料的定义以及相关的法律规定可知，视频图像证据不能一概而论属于何种证据。视频图像中的模拟视频图像属于视听资料，其提取和使用应遵守视听资料的相关规定；而数字视频则属于电子数据，适用法律关于电子数据的规定。

2. 视频图像证据的收集和使用规则

（1）模拟视频图像证据的收集规则

模拟视频图像证据其法律属性为视听资料，根据《最高人民法院关于适用〈中华人民共和国刑事诉讼法〉的解释》《最高人民法院关于行政诉讼证据若干问题的规定》等规定，推导出公安机关收集模拟视频图像证据应遵守以下规则：

①收集程序

2名以上人民警察进行，并表明身份。收集、提取模拟视频图像，应当由2名以上人民警察进行。《公安机关办理行政案件程序规定》第52条第1款规定，在调查取证时，人民警察不得少于2人，并表明执法身份。《公安机关执法细则（第三版）》21—01规定，调取证据执行时，侦查人员不得少于2人。

制作笔录。制作提取过程的说明，写明制作人、持有人的身份，制作的时间、地点、条件和方法和证明对象等。复制件还应附有关

---

[1] 参见《最高人民法院 最高人民检察院 公安部关于办理刑事案件收集提取和审查判断电子数据若干问题的规定》第1条规定，2016年9月9日印发。

制作过程及原件存放处的文字说明，并由制作人和物品持有人或者物品持有单位有关人员签名。

②收集方式

首先，尽量提供资料的原始载体。记明案由、对象、内容，监控系统的安装位置、监控范围、传输方式，值机人员以及监控室的管理人员的身份，提供的时间、地点和条件以及制作方法（规格、类别、应用长度、文件格式及长度等）。若是由单位提供的还应加盖单位印章。

其次，可以提供复制件。提供原始载体确有困难的，可以提供复制件。并附有复制份数、无法调取原件的原因、复制件制作过程和原件存放地点的说明，制作人、原视听资料持有人签名或者盖章。

（2）数字视频图像证据的收集、提取和使用规则

数字视频图像其法律属性为电子数据，根据《最高人民法院关于适用〈中华人民共和国刑事诉讼法〉的解释》以及《最高人民法院 最高人民检察院 公安部关于办理刑事案件收集提取和审查判断电子数据若干问题的规定》等规定，数字视频图像证据的收集、提取和使用应当遵守以下规则。

①数字视频图像证据的收集规则

收集程序：收集、提取数字视频图像，应当由2名以上侦查人员进行。取证方法应当符合相关技术标准；制作笔录：收集、提取数字视频图像，应当制作笔录。记录案由、对象、内容、收集、提取数字视频图像的时间、地点、方法、过程，并附数字视频图像清单（注明类别、文件格式、完整性校验值等），由侦查人员、数字视频图像持有人（提供人）签名或者盖章；数字视频图像持有人（提供人）无法签名或者拒绝签名的，应当在笔录中注明，由见证人签名或者盖章。有条件的，应当对相关活动进行录像。见证人：收集、提取数字视频图像，应当根据《刑事诉讼法》的规定，由符合条件的人员担任见证人。由于客观原因无法由符合条件的人员担任见证人的，应当在笔录中注明情况，并对相关活动进行录像。针对同一现场多个计算机信息系统收集、提取数字视频图像的，可以

由 1 名见证人见证。

收集方式：第一，扣押。能够扣押数字视频图像原始存储介质的，应当扣押、封存原始存储介质，并制作笔录，记录原始存储介质的封存状态。第二，提取。无法扣押原始存储介质的，可以提取数字视频图像，但应当在笔录中注明不能扣押原始存储介质的原因、原始存储介质的存放地点或者数字视频图像的来源等情况，并计算数字视频图像的完整性校验值。无法扣押原始存储介质的情形包括：原始存储介质不便封存的；原始存储介质位于境外的等情形。第三，打印、拍照、录像。由于客观原因无法或者不宜采用前两种方式收集、提取数字视频图像的，可以采取打印、拍照或者录像等方式固定相关证据，并在笔录中说明原因。第四，冻结。经县级以上公安机关负责人批准，可以对数字视频图像进行冻结。适用冻结的情形包括：数据量大，无法或者不便提取的；提取时间长，可能造成数字视频图像被篡改或者灭失的；通过网络应用可以更为直观地展示数字视频图像等。冻结数字视频图像，应当制作协助冻结通知书，送交数字视频图像持有人、网络服务提供者或者有关部门协助办理。解除冻结的，应当在 3 日内制作协助解除冻结通知书，送交数字视频图像持有人、网络服务提供者或者有关部门协助办理。冻结的方法有计算数字视频图像的完整性校验值；锁定网络应用账号等防止增加、删除、修改数字视频图像的措施。

②数字视频图像证据使用规则

检查方式：对扣押的原始存储介质或者提取的数字视频图像，可以通过恢复、破解、统计、关联、比对等方式进行检查。必要时，可以进行侦查实验。

检查程序：数字视频图像检查，应当对数字视频图像存储介质拆封过程进行录像，并将数字视频图像存储介质通过写保护设备接入到检查设备进行检查。有条件的，应当制作数字视频图像备份，对备份进行检查；无法使用写保护设备且无法制作备份的，应当注明原因，并对相关活动进行录像。

数字视频图像检查应当制作笔录，注明检查方法、过程和结果，由有关人员签名或者盖章。

3. 视频图像证据的移送和审查规则

（1）模拟视频图像证据的审查规则

根据《最高人民法院关于适用〈中华人民共和国刑事诉讼法〉的解释》《最高人民法院关于行政诉讼证据若干问题的规定》等规定，审查模拟视频图像证据应当着重审查以下内容：是否附有提取过程的说明，来源是否合法；是否为原件，有无复制及复制份数；是复制件的，是否附有无法调取原件的原因、复制件制作过程和原件存放地点的说明，制作人、原视频图像持有人是否签名或者盖章；制作过程中是否存在威胁、引诱当事人等违反法律、有关规定的情形；是否写明制作人、持有人的身份，制作的时间、地点、条件和方法；内容和制作过程是否真实，有无剪辑、增加、删改等情形；内容与案件事实有无关联。

对模拟视频图像有疑问的，应当进行鉴定。鉴定由公安部指定的机构进行。

（2）数字视频图像证据的移送、审查规则

公安机关报请人民检察院审查批准逮捕犯罪嫌疑人，或者对侦查终结的案件移送人民检察院审查起诉的，应当将数字视频图像等证据一并移送人民检察院。根据《最高人民法院关于适用〈中华人民共和国刑事诉讼法〉的解释》《最高人民法院 最高人民检察院 公安部关于办理刑事案件收集提取和审查判断电子数据若干问题的规定》等规定，公安机关对数字视频图像证据的移送、审查应当遵守以下规则。

①数字视频图像证据的移送规则

封存状态移送。收集、提取的原始存储介质或者数字视频图像，应当以封存状态随案移送，并制作数字视频图像的备份一并移送。对网页、文档、图片等可以直接展示的数字视频图像，可以不随案移送打印件；人民法院、人民检察院因设备等条件限制无法直接展示数字视频图像的，侦查机关应当随案移送打印件，或者附展示工具和展示方法说明。

移送冻结清单。对冻结的数字视频图像,应当移送被冻结数字视频图像的清单,注明类别、文件格式、冻结主体、证据要点、相关网络应用账号,并附查看工具和方法的说明。

补充、补正。人民检察院在审查批准逮捕和审查起诉过程中发现应当移送的数字视频图像证据没有移送或者移送的数字视频图像不符合相关要求的,应当通知公安机关补充移送或者进行补正。公安机关应当自收到通知后3日内移送数字视频图像证据或者补充有关材料。

②数字视频图像证据的审查

真实性审查。对数字视频图像是否真实,应当着重审查以下内容:是否是原始存储介质;在原始存储介质无法封存、不便移动时,有无说明原因,并注明收集、提取过程及原始存储介质的存放地点或者数字视频图像的来源等情况;数字视频图像是否具有数字签名、数字证书等特殊标识;数字视频图像的收集、提取过程是否可以重现;数字视频图像如有增加、删除、修改等情形的,是否附有说明;数字视频图像的完整性是否可以保证。

完整性审查。对数字视频图像是否完整,应当根据保护数字视频图像完整性的相应方法进行验证:审查原始存储介质的扣押、封存状态;审查数字视频图像的收集、提取过程,查看录像;比对数字视频图像完整性校验值;与备份的数字视频图像进行比较;审查冻结后的访问操作日志;其他方法。

合法性审查。对收集、提取数字视频图像是否合法,应当着重审查以下内容:收集、提取数字视频图像是否由2名以上侦查人员进行,取证方法是否符合相关技术标准;收集、提取数字视频图像,是否附有笔录、清单,并经侦查人员、数字视频图像持有人(提供人)、见证人签名或者盖章;没有持有人(提供人)签名或者盖章的,是否注明原因;对数字视频图像的类别、文件格式等是否注明清楚;是否依照有关规定由符合条件的人员担任见证人,是否对相关活动进行录像;数字视频图像检查是否将数字视频图像存储介质通过写保护设备接入到检查设备;有条件的,是否制作数字视频图像备份,并对备份进行检查;无法制作备份且无法使用写保护设备的,是否附有录像。

4. 视频图像证据的补正与排除

(1) 模拟视频图像证据的排除

根据《最高人民法院关于适用〈中华人民共和国刑事诉讼法〉的解释》《最高人民法院关于行政诉讼证据若干问题的规定》的相关规定,模拟视频图像证据具有下列情形之一的,不得作为定案的根据:①经审查无法确定真伪的;②制作、取得的时间、地点、方式等有疑问,不能提供必要证明或者作出合理解释的。

(2) 数字视频图像证据的补正与排除

根据《最高人民法院关于适用〈中华人民共和国刑事诉讼法〉的解释》《最高人民法院 最高人民检察院 公安部关于办理刑事案件收集提取和审查判断电子数据若干问题的规定》的相关规定,数字视频图像证据存在瑕疵或者无法保证真实性的情形,应当予以补正或者排除。

①数字视频图像证据的补正

数字视频图像存在:未以封存状态移送的;笔录或者清单上没有侦查人员、电子数据持有人(提供人)、见证人签名或者盖章的;对电子数据的名称、类别、格式等注明不清等瑕疵的可以补正。数字视频图像证据的收集、提取程序有上述瑕疵,经补正或者作出合理解释的,可以采用;不能补正或者作出合理解释的,不得作为定案的根据。

②数字视频图像证据的排除

数字视频图像证据存在:系篡改、伪造或者无法确定真伪的;有增加、删除、修改等情形,影响数字视频图像证据真实性的,其他无法保证证据真实性的情形,该证据予以排除。

第三节 公共安全视频图像信息公开研究

本章第二节中讨论了不同主体(行政执法机关、技防系统的建设运营单位、其他单位和个人）对技防系统信息的使用权利和使用规则，其中涉及信息公开。本节将重点研究公共安全视频图像信息的公开。

一、公共安全视频图像信息公开概述

（一）相关概念

1. 公共安全视频图像信息

公共安全视频图像信息（简称"公安视频信息"），是为维护公共安全，行政机关利用视频图像采集设备，制作或获取的有关公共安全场所、区域的视频图像信息。[1]随着公共安全视频图像信息系统的广泛建设和深度应用，视频图像信息不断满足政府管理和社会服务的信息需求，但这一信息的公开也引发侵犯公民权利的风险。

公共安全视频图像信息具有以下特征：

第一，建设、使用目的是维护公共利益。获取视频图像信息是一种手段，维护公共安全是目的。视频图像信息应用于公共安全的各个领域，提高了政府的管理和服务效能，如涉及盗窃、抢劫等影响社会安全的，超速、逆行等影响交通安全的，森林火灾等影响消防安全的，环境监测等多领域，获取公共安全视频图像信息是对公共利益的维护。诸如像餐厅厨房安装视频设备是为了宣传展示自己的卫生情况，个人家中安装视频探头是为了记录自己点滴生活的行为的信息，不属于公共安全视频图像信息。

第二，采集区域为公共空间。不特定多数人可以自由进入，空间具有开放性。视频图像采集设备安装在街道、车站、广场、要害部位等公共区域，具有完全开放性。还有小区或校园内、图书馆、银行营业大厅、商场、地铁、公交车等特定区域内的公共场所，具有半开放性。而不包括私家车、家庭、宿舍等个人空间。

第三，内容具有综合性。不同于普通的政府信息公开中文字、图片等形式的公开，一段视频图像是一个数据信息的集合体。只要进入视频拍摄范围，当事人所有的行为活动会被客观全面记录。内

---

[1] 参见《公共安全视频图像信息管理条例（征求意见稿）》第2条。

容包含相貌、声音、行动等各种信息，给观看者视觉、听觉上更直接的感官刺激，具有复合性和实时性。如执法记录仪拍摄的执法人员查封扣押的执法全过程，是包含执法人员和当事人的相貌、声音和行动等一系列信息的集合体。

第四，采集设备多元化。参考国务院推行的执法全过程记录制度的指导意见中列举了多种视频图像采集设备，[1]其中以公共视频监控为主。随着科技深度融合，无人机等新型设备适应满足不同情景的需求，视频设备更加智能化。从固定视频监控设备的单一采集方式向执法记录仪、车载视频监控、无人机等设备的多元方式发展。

公安视频信息根据录制设备的不同，可以分为固定视频信息和移动视频信息。固定视频图像信息是利用安装的固定视频设备录制的视频图像信息，这类视频具有全程持续、稳定可靠、内容丰富的特点，其大多基于日常监控获取的图像信息。固定视频图像信息泄露个人隐私也是引发最多的质疑。移动视频图像信息是利用移动视频设备录制的视频图像信息。移动设备具有便捷灵活、全方位无死角、适用场景广泛、无需铺设线路的优势。主要包括单兵视频图像信息、车载视频图像信息、无人机视频图像信息和手机视频图像信息。

2. 公共安全视频图像信息与政府信息

《中华人民共和国政府信息公开条例》（以下简称《条例》）第2条规定，政府信息是指，行政机关在履行行政管理职能过程中制作或获取的，以一定形式记录、保存的信息。关于政府信息可以从以下几方面理解：

第一，履行行政管理职能的信息。信息产生的前提和基础是行政权的行使。立法机关或司法机关获取的信息不在这一范畴内。

第二，制作或获取的信息。从来源看，不仅包括行政机关依

---

[1]《国务院办公厅关于全面推行行政执法公示制度执法全过程记录制度重大执法决定法制审核制度的指导意见》（八）规范音像记录。音像记录是通过照相机、录音机、摄像机、执法记录仪、视频监控等记录设备，实时对行政执法过程进行记录的方式。

法履行职责过程中自己制作的信息，而且包括依职权从其他主体获取的信息。

第三，以一定形式记录、保存。信息必须依附于一定的载体。可以通过纸质或电子多种形式，以纸张、光盘、磁带、内存卡等载体被人们感知。与此同时，信息的状态必须是客观存在，在被申请前是政府已经制作、获取的，不需重新收集或加工。

公共安全视频图像信息与政府信息是特殊性与普遍性的关系。公共安全视频图像信息包含于政府信息之中。政府信息公开的整体状况决定着公共安全视频图像信息公开的整体情况。政府信息公开的范围也为公共安全视频图像公开的范围提供理论背景和普遍指引。需要注意的是，公安机关兼具行政性和司法性双重属性。其获取的公共安全视频图像信息包括行政执法信息和刑事执法信息。从《条例》修改来看，只明确行政执法信息属于政府信息的范畴，适用《条例》相关规定。有学者认为，将刑事执法类信息强行排除在外存在对《条例》的"误读"[1]。根据这一观点，公安视频信息属于政府信息。

（二）公安视频图像公开的重要性

1. 有助于保障公民权利。一方面，保护公民监督权、知情权以及隐私权。明确公开的信息范围也就明确了公民权利的范围，当其权利受到侵犯时才能有途径可以救济，也使得视频图像信息更好地服务群众生产生活。另一方面，实现被害预防。通过公开违法犯罪或是灾害事故高发时段、地段的视频图像信息，潜在被害人通过视频更清晰、直观地了解作案手法、发展趋势，并以此为依据安排自己的出行活动，甚至给违法犯罪或事故灾害设置障碍，降低被害可能性。

2. 有利于执法规范化建设。视频信息公开倒逼政府公正严格、理性文明的执法，实现以公开促规范、以公开推改革、以公开保公

---

[1] 参见周汉华：《误读与被误读——从公安机关刑事执法信息公开看〈政府信息公开条例〉修改》，载《北方法学》2016年第6期。

正、以公开树公信。深化服务便民和透明公开的理念，消除部分执法人员的特权思想，防止权力滥用，获得更多群众的理解与认可，提升行政主体的形象与权威。

3. 有助于实现社会共治。一方面，信息公开能有效缓解信息不对称的问题，是民主决策的前提条件。公民在了解信息的基础上畅所欲言，参政议政，真正参与到社会治理中去，推进共建共治共享新格局的构建。另一方面，引导舆论方向。政府建立舆论引导机制，严厉打击不实言论，及时回应公众关注的事件，公布视频还原事实。发挥视频信息动态直观的优势来引导群众，形成正面舆论强势。

（三）公安视频图像公开存在的主要问题

在公安视频信息中有三类信息易被申请公开：一是110接处警民警利用执法记录仪录制的现场录音录像；二是公共场所视频监控系统采集的视频图像；三是派出所询问过程的录音录像。多与房屋拆迁、群众上访等问题有关。公安视频信息存在以下主要问题。

1. 公共安全视频图像信息分类模糊

如对执法记录仪拍摄的信息，有认为属于公安机关内部管理信息的，也有认为属于办案证据，将其纳入过程性信息类型。公共视频监控录制的视频图像，有将其纳入个人隐私类视频进行不公开的处理，也有认为属于依申请公开的类型、非个人隐私类，以现场查阅的方式向申请人提供。对公共安全视频图像信息理论与实践中尚未形成统一系统的分类，这就造成行政机关在实践中对视频分类模糊不清，通过不同分类巧妙规避应当公开的类型。由于缺乏统一分类依据，给法官准确裁判增加难度。

2. 判断标准不统一

实务中对于公安视频信息，有以涉及不特定多数人的隐私为理由不公开，也有以公共监控与当事人有利害关系，通过现场查阅方式实现了公开。政府信息公开的标准比较笼统概括，对公共视频监控是否公开缺乏统一的评判标准，部分行政机关对具体个案是否公开自由裁量权过大，造成应当公开的未公开，相同情形不同处理，侵犯申请人的知情权，也与阳光政府的发展要求背道而驰。

3. 缺乏信息公开意识

《条例》明确了"以公开为常态，不公开为例外"的原则，[1]体现了政府观念从"消极被动"向"积极主动"的深层转变。实践中有些视频应当公开，但行政机关迟迟不予公布。理由也是多种多样，比如设备故障、视频不存在等。体现一些执法部门信息公开的理念有所欠缺。一方面，执法人员多在基层一线，和群众直接面对面联系，一些执法部门在视频公开时存在思想上的顾虑，面对公开申请趋利避害。以"影响执法行为"为托词将不愿公开的视频图像信息列为不公开的范围，把处于公开和不公开模糊地带的视频图像做不公开处理。另一方面，随着我国的治安防控体系逐步走向智能化、立体化，面对错综复杂的问题不能有效化解，执法设备不断更新，比如无人机执法、网络平台直播执法等创新方式，给执法人员的执法方式提出了更高的要求。

4. 相关立法不完善

全国尚未制定公共安全视频图像系统的专门立法。各地地方性法规或规章承担着调整视频图像信息公开的责任，主要通过"技术防范管理办法"和"视频图像信息系统管理办法"进行规制。立法的不完善、不明确，给类似情形不同处理埋下隐患，也意味着公民信息权益存在被减损的风险。首先，公开的信息范围不一。比如国务院出台意见[2]将"过程性信息"列为信息公开的例外情形，《国务院办公厅关于做好政府信息依申请公开工作的意见》在列举不予公开的情形时增加了"执法有关信息"，而《条例》规定都未曾提及。其次，公开的前提不同。比如公安机关和国家安全机关的其他行政管理部门调取视频资料的前置条件不同。《安徽省公共安全视

---

[1]《条例》第5条：行政机关公开政府信息，应当坚持以公开为常态、不公开为例外，遵循公正、公平、合法、便民的原则。

[2]《国务院办公厅关于做好政府信息依申请公开工作的意见》（国办发〔2010〕5号）规定行政机关在日常工作中制作或者获取的内部管理信息以及处于讨论、研究或审查中的过程性信息，一般不属于《条例》所指应公开的政府信息。

频图像信息系统管理办法》第 21 条规定为"工作需要"[1]。最后，公民紧急查看权保障不足。各地立法重点关注视频监控系统的规划建设、应用维护和管理监督的原则性、程序性规定。对公民查看视频图像的权利鲜有提及，有违权利义务一致性原则。《深圳经济特区公共安全视频图像信息系统管理条例（征求意见稿）》（以下简称《深圳管理条例》）第 27 条第 1 款明确规定，公民因人身、财产等权益遭受到重大损失，情况紧急的，经公共安全视频图像信息系统使用单位同意后，可以查看视频规定图像信息系统关联部分信息。[2]实践中，一些地方政府也出台便民措施，群众可以通过拨打110 解决，视频查看的需求。[3]而大部分地方立法对公民调取视频监控的权利尚未明确规定，导致公民的人身财产损失无法挽回。

二、公共安全视频图像信息公开标准

《条例》第 13 条规定，除本条例第 14 条、第 15 条、第 16 条规定的政府信息外，政府信息应当公开。行政机关公开政府信息，采取主动公开和依申请公开的方式。根据该规定，我们分别研究了主动公开、依申请公开和禁止公开的判断标准。

---

[1]《安徽省公共安全视频图像信息系统管理办法》第 21 条：县级以上人民政府公安机关、国家安全机关因执法工作需要，经本机关主要负责人批准，可以无偿查阅、复制或者调取公共安全视频图像信息系统采集的信息资料。其他行政管理部门因执法工作需要，经所在地设区的市或者县级人民政府公安机关主要负责人批准，可以无偿查阅、复制、调取公共安全视频图像信息系统采集的信息资料。法律、法规和其他规章另有规定的，从其规定。

[2]《深圳管理条例》第 27 条：（公民紧急查看权）公民因人身、财产等权益遭受到重大损失，情况紧急的，经公共安全视频图像信息系统使用单位同意后，可以查看公共安全视频图像信息系统关联部分信息，但不得翻拍、复制和调取。确因法定事由需要复制视频图像信息的，应当经所在地公安机关批准。公共安全视频图像信息系统使用单位应当登记查看人员身份信息、查看信息起止时间段以及查看事由。查看、复制、调取公共安全视频图像信息系统相关信息的单位和个人应当依法履行保密责任。

[3] 参见《市民求助可调取交警视频监控》，载 http://hbrb.hebnews.cn/pc/paper/c/201803/06/c55601.html，最后访问时间：2020 年 3 月 26 日。

(一) 主动公开的标准

主动公开的视频图像信息是指政府依据法律规定或自身职权，不以相对人的申请为前提，内容涉及不特定多数人切身利益，需要广大群众知悉或参与的视频材料。研究认为主动公开的判断标准包括以下几个方面：

1. 涉及公众利益。根据《条例》第19条的规定，[1]视频图像信息对不特定多数人的利益产生直接影响是主动公开的根本条件。

2. 需要普遍知悉。视频图像信息需要社会公众普遍知晓、参与、遵守是必要条件。只有将相关信息公之于众，才能要求公众参与决策或遵守规范。

3. 社会高度关切。一些事件、案件发生后，公众高度关注、网络舆情影响大。越是社会关切越要及时澄清，通过视频资料还原事件、案件发生全过程。打消群众内心的疑虑，防止谣言四起，消耗群众对政府的信任。因此，涉及社会关注度高的重大案件应当积极公开。[2]

4. 不属于不得公开范围。

(二) 依申请公开的标准

根据《条例》第27条[3]，民众有申请获取相关政府信息的权利，政府有相对应的义务。信息依申请公开与主动公开互为补充，共同构成信息公开的范围。依申请公开赋予了公开主体一定的主观"解释权"，细化依申请公开的情形，可以有效规制政府对信息公开的"自由裁量权"。信息可否依申请公开，可以从以下方面判断：

1. 申请目的合理。申请人申请公开视频信息的目的要合理正当，

---

[1]《条例》第19条：对涉及公众利益调整、需要公众广泛知晓或者需要公众参与决策的政府信息，行政机关应当主动公开。

[2]《公安机关执法公开规定》第10条：公安机关应当向社会公开涉及公共利益、社会高度关注的重大案事件调查进展和处理结果，以及打击违法犯罪活动的重大决策和行动。但公开后可能影响国家安全、公共安全、经济安全和社会稳定或者妨害正常执法活动的除外。

[3]《条例》第27条：除行政机关主动公开的政府信息外，公民、法人或者其他组织可以向地方各级人民政府、对外以自己名义履行行政管理职能的县级以上人民政府部门（含本条例第10条第2款规定的派出机构、内设机构）申请获取相关政府信息。

即与视频信息具有利害关系。可以是出于满足自己生活、生产或科研"三需要"的目的,也可以是在行政程序或诉讼活动中出于收集证据的目的,[1]不得用于商业或娱乐目的。《条例》修改后取消了"三需要"的条件限制,强化了政府的便民服务。但这并不意味着可以毫无限制地滥用申请权利,其对明显超过合理数量和频次的也进行了一定规制。[2]《深圳管理条例》第 27 条也规定了公民有紧急查看权。[3]

2. 申请信息现有、明确。参考《国务院办公厅关于做好政府信息申请公开工作的意见》第 2 条[4],申请公开的视频图像信息应当是现有的,在申请前信息已经获取、存在,政府不需要对申请内容进行搜集汇总、加工录制。同时,申请的信息要准确、具体。申请人的申请要具体,在提出申请时应明确视频图像信息的具体采集时间节点、区域范围,以便公开主体在大量的视频图像信息中快速查询相关视频。

3. 不属于不得公开的范围。根据《条例》第 37 条的规定,[5]可将视频内容分割成可以公开和不能公开两部分,政府应将不公开

---

〔1〕 参见《国务院办公厅关于做好政府信息依申请公开工作的意见》(国办发〔2010〕5 号)规定,行政机关向申请人提供的政府信息,应当是正式、准确、完整的,申请人可以在生产、生活和科研中正式使用,也可以在诉讼或行政程序中作为书证使用。

〔2〕《条例》第 42 条第 1 款:行政机关依申请提供政府信息,不收取费用。但是,申请人申请公开政府信息的数量、频次明显超过合理范围的,行政机关可以收取信息处理费。

〔3〕《深圳管理条例》第 27 条:(公民紧急查看权)公民因人身、财产等权益遭受到重大损失,情况紧急,经公共安全视频图像信息系统使用单位同意后,可以查看公共安全视频图像信息系统关联部分信息,但不得翻拍、复制和调取。确因法定事由需要复制视频图像信息的,应当经所在地公安机关批准。

〔4〕《国务院办公厅关于做好政府信息依申请公开工作的意见》(国办发〔2010〕5 号)规定:行政机关向申请人提供的政府信息,应当是现有的,一般不需要行政机关汇总、加工或重新制作(作区分处理的除外)。

〔5〕《条例》第 37 条:申请公开的信息中含有不应当公开或者不属于政府信息的内容,但是能够作区分处理的,行政机关应当向申请人提供可以公开的政府信息内容,并对不予公开的内容说明理由。

的部分信息剥离出来,并做好解释说明工作,把可以公开的部分提供给申请人。

(三) 不予公开的标准

公民权利的行使是有界限的,知情权的行使同样不得损害公共利益和他人权益。[1]不予公开的判断标准可从以下方面考虑:

1. 涉及国家秘密或危及国家安全、公共安全、经济安全与社会稳定。[2]根据《中华人民共和国保守国家秘密法》的规定,国家秘密类视频图像信息可以理解为事关国家安全和利益,依据法定程序确定,在一定期限内只限一定范围人员知悉的视频图像信息。[3]

2. 妨碍执法顺利进行或司法机关公正裁决。根据《公安机关执法公开规定》第10条规定,妨碍正常执法活动的信息为公开的例外事项。[4]域外国家在衡量是否公开时大多考虑这一因素。如侦查、情报类信息,《中华人民共和国保守国家秘密法》第13条[5]

---

[1] 参见《中华人民共和国宪法》第51条:中华人民共和国公民在行使自由和权利的时候,不得损害国家的、社会的、集体的利益和其他公民的合法的自由和权利。

[2] 《条例》第14条:依法确定为国家秘密的政府信息,法律、行政法规禁止公开的政府信息,以及公开后可能危及国家安全、公共安全、经济安全、社会稳定的政府信息,不予公开。

[3] 《中华人民共和国保守国家秘密法》第2条:国家秘密是关系国家安全和利益,依照法定程序确定,在一定时间内只限一定范围的人员知悉的事项。

[4] 《公安机关执法公开规定》第10条:公安机关应当向社会公开涉及公共利益、社会高度关注的重大案事件调查进展和处理结果,以及打击违法犯罪活动的重大决策和行动。但公开后可能影响国家安全、公共安全、经济安全和社会稳定或者妨害正常执法活动的除外。

[5] 《中华人民共和国保守国家秘密法》第13条:下列涉及国家安全和利益的事项,泄露后可能损害国家在政治、经济、国防、外交等领域的安全和利益的,应当确定为国家秘密:(一)国家事务重大决策中的秘密事项;(二)国防建设和武装力量活动中的秘密事项;(三)外交和外事活动中的秘密事项以及对外承担保密义务的秘密事项;(四)国民经济和社会发展中的秘密事项;(五)科学技术中的秘密事项;(六)维护国家安全活动和追查刑事犯罪中的秘密事项;(七)经国家保密行政管理部门确定的其他秘密事项。政党的秘密事项中符合前款规定的,属于国家秘密。

和《公安机关警务工作秘密具体范围的规定》第 3 条[1]对此类信息进行了列举。

3. 涉及商业秘密和个人隐私。《条例》第 15 条规定，涉及商业秘密、个人隐私等公开会对第三方合法权益造成损害的政府信息，行政机关不得公开。但是，第三方同意公开或者行政机关认为不公开会对公共利益造成重大影响的，予以公开。

4. 法律规定的特殊人群类信息。《中华人民共和国未成年人保护法》规定对未成年人违法犯罪信息的保护。[2]由于未成年人身心不成熟，为了避免公开视频图像信息影响其今后学习或就业，违法犯罪情况不予公开。这体现了人道主义和法律的温度。

三、典型公共安全视频图像信息公开分析

(一) 宣教服务类信息

宣教服务类信息是指具有便民利民、告诫警示、宣传教育作用的视频图像信息。宣教服务类视频图像信息属于主动公开的范围。

《公众机关执法公开规定》第 11 条规定，公安部门可向公众公开治安情况、交通状况、安防预警等信息。[3]一方面，此类信息涉及不特定多数人的权益。如政府通过公开违法犯罪或是灾害事件高发时段、地段的视频图像信息，使潜在被害人通过视频更清晰、直观地了解案件特点、作案手法、发展趋势，并以此为依据安排自己的出行活动，甚至给违法犯罪或事故灾害设置障碍，降低被害可能性。另一方面，宣教服务类信息需要群众普遍知晓。宣传教育的目

---

[1]《公安机关警务工作秘密具体范围的规定》第 3 条第 4、5、14 项：正在侦查的一般刑事案件的具体工作方案、案情、工作进展情况，将对犯罪嫌疑人采取刑事强制措施的情况；治安耳目、监所内耳目的布建、使用及档案管理情况；刑事技术的具体方法和具有国际先进水平的刑事技术器材。

[2]《中华人民共和国未成年人保护法》第 58 条：对未成年人犯罪案件，新闻报道、影视节目、公开出版物、网络等不得披露该未成年人的姓名、住所、照片、图像以及可能推断出该未成年人的资料。

[3]《公安机关执法公开规定》第 11 条：公安机关可以向社会公开辖区治安状况、道路交通安全形势、安全防范预警等信息。

的就是让更多的公众了解、掌握相关视频信息。只有把信息公之于众才能发挥视频图像的警示、教育、指引作用。宣教服务类视频图像信息应主动公开,以实现警示教育、防范预警的目的。需要注意的是,涉及个人隐私的画面需要利用技术手段进行模糊化处理。

(二) 固定与移动视频图像信息

随着"平安城市""雪亮工程"的逐步推进,固定视频设备几乎遍及城市乡村的大街小巷。每天采集的海量视频图像,是公共安全视频图像信息的主要内容。在遏制犯罪、维护治安方面发挥着重要作用。但固定点位的视频图像信息内容复杂,如果毫无顾忌地向社会全面公开、不合理地利用,也存在侵犯公民隐私的风险。应当具体情况,具体分析。根据信息内容判断属于哪一类的公开。

随着智能化发展,移动公共安全视频图像信息系统应用场景越来越广泛,执法记录仪、车载视频设备与警用无人机实现了监控的立体化、全覆盖。智能摄像头能够实现人脸识别、视频图像信息采集并上传至云端大数据平台,减轻警务人员的工作负担,提升现场办案的效率,为智慧警务发展添砖加瓦。移动视频信息的公开与固定视频信息的公开相同,要具体问题具体分析。

(三) 过程类信息

参考《条例》第16条第2款[1]的规定,过程性信息是指政府的执法案卷信息或处于调查处理、研究讨论、请示汇报、审查过程中的信息。政府过程性信息不予公开主要有以下三方面的考虑:一是披露此类信息可能影响决策者的坦率表达;二是存在不稳定因素影响政府决策的公信力;三是随着决策的作出终局性信息也就涵盖了过程性信息。[2]有学者认为,过程类信息细分为事实性和意见性信息等。[3]

---

[1]《条例》第16条第2款:行政机关在履行行政管理职能过程中形成的讨论记录、过程稿、磋商信函、请示报告等过程性信息以及行政执法案卷信息,可以不予公开。法律、法规、规章规定上述信息应当公开的,从其规定。

[2] 参见杨小军:《过程性政府信息的公开与不公开》,载《国家检察官学院学报》2012年第2期。

[3] 参见高文英、姚永贤:《法治视野下的警务公开范围研究》,载《中国人民公安大学学报(社会科学版)》2017年第4期。

前者不存在上述三方面顾虑可以公开，后者出于上述三个原因不予公开。此观点值得考虑。

（四）刑事执法类信息

《条例》将刑事执法信息从政府信息中剥离出来，依据职权性质不同进行区分对待。政府信息不能完全包含公安机关视频图像信息的外延，使得政府信息与公安机关视频图像信息外延存在交叉。为避免这一问题，有学者提出"持有即有关"的新路径，[1]只要其持有信息就属于政府信息，而不以职责不同区别对待。

本书认为，刑事执法信息公开分为两种情形，一种是可以向社会公众公开的信息，主要包括通缉犯罪嫌疑人的视频图像、打击拐卖妇女儿童的视频图像信息等；另一种是不公开的信息。如信息涉及国家秘密，以及可能妨害正常执法活动或者影响社会稳定的刑事执法信息。公安机关不得向权利人以外的公民、法人或者其他组织公开涉及商业秘密、个人隐私的执法信息。但是，经权利人同意公开，或者公安机关认为不公开可能对公共利益造成重大影响的除外。

第四节　安全技术防范系统信息安全等级评估研究

一、安全技术防范系统信息安全等级评估概述

安全技术防范系统在维护社会秩序，保护公共安全以及防治各种灾害事故中发挥了积极的、不可替代的作用。但是，技防系统信息在采集社会管理信息、违法犯罪信息的同时，也采集到大量的涉及国家安全、国家秘密、商业秘密和个人隐私的信息。这些信息如果不加以有效管理和保护，将给国家、社会、组织和个人带来巨大的损失，也甚至阻碍"智慧城市"的建设和安防行业的发展。

对技防系统信息的使用和保护应把握好度，既不能因为对信息的管理和保护而影响了信息的使用，否则费大力气，花大价钱建设的技防系统就会被浪费，系统的效能无法得到发挥，这也不是社会

---

〔1〕　参见后向东：《信息公开法基础理论》，中国法制出版社2017年版，第156页。

管理的发展趋势。也不能只顾技防系统信息的使用,忽略了对信息的管理和保护,给国家、社会、组织和个人造成损失。对技防系统信息的管理应把握好两个平衡,一是把握好对信息的管理和对信息使用的平衡;二是把握好对私权利的保护和发挥好系统信息社会效益的平衡。为了实现这两个平衡,我们提出了对技防系统信息分类有区别管理的理念,即对技防系统信息分级管理和保护。

(一)技防系统信息安全等级保护涵义

为了维护国家安全和社会公共秩序,保护公民、法人和其他组织的合法权益,促进信息化建设,1974年国务院公布了《中华人民共和国计算机信息系统安全保护条例》,该条例规定计算机信息系统实行安全等级保护,安全等级的划分标准和安全等级保护的具体办法由公安部会同有关部门制定。2003年7月,国家信息化领导小组审议通过了《国家信息化领导小组关于加强信息安全保障工作的意见》,明确指出将等级保护制度作为我国信息安全领域的一项基本制度。

关于信息安全等级保护的定义,学者们从不同的视角进行了不同的概括。有学者从信息系统对各方利益的影响方面,将信息安全等级保护定义为:安全等级保护是指根据信息系统在国家安全、经济安全、社会稳定和保护公共利益等方面的重要程度,结合信息系统面临的风险、应对风险的安全保护要求和成本开销等因素,将其划分成不同的安全保护等级,采取相应的安全保护措施,以保护信息和信息系统的安全。等级保护的核心是对信息系统分等级、按标准进行建设、管理和监督。[1]《关于信息安全等级保护工作的实施意见》则将信息安全等级保护定义为:"对国家秘密信息、法人和其他组织及公民的专有信息以及公开信息和存储、传输、处理这些信息的信息系统分等级实行安全保护,对信息系统中使用的信息安全产品实行按等级管理,对信息系统中发生的信息安全事件分等级

---

[1] 参见侯丽波:《信息系统安全等级保护》,群众出版社2012年版,第32页。

响应、处置。"[1]该意见还明确指出："信息安全等级保护制度是国家在国民经济和社会信息化的发展过程中，提高信息安全保障能力和水平，维护国家安全、社会稳定和公共利益，保障和促进信息化建设健康发展的一项基本制度。"

根据《关于信息安全等级保护工作的实施意见》中关于信息安全等级保护的定义及学者们关于信息安全等级保护的研究成果，结合技防系统信息的具体特点，技防系统信息安全等级保护是指，对安全技术防范系统信息及信息载体分等级实行安全保护，对发生的信息安全事件分等级响应、处置的工作。技防系统信息安全等级保护的关键是对技防系统信息和信息载体分级别进行保护，而对技防系统信息分级别保护的前提和基础是对技防系统信息的等级评定。

（二）技防系统信息安全等级保护的意义

早期信息安全保护注重从技术层面上保障数据信息的安全。随着信息技术与社会各领域网络应用的普及，信息安全管理问题日益凸显。由此，开始了从技术和管理两个层面对信息和信息系统安全进行保护。技防系统信息安全等级保护的意义：

1. 有利于技防系统信息的保护与管理。通过对技防系统信息分类且有区别的管理，针对不同的信息采取不同的储存、处理、传输和使用规则，保证系统信息的完整性、可用性和保密性，在需要的时候保证有信息可用。

2. 有利于安全风险控制与信息保护成本间的平衡。对技防系统信息进行等级保护，根据系统信息内容的不同，遭失范行为侵害后对社会的影响不同，采取不同的保护方法，优化信息安全资源的配置，降低技防系统信息安全保护的成本。

3. 有利于为技防系统信息安全管理提供系统、明确、可行的指导和服务。本课题将研究技防系统信息的分级标准，并针对不同等级的信息提出不同的管理要求，研究成果将有效解决技防系统信息管理无法可依的现状，为技防系统信息管理提供指导和服务。

---

[1] 参见侯丽波：《信息系统安全等级保护》，群众出版社，第32页。

(三) 信息安全等级保护的研究现状

1. 国内信息安全等级保护研究现状

（1）相关法律、规范和技术规范

1994年2月18日，《中华人民共和国计算机信息系统安全保护条例》发布，这是我国首部关于信息安全保护的法规。其第9条规定，计算机信息系统实行安全等级保护。安全等级的划分标准和安全等级保护的具体办法，由公安部会同有关部门制定。在法律上确定了计算机系统实行安全等级保护的方针。2003年，中共中央办公厅、国务院办公厅转发《国家信息化领导小组关于加强信息安全保障工作的意见》，提出实行信息安全等级保护，建立国家信息安全保障体系。明确指出重点保护基础信息网络和关系国家安全、经济命脉、社会稳定等方面的重要信息系统，抓紧建立信息安全等级保护制度，制定信息安全等级保护的管理办法和技术指南。上述法律和政策标志着信息安全等级保护原则的确立。

关于计算机系统定级和等级保护，2004年9月15日，公安部、国家保密局、国家密码管理局、国务院信息化工作办公室（已撤销）联合印发《关于信息安全等级保护工作的实施意见》。该意见提出信息和信息系统的安全保护等级共分五级，并具体规定了第一级自主保护级、第二级指导保护级、第三级监督保护级、第四级强制保护级、第五级专控保护级的具体内容。同时，该实施意见还规定了开展信息安全等级保护工作的重要意义、信息安全等级保护制度遵循的基本原则、信息安全等级保护工作职责分工以及信息安全等级保护工作实施计划等。2007年公布的《信息安全等级保护管理办法》，具体规定了信息安全等级保护工作的主管机关、等级保护工作的具体实施，还规定了涉及国家秘密信息系统的分级保护管理、信息安全等级保护的密码管理及相关的法律责任，使信息安全等级保护工作步骤更加清晰，职责更加明确。

除了上述综合性的管理规定外，相关部门还制定了针对专项工作的管理规范和技术规范。2007年公布的《公安部、国家保密局、国家密码管理局、国务院信息化工作办公室关于开展全国重要信息系统安全等级保护定级工作的通知》明确规定了信息系统安全等级保护定级工作的主要内容和具体步骤；《信息安全技术 信息系统安全等级保护定级指南》（GB/T 22240-2008）规定了信息系统安全保护等级种类，定级要素和等级的确定程序；《计算机信息系统安全保护等级划分准则》（GB 17859-1999）则从技术层面详细规定了信息系统安全保护等级的划分准则等。《信息安全技术 信息系统安全等级保护基本要求》（GB/T 22239-2008）针对每一保护级别分别提出技术要求和管理要求；此外，《信息安全等级保护备案实施细则》（公信安〔2007〕1360号），该实施细则主要适用于非涉及国家秘密的第二级以上信息系统的备案、《关于开展信息安全等级保护安全建设整改工作的指导意见》《关于推动信息安全等级保护测评体系建设和开展等级测评工作的通知》《公安机关信息安全等级保护检查工作规范》等分别针对信息等级保护的备案、系统整改建设、等级测评、等级保护的检查等专门工作进行了规定。

《图像信息采集、接入、使用管理要求》（GA/T 792.1-2008）是城市监控报警联网系统—管理标准的第1部分，该标准把公安图像信息分为三级，具体分级方法见表6-1：

表6-1

级别	图像信息内容
一级	城市的"案件多发区、商业金融集中区、人员密集区和治安卡口、城市的出入口、重点交通道路口"等核心监控区域的图像信息
二级	区、县（市）的重要监控区域的图像信息
三级	街道、乡镇的重点监控区域的图像信息

该标准中关于公安图像信息的分级方法，经研究本书决定不予采纳。主要考虑：一是该分级标准不科学。分级标准互相交叉，例如每个区、县的区域内都有案件多发区、人口密集区，那么该地区采集的信息是属于一级还是二级？再比如某县下辖的乡镇，那么该

县下辖的乡镇重点监控区域的图像信息是二级还是三级？二是与现行的信息系统安全保护等级的命名正好相反。在信息系统的等级保护中一级为最低级，五级为最高级。而该标准分级，一级为最高，三级为最低。三是分级要素不统一（也是最重要的），完全是没有关系的两个标准，无法实现工作上的衔接。而实际工作中信息最后是需要在信息系统中存储、处理的。

（2）信息安全等级保护的理论研究现状

国内信息安全等级保护的理论研究比较少。张耀疆研究了BS7799的产生与发展、现状、相关的国际标准、BS7799认证审核程序等方面；张宏和韩硕祥研究了《信息安全管理体系》标准的背景、结构与组成，综述了国内发展状况，并论述了信息安全规范化的必要性，以及在我国各行业的应用实施前景；[1]吉增瑞和景乾元主要研究了安全等级保护标准体系的结构和组成，并以建设安全的计算机系统为例说明了对标准体系的应用；[2]赵战生研究了国际标准化组织信息安全管理体系标准的动态，美国NIST制定的风险管理框架以及我国信息安全管理标准的情况。[3]在标准对比研究方面，李天目对CC、COBIT、BS7799、ITIL等国际标准进行了对比研究并做出综合应用分析。[4]

2. 域外信息安全等级保护概况

（1）美国的信息安全等级保护

美国，作为一直走在信息安全研究前列的国家，近几年来在计算机信息系统安全方面，突出体现了系统分类分级实施保护的思路，对国家重要的信息系统实现了安全分级，采用不同的管理模式，并

---

〔1〕 参见张宏、韩硕祥：《浅谈ISO17799〈信息安全管理体系〉标准的产生与应用》，载《信息技术与标准化》2002年第6期。

〔2〕 参见古增瑞、景乾元：《计算机信息系统安全等级保护标准体系及其应用》，载《网络安全技术与应用》2003年第10期。

〔3〕 参见赵战生：《完善信息安全管理标准 落实信息安全等级保护制度》，载《信息网络安全》2008年第1期。

〔4〕 参见李天目：《信息安全管理标准及综合应用》，载《现代管理科学》2006年第6期。

形成了体系化的标准和指南性文件。

从目前的资料上看,美国的计算机系统的分级存在多样性,但基本的思路是一致的。划分信息系统安全等级的因素主要包括:资产(包括有形资产和无形资产,使用资产等级作为判断系统等级重要因素的文件如 FIPS 199,DITSCAP,NIST800-37 等);威胁;破坏后对国家、社会公共利益、单位或个人的影响(使用影响等级作为判断系统等级重要因素的文件如 FIPS 199 等);单位业务对信息系统的依赖程度(如美国国防部发布《国防部 IT 安全认证认可规程》(DITSCAP),该规程在 2000 年由国家安全委员会发布为《国家信息保障认证和认可规程》(NIACAP)。根据对上述因素的不同合成方式,分别可以确定:系统强健度等级(由信息影响与威胁等级决定)、系统认证级(DITSCAP)(由接口模式、处理模式、业务依赖、三性、不可否认性等七个方面取权值)、系统影响等级(FIPS199)(根据信息三性的影响)、安全认证级(NIST 800-37)(根据系统暴露程度与保密等级确定)。

美国联邦政府机构的信息系统及国防部信息系统所参照的分级标准不尽相同。所有联邦政府机构按照美国国家标准与技术研究所(NIST)有关标准和指南的分级方法和技术指标;而国防部考虑到本身信息系统及所处理信息的特殊性,则是采用 DOD8500.2 的技术方法进行系统分级。下面重点介绍美国联邦政府和国防部的有关标准和指南性文件。

美国联邦信息处理标准(FIPS)是 NIST 制定的一类安全出版物,多为强制性标准。FIPS 199《联邦信息和信息系统安全分类标准》(2003 年 12 月最终版)规定,确定系统级别的落脚点在于系统中所处理、传输、存储的所有信息类型的重要性。具体以信息和信息系统的三类安全目标(保密性、完整性和可用性)来表现,即丧失了保密性、完整性或可用性,对机构运行、机构资产和个人产生的影响。FIPS 199 定义了三种影响级:低、中、高。FIPS 199 按照"确定信息类型——确定信息的安全类别——确定系统的安全类别"三个步骤进行系统最终的定级。首先,确定系统内的所有信息类型。

FIPS 199指出，一个信息系统内可能包含不止一种类型的信息（如隐私信息、合同敏感信息、专属信息、系统安全信息等）；其次，根据三类安全目标，确定不同信息类型的潜在影响级别（低、中、高）。最后，整合系统内所有信息类型的潜在影响级，按照"取高"原则，即选择较高影响级别作为系统的影响级（低、中、高）。

为配合FIPS 199的实施，NIST分别于2004年6月推出了SP 800-60第一、二部分，《将信息和信息系统映射到安全类别的指南》及其附件。其中详细地介绍了联邦信息系统中可能运行的所有信息类型；并针对每一种信息类型，介绍了如何去选择其影响级别，并给出了推荐采用的级别。这样，系统在确定等级的第一步——确认信息类型，并确定其影响级别时，有了很好的参考意见。

与联邦政府有所不同，美国国防部对信息系统的分级，主要把信息系统的信息分类为业务保障类和保密类，分别对这两类信息进行了分级的要求，该分级要求发布在2003年2月的《信息保障实施指导书》（DOD 8500.2）中。DOD 8500.2也采用了三性：完整性、可用性和保密性对国防部的信息系统进行级别划分，分别分为三个等级。保密类级别根据系统处理信息的保密类型：机密类、敏感类和公开类来确定级别（高、中、基本）。需要特别提出的是，考虑到完整性和可用性在很多时候是相互联系的，无法完全分出，故在8500.2中将二者合为一体，提出一个新概念"业务保障类"。同时考虑到国防部信息系统所处理的信息的特殊性，故其分级依据为系统对业务保障类的要求及所处理信息的保密程度，分别分为三个等级。业务保障级别和保密级别是相互独立的，也就是说业务保障类I可以处理公共信息，而业务保障类III可以处理机密信息。不同级别的业务保障类和保密类相互组合，形成九种组合，体现不同系统的等级要求。

无论是联邦政府还是国防部，在考虑系统分级因素的时候，都给予了信息系统所处理、传输和存储的信息以很大的权重。NIST的系统影响级是完全建立在信息影响级基础之上的；而国防部考虑到其所处理的信息的密级，故将信息的保密性单独作为一项指标。

(2) 欧洲典型信息安全等级保护

英国标准管理部门（BSI）推出的 BS 7799 是大家熟悉的风险管理标准。该标准分为"BS7799-1：1999 信息安全管理实施细则"和"BS7799-2：2002 信息安全管理体系规范"两部分，是全球提出最早、影响面最广、接受程度最高的标准，目前已成为国际标准。英国不仅提出了 BS 7799 标准，而且还开发了相应的工具或软件：英国 CCTA 遵循 BS7799 开发了 CRAMM 风险评估工具；英国 C&A 系统安全公司推出了 COBRA（Consultative, Objective and Bi-functional Risk Analysis）工具，由一系列风险分析、咨询和安全评价工具组成。无论从理论上还是从实践上看，BS7799 的影响都是世界性的。[1]

《德国联邦 IT 基线防护手册》（ITBPM）以德国人的严谨、周密而著称。1991 年，德国建立了信息安全局（BSI），主要负责政府部门的信息安全风险管理和评估工作。1997 年，德国颁布《信息和通信服务规范法》。这些年来，他们在风险评估方法上不断紧随 BS 7799。[2]

1991 年，西欧四国（英国、法国、德国、荷兰）联合提出了信息技术安全评估准则（Information Technology Security Evaluation Criteria, ITSEC）[3]，又称欧洲白皮书。ITSEC 首次提出了信息安全的机密性、完整性和可用性的概念，把可信计算机的概念提高到可信信息技术的高度上来认识。ITSEC 吸收了 TCSEC 的成功经验，定义了从 E0 级（不满足要求）到 E6 级（形式化验证）的 7 个安全等级和从 F1 到 F10 的 10 种安全功能需求。

1996 年，六国七方（英国、加拿大、法国、德国、荷兰、美国

---

[1] 参见 http://www.ciotimes.com/itgov/fxgl/risk200806201012.html，最后访问日期：2014 年 11 月 28 日。

[2] 参见 http://www.ciotimes.com/itgov/fxgl/risk200806201012.html，最后访问日期：2014 年 11 月 28 日。

[3] See Office for Official Publications of the European Communities: Information Technology Security Evaluation Criteria (ITSEC), Office for Official Publications of the European Communities, 1991.

国家安全局和美国国家标准与技术研究所）联合公布了信息技术安全通用评估准则（The Common Criteria for Information Technology security Evaluation，CC）[1]，综合了已有的信息安全评估准则和标准，形成了一个更加全面的框架。1998 年，六国七方公布了 CC 2.0 版。1999 年 12 月，ISO 接受 CC 为国际标准 ISO/IEC 15408，并正式颁布发行。CC 的评估保证级别分为从 EAL1 到 EAL7 共 7 个等级。

2001 年至 2003 年，欧盟投资，四个欧洲国家（德国、希腊、英国、挪威）的 11 个机构历时 3 年时间，完成了安全关键系统的风险分析平台项目 CORAS。

（3）亚洲典型信息安全等级保护

亚洲各国多为信息化领域的发展中国家，它们大多采取抢抓信息化发展机遇，把发展放在首位的战略，风险管理工作均是为了更好地发展。日本在风险管理方面就综合美国和英国的做法，建立了安全管理系统评估制度（ISMS），作为日本标准（JIS），启用了 ISO/IEC17799-1（BS 7799）指导政府和民间的风险管理实践。韩国主要参照美国的政策和方法，通过成立专门的信息安全局，强力推进风险管理的实践。新加坡主要参照英国的做法，在信息安全风险评估方面依据 BS 7799，并向亚洲邻国输出其信息安全风险管理的专门知识和服务。[2]

表 6-2　国际主流等级保护标准

提出方	名称	时间	基本内容
美国	TCSEC	1985	从四大类中的七个安全级别依据访问控制、审计等进行划分

---

[1] Common Criteria Editorial Board, The Common Criteria for Information Technology Security.

[2] 参见 http://www.ciotimes.com/itgov/fxgl/risk200806201012.html，最后访问时间：2014 年 11 月 28 日。

续表

提出方	名称	时间	基本内容
欧洲	ITSEC	1991	提出机密性、完整性和可用性保护目标提高到可信信息技术
欧美	CC	1996	欧美通用标准，分为安全功能和安全保证
ISO	15408	1999	源于CC，一套能满足各种需求的IT安全准则

表6-3　GB17859与国际标准的比较

CC	TCSEC	ITSEC	GB17859
通用标准	美国	欧洲	中国
EAL1	D	E0	——
EAL2	C1	E1	第一级：用户自主保护级
EAL3	C2	E2	第二级：系统审计保护级
EAL4	B1	E3	第三级：安全标记保护级
EAL5	B2	E4	第四级：结构化保护级
EAL6	B3	E5	第五级：访问验证保护级
EAL7	A1	E6	——

二、安全技术防范系统信息安全评估等级

根据我国现行法律、规范性文件和技术规范中的相关规定，借鉴国内外信息安全等级保护的研究成果，本书对技防系统信息从安全的视角进行了等级评估研究。

（一）安全技术防范系统信息安全等级评估的原则

1. 合法原则

技防系统信息安全的等级划分应遵循合法原则，这里的"法"应做广义的理解，即法律、规范的总称。既包括具有法律效力的规范性文件，也包括不具有法律效力的其他规范性文件，还包括相关部门制定的技术规范。

我国现行的信息安全等级保护主要针对计算机系统，等级划分的主要依据有：《信息安全等级保护管理办法》《公安部、国家保密局、国家密码管理局、国务院信息化工作办公室关于开展全国重要信息系统安全等级保护定级工作的通知》《信息安全技术 信息系统安全保护等级定级指南》《计算机信息系统安全保护等级划分准则》等。

与信息系统等级保护不同，本研究等级保护的对象是技防系统的信息。但是考虑到技防系统信息的储存、处理、使用离不开计算机系统，为了与现行信息安全等级保护工作相衔接，我们在对技防系统信息的等级划分中充分考虑了现有的等级划分标准，在此基础上结合技防系统所采集信息的特点归纳提炼出技防系统信息安全等级和等级划分标准。

2. 合理原则

技防系统采集的信息多种多样，有些信息可以或应当公开，有些信息由于涉及国家秘密、商业秘密或个人隐私，不能任意公开。技防系统信息安全等级划分的目的就是针对不同安全等级的信息采取不同的保护方法，不同的保护手段。这就涉及使用与保护，管理与成本之间的平衡问题。我们在技防系统信息安全的等级划分中遵循比例原则，尽量做到合理定级，保护范围既不能过大，限制信息的使用，提高保护成本，也不能过小，致使公民、单位、社会以及国家利益受到损害。力争实现技防系统信息使用与保护的平衡，取得管理与成本的平衡。既确保国家、社会和公民的秘密安全，又便于信息资源的合理利用。

3. 自主定级原则

在技防管理中，我们一般遵循的是"谁使用谁建设，谁建设谁管理"原则。在信息系统等级保护工作中，信息系统运营使用单位和主管部门按照"谁主管谁负责，谁运营谁负责"的原则开展工作。《关于信息安全等级保护工作的实施意见》的信息安全等级保护制度的原则中规定，依照标准，自行保护。国家运用强制性的规范及标准，要求信息和信息系统按照相应的建设和管理要求，自行定级、自行保护。因此，在技防系统信息安全等级保护中课题组确定了自主定级的原则，即由技防系统的运行使用单位自主根据信息的重要程度和遭到失范行为后的危害程度，确定技防系统信息的安全等级，并根据技防系统信息安全等级进行相应的保护，公安机关等主管机关对技防系统信息等级保护工作进行监督、检查、指导。

4. 易操作原则

本研究是理论研究，更是为日后技防系统信息管理提供标准和依据。所以在研究中一直坚持务实、可操作性的原则。具体表现：在技防系统信息安全的等级划分中表现为减少等级的种类，避免因等级太多致使操作难度加大，而且面对每日大量的监控录音录像等技防信息，如果等级种类太多，易造成分类太细，工作量太大；等级划分标准明确、具体，从而对技防系统信息的分级管理具有可操作性。

5. 责任原则

责任原则要求明确主管机关在技防系统信息管理中的责任，明确技防系统使用单位及其管理人员、负责人在技防系统信息保护中的责任，明确违反技防系统信息管理规定应承担的法律责任，完善相应的奖惩制度。

（二）安全技术防范系统信息安全评估等级

《关于信息安全等级保护工作的实施意见》要求，根据信息和信息系统在国家安全、经济建设、社会生活中的重要程度；遭到破坏后对国家安全、社会秩序、公共利益以及公民、法人和其他组织的合法权益的危害程度；针对信息的保密性、完整性和可用性要求及信息系统必须要达到的基本的安全保护水平等因素，信息和信息系统的安全保护等级共分五级。[1]

根据我国法律、规范关于信息安全等级保护的规定，借鉴信息系统等级划分和国外信息分级的做法，结合技防系统的具体情况，按照研究确定的合法、易操作等技防系统信息分级原则，根据技防

---

[1]《关于信息安全等级保护工作的实施意见》，2004年9月15日。

系统信息的内容，信息遭到破坏后对国家安全、社会秩序、公共利益以及公民、法人和其他组织的合法权益的危害程度，结合对信息的保密性、完整性和可用性要求，我们把技防系统信息分为三级：保密级、敏感级、基本级。

表6-4 技防系统信息安全等级与信息系统等级保护的对应关系

对应信息系统等级	技防系统信息安全等级	对应信息系统保护等级	对应涉密信息系统分级保护
	普通级 不当使用后将影响基本业务的开展； 可以依申请公开或主动公开。		
第一级	敏感级 关系公共安全、社会秩序、公共利益的信息； 关系个人隐私、商业秘密，其他公民、法人、其他组织的合法权益的信息； 关系违法、犯罪的信息； 公安机关确定的重要地点、重点人员、重要时间、重大事件的敏感信息。	用户自主保护级	
第二级		系统审计保护级（指导保护）	
第三级	保密级 国家秘密的信息； 信息丢失、篡改、破坏、泄露后会对国家安全造成损害的信息。	安全标记保护级（监督保护）	秘密级
第四级		结构化保护级（强制保护）	机密级
第五级		访问验证保护级（专控保护）	绝密级

保密级是指，技防系统信息内容涉及国家安全、国家秘密，或者遭丢失、篡改、破坏、不当使用等失范行为后会对国家安全造成损害的信息。

敏感级是指，技防系统信息涉及公共安全、社会秩序和公民、法人、其他组织的合法权益，或者信息遭丢失、篡改、破坏、不当使用等失范行为后将对公共安全、社会秩序、公共利益以及公民、法人、其他组织的合法权益造成损害的信息。

普通级是指，信息遭丢失、篡改、破坏、不当使用等失范行为后将影响基本业务的开展，但不涉及国家秘密、商业秘密、个人隐私，保密级、敏感级以外的信息。对普通级信息的保护着重保证完整性、可用性、真实性，该类信息可以依申请公开或主动公开。

从表6-4（与现行信息系统保护等级的对应关系）看，技防系统信息的安全等级增加了普通级这一档次。主要考虑一是与世界的通行做法相一致，以便日后与世界接轨；二是技防系统信息管理的实际需要。技防系统每天都会采集大量的不涉及任何国家安全、国家秘密、商业秘密和个人隐私的信息，如人员活动、车辆流动等信息，公开并不会对社会利益造成损害，有些信息根据规定还需要主动或依申请公开。针对这样的信息我们只需保证它的完整性、可用性、真实性即可，不必使用保密技术和手段，以免造成资源上的浪费。

三、安全技术防范系统信息安全等级评定指标体系

根据《关于信息安全等级保护工作的实施意见》的要求，信息和信息系统的分级主要根据信息和信息系统在国家安全、经济建设、社会生活中的重要程度和遭到破坏后对国家安全、社会秩序、公共利益以及公民、法人和其他组织的合法权益的危害程度。结合技防系统信息的具体特点，我们认为技防系统信息安全保护等级由三个要素决定：技防系统信息的内容、系统信息遭失范行为后所侵害的社会关系（受侵害客体）以及客体受侵害的程度。这里的失范行为特指针对技防系统信息实施的犯罪行为、违法行为以及其他不当行为。

（一）安全技术防范系统信息安全定级指标——受侵害的客体

结合技防系统信息的特点，技防系统信息的内容涉及的社会关系以及信息遭丢失、篡改、破坏、不当使用等失范行为后可能侵害

的社会关系，受侵害的客体主要包括国家安全、国家秘密，公共安全、社会秩序、公民、法人和其他组织的合法权益及其他社会关系。

1. 国家安全、国家秘密

（1）国家安全及侵犯国家安全行为的界定

① 国家安全的界定

关于国家安全的定义，学者们从不同的视角进行了不同的阐述。高铭暄教授在《刑法学》中将国家安全界定为："我国主权、领土完整与安全以及人民民主专政政权和社会主义制度的安全。"[1]该定义主要从国家政治制度的角度进行，表现出国家安全的政治性特征。李文燕教授认为，所谓国家安全，实质上是国家独立、国家领土完整和安全、国家团结统一、国家政权制度稳固，以及国家其他基本利益安全的总和，即国家赖以生存、运行和发展的政治基础和物质基础。[2]《中国国家安全法学》将国家安全界定为国家生存和发展的利益不受侵犯和威胁。[3]结合技防系统采集信息的特点，我们认为技防系统采集的涉及国家主权、国家领土完整和安全、民族团结、国家统一、政权稳固以及其他涉及国家基本利益的信息为国家安全信息。

② 侵害国家安全的行为

根据《中华人民共和国保守国家秘密法》（以下简称《保守国家秘密法》）第13条规定，涉及国家安全和利益的事项包括：国家事务重大决策中的秘密事项；国防建设和武装力量活动中的秘密事项；外交和外事活动中的秘密事项等。

旧版《中华人民共和国国家安全法》第4条第2款规定，侵害国家安全的行为是指境外机构、组织、个人实施或者指使、资助他人实施的，或者境内组织、个人与境外机构、组织、个人相互勾结实施的下列危害中华人民共和国国家安全的行为：（1）阴谋颠覆政

---

[1] 高铭暄、马克昌主编：《刑法学》，北京大学出版社2022年版，第322页。

[2] 参见李文燕、杨忠民主编：《刑法学》，中国人民公安大学出版社2011年版，第254页。

[3] 参见李竹主编：《中国国家安全法学》，人民出版社2006年版，第2页。

府、分裂国家，推翻社会主义制度；（2）参加间谍组织或者接受间谍组织及其代理人任务的；（3）窃取、刺探、收买、非法提供国家秘密的；（4）策动、勾引、收买国家工作人员叛变的；（5）进行危害国家安全的其他活动的。

技防系统信息侵害国家安全主要有两种情形，即技防系统信息被不当使用和被非法窃取利用。不当使用是指技防系统信息的使用者由于无知或者疏忽大意造成的涉及国家安全的信息资料泄露，对国家安全造成侵害和威胁的行为。非法窃取利用是指违反法律规定，采用非法手段，窃取、刺探、收买、利用视频监控等技防信息，损害国家利益的行为。

(2) 国家秘密的界定以及公安工作中的国家秘密
①国家秘密的定义
《保守国家秘密法》第 2 条规定，国家秘密是关系国家安全和利益，依照法定程序确定，在一定时间内只限一定范围的人员知悉的事项。根据《保守国家秘密法》的规定，国家秘密必须具备三个要素：

一是关系国家安全和利益。所谓关系国家安全和利益的事项是指泄漏后会造成下列后果：危害国家政权的巩固和防御能力；影响国家统一、民族团结和社会安定；损害国家在对外活动中的政治、经济利益；影响国家领导人、外国的安全；妨害国家重要的安全保卫工作；使保护国家秘密的措施可靠性降低或者失效；削弱国家的经济、科技实力；使国家机关依法行使职权失去保障。

二是依照法定程序确定。只有依据法定程序确定的国家秘密，才具有法律地位，受到法律保护。

三是在一定时间内只限一定范围内的人员知悉。国家秘密应当限制在一定的时间和空间范围内，而且限制在一个可控的范围内。

根据《保守国家秘密法》第 13 条的规定，国家秘密包括：国家事务重大决策中的秘密事项；国防建设和武装力量活动中的秘密事项；外交和外事活动中的秘密事项以及对外承担保密义务的秘密事项；国民经济和社会发展中的秘密事项；科学技术中的秘密事项；

维护国家安全活动和追查刑事犯罪中的秘密事项；经国家保密行政管理部门确定的其他秘密事项。政党的秘密事项中符合前款规定的，属于国家秘密。《国家秘密定密管理暂行规定》第19条进一步规定，下列事项不得确定为国家秘密：需要社会公众广泛知晓或者参与的；属于工作秘密、商业秘密、个人隐私的；已经依法公开或者无法控制知悉范围的；法律、法规或者国家有关规定要求公开的。

国家秘密的密级分为绝密、机密、秘密三级。绝密级国家秘密是最重要的国家秘密，泄露会使国家安全和利益遭受特别严重的损害；机密级国家秘密是重要的国家秘密，泄露会使国家安全和利益遭受严重的损害；秘密级国家秘密是一般的国家秘密，泄露会使国家安全和利益遭受损害。

国家秘密及其密级的具体范围，由国家保密行政管理部门分别会同外交、公安、国家安全和其他中央有关机关规定，在有关范围内公布，并根据情况变化及时调整。

②公安工作中国家秘密及其密级具体范围规定

根据《公安工作中国家秘密及其密级具体范围的规定》，确定公安工作中国家秘密及其密级的具体范围。技防系统信息涉及上述国家秘密内容的，定密由享有定密权的机关、单位或被授权的机关、单位依照法定程序进行，并作出书面记录，注明承办人、定密责任人和定密依据。国家秘密的知悉范围，应当根据工作需要限定在最小范围。国家秘密的知悉范围以外的人员，因工作需要知悉国家秘密的，应当经过机关、单位负责人批准。

③侵害国家秘密的情形

技防系统信息遭丢失、篡改、破坏、不当使用等失范行为后，侵害国家秘密的情形主要有：非法使用技防系统采集国家秘密信息；将涉密信息接入互联网及其他公共信息网络；非法复制、记录、存储、使用国家秘密；在互联网及其他公共信息网络或者未采取保密措施的有线和无线通信中传递国家秘密等。

2. 社会秩序、公共安全

(1) 社会秩序的界定

所谓社会秩序是动态有序平衡的一种社会状态,需要人们在社会活动中遵守一定的规则实现。社会有序状态或动态平衡主要表现为三个方面:一是一定社会结构的相对稳定。二是各种社会规范得以正常施行和维护。三是把无序和冲突控制在一定的范围之内。一个社会不可能没有冲突、无序的现象,但把它们控制在一定的范围内,也是一种社会秩序。

扰乱社会秩序的行为主要表现为:扰乱国家机关与人民团体的工作秩序,致使工作等不能正常进行,造成损失的行为;企业单位的生产与营业秩序,致使生产、营业等不能正常进行,造成损失的行为;事业单位的教学与科研秩序,致使教学、科研等不能正常进行,造成损失的行为;破坏车站、码头、民用航空站、商场、公园等公共场所秩序,影响公共场所的正常使用,造成损失的行为。技防系统信息若涉及上述内容则为涉及社会秩序的信息。

(2) 公共安全的界定

公共安全是指多数人的生命、健康和公私财产的安全。公共安全包括:信息安全,社会治安,食品安全,公共卫生安全,公众出行安全,建筑安全,城市生命线安全等。破坏公共安全的行为是指故意或过失危害不特定多数人生命健康和重大公私财产安全的行为。

技防系统采集的涉及或者破坏公共安全的信息主要包括:

①社会安全(治安)事件:危害公共安全的危险方法(动态),破坏交通运输、公共设备的行为,正在实施的恐怖活动,涉及枪支、弹药、爆炸物、核材料等危险物质的出现、遗失,重大事故的发生过程等。

②事故灾难:主要包括工矿商贸等企业的各类安全事故,交通运输事故,公共设施和设备事故,环境污染和生态破坏事件等。

③自然灾害:给人类生存带来危害或损害人类生活环境的自然现象,包括干旱、洪涝、台风、冰雹、暴雪、沙尘暴等气象灾害,火山、地震灾害,山体崩塌、滑坡、泥石流等地质灾害,风暴潮、

海啸等海洋灾害,森林草原火灾和重大生物灾害等。这需要发生自然灾害的地点处有技防系统。

④公共卫生事件:是指已经发生或者可能发生的、对公众健康造成或者可能造成重大损失的事件。主要包括传染病疫情、群体性不明原因疾病、食品安全和职业危害、动物疫情,以及其他严重影响公众健康和生命安全的事件。

⑤其他可能威胁公共安全的事件。

3. 公民、法人、其他组织的合法权益

侵害公民、法人和其他组织的合法权益的行为主要包括侵害公民隐私权的行为,侵害法人和其他组织商业秘密的行为,以及侵害公民、法人、其他组织其他合法权益的行为。

(1) 侵犯公民隐私权

①隐私权的界定

《最高人民法院关于贯彻执行〈中华人民共和国民法通则〉若干问题的意见(试行)》(现已失效)第140条第1款规定,以书面、口头等形式宣扬他人的隐私,或者捏造事实公然丑化他人人格,以及用侮辱、诽谤等方式损害他人名誉,造成一定影响的,应当认定为侵害公民名誉权的行为。这是我国立法中第一次提到隐私。《中华人民共和国民法典》第110条第1款规定,自然人享有生命权、身体权、健康权、姓名权、肖像权、名誉权、荣誉权、隐私权、婚姻自主权等权利。另外,在《中华人民共和国宪法》《中华人民共和国民法通则》《中华人民共和国刑法》《最高人民法院关于审理名誉权案件若干问题的解答》《中华人民共和国未成年人保护法》等法律规范中也有关于隐私权保护的相关规定,但遗憾的是在我国现行实体法中并没有关于隐私、隐私权的具体界定。

《世界人权宣言》第12条规定:"任何人的私生活、家庭、住宅和通信不得任意干涉,他的荣誉和名誉不得加以攻击。人人有权享受法律保护,以免受这种干涉或攻击。"1966年联合国大会通过的《公民权利和政治权利国际公约》第17条第1款规定:"刑事审判应该公开进行,但为了保护个人隐私,可以不公开审判。"

理论界从100多年前就开始研究隐私权。[1]布兰蒂斯和沃伦认为，隐私权是一种独处的权力。英国《牛津法律大辞典》把隐私权定义为，是不受他人干扰的权利，至于人的私生活不受侵犯或不得将人的私生活非法公开的权利要求。我国关于隐私权的研究时间不长，但成果不少，如王利明在其主编的《人格权法新论》中认为，隐私权是自然人享有的对其个人的与公共利益无关的个人信息、私人活动和私有领域进行支配的一种人格权。张新宝在《隐私权的法律保护》中认为，隐私权是指公民享有的私人生活安宁与私人信息依法受到保护，不被他人非法侵扰、知悉、搜集、利用和公开等的一种人格权。

根据国内外的相关研究，我们认为所谓隐私是一种与公共利益、群体利益无关，当事人不愿他人知道的个人信息，不愿他人干涉的个人私事，不愿他人侵入的个人领域。所谓隐私权是指自然人享有的对个人隐私进行支配的一种人格权。隐私权的主体是自然人；隐私权的客体是隐私；隐私权的内容包括隐私保密权、隐私利用权、隐私维护权、隐私支配权等；隐私权的保护受公共利益的限制，即当隐私权与公共利益发生冲突时，隐私权应向公共利益妥协。

②侵犯公民隐私权的具体情形

根据《最高人民法院关于审理利用信息网络侵害人身权益民事纠纷案件适用法律若干问题的规定》等相关法律规范的规定，参考国内外关于侵犯隐私权的研究，结合技防系统信息的具体特点，我们认为技防系统信息遭失范行为后侵犯他人隐私权的情形主要包括：未经公民许可公开其姓名、肖像、住址、身份证号码、电话号码、基因信息、病历资料、健康检查资料、犯罪记录等个人信息；非法刺探、公布他人财产状况；偷看、公开他人邮件、信件、日记等私人文件；非法监看他人住宅，监听他人谈话，或以其他方式破坏他人生活安宁；非法跟踪他人、监拍他人私人生活、私人活动；

---

[1] 1890年，美国的法学家布兰蒂斯和沃伦在哈佛大学《法学评论》上发表了一篇题为《隐私权》的文章，并在该文中首次使用了"隐私权"一词。

其他公民不愿向社会公开的个人事务。

但下列情形除外：经自然人书面同意且在约定范围内公开；为促进社会公共利益且在必要范围内；学校、科研机构等基于公共利益为学术研究或者统计的目的，经自然人书面同意，且公开的方式不足以识别特定自然人；自然人自行在网络上公开的信息或者其他已合法公开的个人信息；以合法渠道获取的个人信息；法律或者行政法规另有规定。

（2）侵犯商业秘密的行为

法人和其他组织的合法权益主要包括财产所有权、生产经营权、知识产权、债权等，技防系统信息遭丢失、篡改、破坏、不当使用等失范行为后，侵害的主要是商业秘密。

① 商业秘密的界定

《中华人民共和国反不正当竞争法》第9条第4款规定，商业秘密是不为公众所知悉，能为权利人带来经济利益，具有实用性并经权利人采取保密措施的技术信息和经营信息。《国家工商行政管理局关于禁止侵犯商业秘密行为的若干规定》进一步规定，不为公众所知悉，是指该信息是不能从公开渠道直接获取的；能为权利人带来经济利益、具有实用性，是指该信息具有确定的可应用性，能为权利人带来现实的或者潜在的经济利益或者竞争优势；权利人采取保密措施，包括订立保密协议，建立保密制度及采取其他合理的保密措施。

② 商业秘密的表现形式

根据《中华人民共和国反不正当竞争法》、《国家工商行政管理局关于禁止侵犯商业秘密行为的若干规定》以及《北京市高级人民法院关于审理反不正当竞争案件几个问题的解答（试行）》等法律规范中的相关规定，商业秘密主要分为技术信息和经营信息。

技术信息是指能够生产或制造新产品或改进产品品质或降低成本或能改进运营管理设计或操作的技术情报、数据和知识等，包括设计、程序、产品配方、制作工艺、制作方法、开发过程中的阶段性技术成果以及取得的有价值的技术数据，也包括针对技术问题的技术诀窍。

经营信息是指具有秘密性质的经营管理方法，包括经营策略、管理诀窍、客户名单、货源情报、产销策略、招投标中的标底及标书内容等信息。上述对商业秘密外延的列举，是一个不全面的列举。随着社会经济的进步，商业秘密不断会有新的内容和形式。凡是符合《中华人民共和国反不正当竞争法》规定要件的技术信息和经营信息都是商业秘密，都受法律的保护。

③侵害商业秘密的情形

根据《中华人民共和国反不正当竞争法》《关于禁止侵犯商业秘密行为的若干规定》《中华人民共和国刑法》等法律规范的规定，结合技防系统信息的特点，我们认为技防系统、系统信息侵害商业秘密的情形主要有：不正当使用技防系统获取权利人的商业秘密；技防系统信息遭丢失、篡改、破坏、不当使用等失范行为后，公开权利人的商业秘密。

（3）其他侵犯公民、法人、其他组织合法权益的行为

技防系统信息遭丢失、篡改、破坏、不当使用等失范行为后，可能被侵害的其他合法权益包括名誉权、荣誉权、肖像权等。所谓名誉权，是人们依法享有的对自己所获得的客观社会评价、排除他人侵害的权利。所谓荣誉权，是指公民、法人所享有的，因自己的突出贡献或特殊劳动成果而获得的光荣称号或其他荣誉的权利。所谓肖像权，就是自然人所享有的对自己的肖像上所体现的人格利益为内容的一种人格权。

（二）客体受侵害的程度

1. 特别严重损害：一般指信息泄露后会使国家、社会以及公民、法人、其他组织的合法权益遭受巨大的损失，其影响一般是全局性、战略性的。

2. 严重损害：一般指信息泄露后会使某一领域的国家安全和社会利益遭受重大损失，使公民、法人、其他组织的合法权益遭受较大损害，其影响一般是较大范围的。

3. 损害：一般指信息泄露后会使某一方面的国家安全和社会利

益遭受损失，使公民、法人、其他组织的合法权益遭受损害，其影响一般是局部性的。[1]

（三）安全技术防范系统信息安全定级要素与等级的关系

表6-5　定级要素与技防系统信息安全等级关系

	国家安全 国家秘密	社会秩序 公共安全	公民、法人、 其他组织 合法权益	其他
保密级	V V V V V V	V V V V V		
敏感级		V	V V V V V V	
普通级				V0
备注	V：损害	V V：严重损害	V V V：特别严重损害	

1. 保密级，是指技防系统信息涉及国家安全、国家秘密，或信息遭丢失、篡改、破坏、不当使用等失范行为后，将给国家安全造成损害、严重损害或特别严重损害，给社会秩序、社会公共利益造成严重损害或特别严重损害。

关于国家安全、国家秘密以及社会秩序、公共安全的具体界定，以及侵害的国家安全、国家秘密、社会秩序、社会公共利益的具体情形前文已做详细论述，以便实际工作中的具体适用。

2. 敏感级，是指技防系统信息涉及社会秩序、社会公共安全，关系公民、法人、其他组织的合法权益，信息遭丢失、篡改、破坏、不当使用等失范行为后，将给社会秩序、社会公共利益造成损害，给公民、法人、其他组织的合法权益造成损害、严重损害或特别严

---

[1]　参见公安部保密委员会办公室编：《公安机关保密知识问答》，中国人民公安大学出版社2013年版，第38页。

重损害。具体包括关系公共安全、社会秩序的信息；关系个人隐私、商业秘密，及其他公民、法人、其他组织的合法权益的信息；关系违法、犯罪的信息[1]；以及公安机关确定的重要地点、重点人员、重要时间、重大事件的敏感信息。

维护公共安全和社会秩序，公安机关会根据工作的需要确定重点防范的地点、人员、时间和事件。这些重要地点、重点人员、重要时间、重大事件的信息也属于敏感级信息。其中重要地点主要包括案件多发区、商业金融集中区、人员密集区、治安卡口、城市出入口、重点交通道路口，及政治中心、重点保卫地区、某些人员聚居区等；重点人员主要包括意见人士、公安机关确定的重点人口、上访人员、等；重要时间主要包括敏感期、会议期、节日期间等；重要事件主要包括大型活动、比赛、突发群体性事件、各种专项行动等。

3. 普通级，是指技防系统信息遭丢失、篡改、破坏、不当使用等失范行为后将影响基本业务的开展，但不涉及国家秘密、商业秘密、个人隐私，保密级、敏感级以外的可以依申请公开或主动公开的信息。对该类信息的保护着重保证完整性、可用性、真实性。

普通级信息符合下列基本要求之一的，公安机关应当主动公开：涉及公民、法人或者其他组织切身利益的；需要社会公众广泛知晓或者参与的；反映本行政机关机构设置、职能、办事程序等情况的；其他依照法律、法规和国家有关规定应当主动公开的。除主动公开的技防系统信息外，公民、法人或者其他组织还可以根据自身生产、生活、科研等特殊需要，申请获取相关政府信息。《公安机关执法公开规定》则进一步规定交通技术监控设备设置信息应当公开，公安机关在社会公共区域设置的安全技术防范监控设备信息可以公开。公安机关向社会公开执法信息，应当自该信息形成或者变更之日起20个工作日之内进行。对公众需要即时知晓的限制交通措施、交

---

[1] 参见《最高人民法院关于审理利用信息网络侵害人身权益民事纠纷案件适用法律若干问题的规定》第12条的相关规定。

通管制信息和现场管制信息,应当即时公开;对辖区社会治安状况、火灾和道路交通安全形势、安全防范预警信息,可以定期公开。[1]

行政机关不得公开涉及国家秘密、商业秘密、个人隐私的政府信息(经权利人同意公开或者行政机关认为不公开可能对公共利益造成重大影响的涉及商业秘密、个人隐私的政府信息,可以予以公开)以及可能妨害正常执法活动或者影响社会稳定的执法信息。行政机关应当建立健全政府信息发布保密审查机制,明确审查的程序和责任。行政机关在公开政府信息前,应当依照《保守国家秘密法》以及其他法律、法规和国家有关规定对拟公开的政府信息进行审查。行政机关对政府信息不能确定是否可以公开时,应当依照法律、法规和国家有关规定报有关主管部门或者同级保密工作部门确定。

行政机关依申请提供政府信息,可以收取检索、复制、邮寄等成本费用。行政机关收取检索、复制、邮寄等成本费用的标准由国务院价格主管部门会同国务院财政部门制定。

四、安全技术防范系统信息等级评估的步骤及等级保护建议

(一)安全技术防范系统信息等级评估步骤建议

根据自主定级的原则,建议由技防系统的运行使用单位自行对技防系统信息进行定级,公安机关对运行使用单位的定级工作及信息安全等级保护工作监督指导。

技防系统运行使用单位确定信息安全等级的步骤如图6-1所示:

第一,确定定级的对象。定级对象是需要定级的一段相对完整的信息,定级对象要能够完整反映一件事情始末的,避免断章取义或片面定级。

第二,确定技防系统信息的内容和遭丢失、篡改、破坏、不当使用等失范行为后,可能侵害的客体。

第三,确定客体受侵害的程度。

第四,确定技防系统信息的安全等级。根据表6-1中关于定级要素与信息安全等级的关系,确定技防系统信息安全的等级。

---

[1] 根据《公安机关执法公开规定》第8、10、12条。

技防系统信息安全等级确定后，按照技防系统信息安全等级与信息系统等级保护的关系，确定技防信息存储的系统和保护的等级和保护的方式。

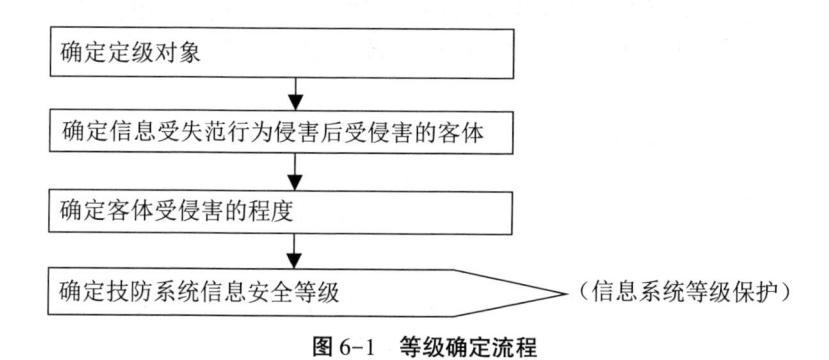

```
┌─────────────────┐
│  确定定级对象    │
└────────┬────────┘
         ↓
┌─────────────────────────────────┐
│ 确定信息受失范行为侵害后受侵害的客体 │
└────────┬────────────────────────┘
         ↓
┌─────────────────────────┐
│  确定客体受侵害的程度     │
└────────┬────────────────┘
         ↓
┌─────────────────────────┐
│ 确定技防系统信息安全等级  │─────（信息系统等级保护）
└─────────────────────────┘
```

图 6-1 等级确定流程

（二）安全技术防范系统信息等级保护建议

表 6-6 技防系统信息安全等级与信息系统等级保护的对应关系

对应信息系统等级	技防系统信息安全等级	对应信息系统保护等级	对应涉密信息系统分级保护
	普通级		
第一级	敏感级	用户自主保护级	
第二级		系统审计保护级（指导保护）	
第三级	保密级	安全标记保护级（监督保护）	秘密级
第四级		结构化保护级（强制保护）	机密级
第五级		访问验证保护级（专控保护）	绝密级

本书在等级评估指标体系的设定时即遵循了合法原则，即与现行

信息系统的分级和等级保护相统一,所以技防系统信息的分级可以很好地与现行信息系统等级保护、涉密信息系统分级保护相衔接,具体对应关系如表6-2所示。

1. 普通级信息是指信息遭丢失、篡改、破坏、不当使用等失范行为后将影响基本业务的开展,但不涉及国家秘密、商业秘密、个人隐私的信息。

对该类信息无需特别采取保护措施,建议着重保证信息的完整性、可用性、真实性,保证基本业务的开展。

从人性化执法的角度,建议公开该类信息时尽可能地保护当事人的名誉、荣誉等合法权利。

2. 敏感级信息包括关系公共安全、社会秩序的信息;关系个人隐私、商业秘密,和其他公民、法人、其他组织的合法权益的信息;关系违法、犯罪的信息;以及公安机关确定的重要地点、重点人员、重要时间、重大事件的敏感信息。

该类信息建议存入审计保护级的信息系统。按照表6-2的对应关系,敏感信息应对应存入自主保护级和审计保护级的信息系统,但是根据《信息安全等级保护管理办法》第7、8条的规定,只有可能对公民、法人和其他组织的合法权益造成一般损害的信息才适用自主保护,造成严重和特别严重损害的都适用审计保护。实际工作中,划分等级越多越细越不利于操作,况且对公民、法人、其他组织的合法权益造成一般损害和严重损害并不是很好划分,从便于实际操作的角度考虑,我们建议对于可能侵害公民、法人、其他组织的合法权益的信息统一适用审计保护级。

审计保护级信息系统的运营、使用单位应当依据我国现行的信息系统安全保护管理规范和技术标准进行保护。[1]

3. 保密级信息,是指涉及国家安全、国家秘密的信息,信息遭丢失、篡改、破坏、不当使用等失范行为后,将给国家安全造成损害、

---

[1] 参见《信息安全等级保护管理办法》《计算机信息系统安全保护等级划分准则》《信息系统安全等级保护实施指南》《计算机信息系统安全保护等级管理要求》等。

严重损害或特别严重损害,给社会秩序、社会公共利益造成严重损害或特别严重损害。

保密级信息对应:安全标记保护级(监督保护)、结构化保护级(强制保护)和访问验证保护级(专控保护)。我们建议技防系统信息被确认为保密级信息后,根据《信息安全等级保护管理办法》《信息系统安全等级保护定级指南》《涉及国家秘密的计算机信息系统分级保护技术要求》的规定确定信息的保护等级,分别存入安全标记保护级(秘密级)、结构化保护级(机密级)、访问验证保护级(绝密级)的信息系统。

安全标记保护级(秘密级)、结构化保护级(机密级)、访问验证保护级(绝密级)信息系统的运营、使用单位应当依据我国现行的信息系统安全保护管理规范和技术标准确定的标准和要求,从管理机构、人员的设置、系统的运行与维护、安全事故处置等方面进行不同的保护。[1]

---

[1] 参见《信息安全等级保护管理办法》《计算机信息系统安全保护等级划分准则》《信息系统安全等级保护实施指南》《计算机信息系统安全等级保护管理要求》等。

第七章 安全技术防范标准

第一节 标准化工作简介

一、相关概念

（一）标准

ISO 发布的第 2 号指南（1986 年）中提出的"标准"：得到一致（绝大多数）同意，并经公认的标准化团体批准，作为工作或工作成果的衡量准则、规则或特性要求，供（有关各方）共同重复使用的文件，目的是在给定范围内达到最佳有序化程度。标准是由公认组织批准起草、经有关各方协商一致后发布的一种文件，它以科学、技术和实践经验的综合成果为基础，对一定范围内的重复性事物和概念做出统一规定，以获得最佳秩序、促进最佳社会效益为目的，旨在促进社会进步与共同发展，对特定活动的共同和反复应用提供与之相关的规则、原则、方法和要求等。

简言之，标准是公认的、合法的、能够反复使用的一系列规则、原则、方法和要求等的总和。遵照标准，在一定范围内可以获得统一应用和秩序，对特定活动有共同的过程和结果。因为标准是以科学、技术和经验的综合成果为基础的，通常是在所有关联方的合作和一致同意下制定的，代表发展方向和新的水平，具有公开、成熟、可行、共享的应用属性，因此，标准和标准化对生产、研发、服务、管理、市场准入与监管等各个领域的支持、支撑与协调作用都是非常显著和不可或缺的。

（二）标准化

我国国家标准（GB 3935.1-1996）中规定的"标准化"定义：为在一定范围内获得最佳秩序，对实际的或潜在的问题制定共同的和重复使用的规则的活动（上述活动主要包括制定发布及实施标准的过程）。

标准化工作的任务是制定标准、组织实施标准和对标准的实施进行监督。全国安全防范报警系统标准化技术委员会（SAC/TC100）也把标准化作为行业发展的重要基础和技术支撑，作为市场准入和行政监管规范化、法制化的技术依据，作为技术创新的基石和创新成果专利化、专利成果标准化、标准成果社会化、国际化的有效手段，作为培养创新型技术人才和管理人才的有效手段。

（三）标准的类别

1. 根据适用范围分类

（1）国内标准

根据《中华人民共和国标准化法》第2条的规定，我国标准分为国家标准、行业标准、地方标准和企业标准。

①国家标准，需要在全国范围内统一作出通行规定与要求的标准。国家标准由国务院标准化行政主管部门编制计划和组织草拟，并统一审批、编号、发布。国家标准的代号为"GB"，是"国标"两个字汉语拼音的第一个字母"G"和"B"的组合。

②行业标准，没有相应的国家标准，而又需要在某个行业范围内统一作出通行规定与要求的标准。行业标准是对国家标准的补充、配套，当相应的国家标准实施后，该行业标准应自行废止。行业标准由行业标准归口部门审批、编号、发布，实施统一管理。行业标准的归口部门及其所管理的行业标准范围，由国务院标准化行政主管部门审定，并公布该行业的行业标准代号。公共安全行业标准的代号为"GA"，是"公安"两个字汉语拼音的第一个字母"G"和"A"的组合。

③地方标准，没有相应的国家标准和行业标准，而又需要在省、自治区、直辖市范围内统一作出通行规定与要求的标准。地方标准是对国家标准、行业标准的补充、配套，当相应的国家标准、行业标准实施后，该地方标准应自行废止。地方标准的代号为"DB"，是"地标"两个字汉语拼音的第一个字母"D"和"B"的组合。

④企业标准，企业自行制定的标准。

企业标准由企业制定并由企业法人代表或法人代表授权的主管领导批准、发布。企业标准的代号为"Q"，是"企"字汉语拼音的第一个字母。企业标准应向标准化行政主管部门备案。

⑤国家标准化指导性技术文件，这是在以上四种标准之外，我国为适应一些领域快速发展与变化的需要而新增加的标准类型。它是为尚处于技术发展过程中的、变化较快的技术领域的标准化工作提供指南或信息，供科研、设计、生产、使用和管理等有关人员参考使用而制定的标准文件。标准化指导性技术文件仅供使用者参考，其代号为"GB/Z"。

⑥团体标准。团体标准是指由团体按照团体确立的标准制定程序自主制定发布，由社会自愿采用的标准。协会团体标准编号由团体标准代号、协会代号、顺序号和年代号构成，如 T/CSPIA XXX-XXXX。

表 7-1

国家标准代号		
代　号	含　义	管　理　部　门
GB	中华人民共和国强制性国家标准	国家标准化管理委员会
GB/T	中华人民共和国推荐性国家标准	国家标准化管理委员会
GB/Z	中华人民共和国国家标准化指导性技术文件	国家标准化管理委员会
注：国家标准的编号由国家标准代号、标准发布顺序号和发布的年号组成。国家标准的代号由大写的汉语拼音字母构成。"T"表示为推荐性标准。		

续表

行业标准代号（部分行业）		
代号	含义	主管部门
GA	中华人民共和国公共安全行业标准	公安部科技司
GA/T	中华人民共和国推荐性公共安全行业标准	
GY、GY/T	中华人民共和国广播电影电视行业标准	国家广播电影电视总局科技司
HJ、HJ/T	中华人民共和国环境保护行业标准	国家环境保护总局科技标准司
JG、JG/T	中华人民共和国建筑工业行业标准	建设部
JR、JR/T	中华人民共和国金融行业标准	中国人民银行科技与支付司
JT、JT/T	中华人民共和国交通行业标准	交通部科教司
QC、QC/T	中华人民共和国汽车行业标准	中国汽车工业协会
SB、SB/T	中华人民共和国商业行业标准	中国商业联合会行业发展部
SJ、SJ/T	中华人民共和国电子行业标准	信息产业部科技司
YD、YD/T	中华人民共和国通信行业标准	信息产业部科技司
注：行业标准的编号由行业标准代号、标准发布顺序号和年号组成。行业标准分为强制性和推荐性标准。"T"表示为推荐性标准。		

地方标准代号		
代号	含义	管理部门
DB+XX	中华人民共和国强制性地方标准代号	省、自治区、直辖市质量技术监督部门
DB+XX/T	中华人民共和国推荐性地方标准代号	

续表

注：地方标准编号由地方标准代号、标准顺序号和发布年号组成。XX 表示省级行政区划代码前两位。"T"表示为推荐性标准。		
企业标准代号		
代　号	含　义	管　理　部　门
Q+※	中华人民共和国企业产品标准	企业
注：企业标准编号由企业标准代号、标准顺序号和发布年号组成。※表示企业自行规定的标准顺序号（编号），可以是多位数字。		

此外，随着企业、产业团体/联盟（技术团体/联盟）的产生，我国出现了团体标准或联盟标准等。

（2）国际标准、国外标准。国际标准主要是由国际标准化组织与机构发布的标准；发达国家的标准主要是各国的权威性标准化组织与机构发布的标准，这和我国由标准化行政主管部门统一管理全国标准化工作的机制有所不同，因此，团体标准、联盟标准、协会标准等更为常见。国际标准代号通常采用英语字头大写缩写，与我国安全防范标准关联较为密切的国际标准代号如表 7-2。

表 7-2　国际标准代号一览表

代　号	含　义	负　责　机　构
IEC	国际电工委员会标准	国际电工委员会（IEC）
ISO	国际标准化组织标准	国际标准化组织（ISO）
ITU	国际电信联盟标准	国际电信联盟（ITU）
CISPR	国际无线电干扰特别委员会标准	国际无线电干扰特别委员会（CISPR）

特别要指出的是，随着我国加入世界贸易组织和更加紧密地融入世界经济体系，我国标准越来越多地等同或等效采用国际标准。我国鼓励积极采用国际标准。

2. 按照标准约束性分类

（1）强制性标准

强制性标准是国家技术规范的重要组成。强制性标准应符合 WTO/TBT 关于"技术法规"定义，即"强制执行的规定产品特性或相应加工方法的包括可适用的行政管理规定在内的文件。技术法规也可包括或专门规定用于产品、加工或生产方法的术语、符号、包装标志或标签要求"。在强制性标准中，又分为全文强制和部分条文强制两类。

依照《中华人民共和国标准化法》的规定，同时也为了与世界贸易组织的 WTO/TBT 规则（技术性贸易壁垒，Technical Barriers to Trade）衔接，我国标准强制性范围要严格限制在国家安全、防止欺诈行为、保护人身健康与安全、保护动物植物的生命和健康以及资源合理利用与保护环境等方面。法律、行政法规规定强制执行的标准也是强制性的。

我国安全防范的标准中涉及人身健康与安全的颇多，有些还涉及国家安全，因此，其中有相当部分是强制性标准。

（2）推荐性标准

推荐性标准是鼓励使用者自愿、积极采用的标准，基本上与 WTO/TBT 对标准的定义接轨，即"由公认机构批准的，非强制性的，为了通用或反复使用的目的，为产品或相关生产方法提供规则、指南或特性的文件。标准也可以包括或专门规定用于产品、加工、生产方法的术语、符号、包装标准或标签要求"。

根据不同的标准，标准还有不同的分类。如按照标准化性质区分为技术标准、管理标准、工作标准；根据标准化的对象分为总体（体系/系统）标准、基础标准等。

二、标准化组织

标准化组织可分为国际性标准化组织、区域性标准化组织、行业性标准化组织、国家标准化组织。

（一）我国的标准化组织与机构

1. 在国家质量监督检验检疫总局管理下，由国家标准化管理委员会统一管理全国标准化工作，设立相关专业（行业）标准化技术委员会。

2. 受国家标准化管理委员会委托，国务院有关行政主管部门负责领导和管理本部门的标准化工作，省、自治区、直辖市标准化行政主管部门管理本行政区域标准化工作。

3. 各行各业的标准化技术委员会，具体承担标准的制修订、推广宣贯工作。

安全防范行业的标准化技术委员会全称为全国安全防范报警系统标准化技术委员会（以下简称"安防标委会"，英文全称为National Technical Committee 100 on Security & Protection Alarm Systems of Standardization Administration of China，缩写为SAC/TC100）。是安全防范标准化机构，经原国家质量技术监督局批准于1987年成立，由公安部负责领导和管理，其常设机构为TC100秘书处，设在公安部第一研究所（北京）。安防标委会其下可设分技术委员会，目前设有实体防护分技术委员会（缩写为SAC/TC100/SC1），于2000年成立，其常设机构SAC/TC100/SC1秘书处设在公安部第三研究所（上海）；人体生物特征识别应用分技术委员会（缩写为SAC/TC100/SC2），于2007年成立，其常设机构SAC/TC100/SC2秘书处设在公安部第一研究所（北京）。

```
          全国安全防范报警系统标准化技术委员会（SAC/TC100）
                              |
          ┌───────────────────┴───────────────────┐
     人体生物特征识别                          实体防护分
     应用分技术委员会                          技术委员会
     （SAC/TC100/SC2）                        （SAC/TC100/SC1）
```

4. 企业（包括产业团体/联盟和技术团体/联盟）标准化组织与机构，提出、制定并执行适合企业（产业）的标准。

（二）国际标准化组织与机构

世界上公认的两个最大、最有权威性的标准化组织是国际标准化组织（ISO，International Organization for Standardization）和国际电工委员会（IEC，International Electrotechnical Commission）。ISO 和 IEC 发布的国际标准已达上万个（件）。

国际标准化组织与机构制定的标准化文献主要包括国际标准、国际建议、国际公约、国际公约的技术附录和国际代码，也有经各国政府认可的强制性要求。

三、标准的制定及复审、修订程序

（一）我国国家标准的制定

1. 准备阶段

规范主编单位向规范行政主管部门提出编制规范的申请报告；规范行政主管部门组织有关专家对拟制定的规范项目进行审查；根据规范管理单位下达的规范制定计划，规范行政主管部门向规范起草单位下达编制任务，并向参编单位发函，确定参编人员；规范起草单位开始进行规范制定的筹备工作；负责起草单位筹备工作完成后，由主编部门或由主编部门委托主编单位主持召开编制组第一次会议；主编单位主持召开编制组工作会议，规范行政主管部门派员参加。

2. 征求意见阶段

负责起草单位应对所要制定的国家标准的质量及其技术内容全面负责。应按 GB1《标准化工作导则》的要求起草国家标准征求意见稿，同时编写"编制说明"及有关附件。对需要有标准样品对照的国家标准，一般应在审查国家标准前置备相应的标准样品。

国家标准征求意见稿和"编制说明"及有关附件，经负责起草单位的技术负责人审查后，引发各有关部门的主要生产、经销、使用、科研、检测等单位及大专院校征求意见。国家标准征求意见稿征求意见时，应明确征求意见的期限（一般为2个月）。

3. 送审阶段

负责起草单位在对征集的意见进行归纳整理、分析、处理后，形成国家标准送审稿、编制说明及有关附件、意见汇总处理表，送负责该项目的技术委员会秘书处或技术归口单位审阅，并确定能否提交审查。

对国家标准送审稿的审查，成立技术委员会的，由技术委员会按《全国专业标准化技术委员会章程》组织进行；未成立技术委员会的，由项目主管部门或其委托的技术归口单位组织进行。

审查可采用会议审查或函审。对技术、经济意义重大，涉及面广，分歧意见较多的国家标准送审稿可会议审查；其余的可函审。采用何种方式审查由组织者决定。

4. 报批阶段

负责起草单位应根据审查意见提出国家标准报批稿。国家标准报批稿由国务院有关行政主管部门或国务院标准化行政主管部门领导或管理的技术委员会报国家标准审批部门审批。

国家标准由国务院标准化行政主管部门统一审批、编号、发布。

（二）我国国家标准的复审与修订

国家标准实施后，应当根据科学技术的发展和经济建设的需要，由该国家标准的主管部门组织有关单位适时进行复审，复审周期一般不超过5年。国家标准的复审可采用会议审查或函审，一般都要有参加过该国家标准审查工作的单位或人员参加。

对国家标准的复审结果主要有以下几种：

1. 不需要修改的国家标准将确认继续有效。确认继续有效的国家标准，不改变顺序号和年号。当国家标准重版时，在国家标准封面上、国家标准编号下写明"＊＊年确认有效"字样。

2. 需作修改的国家标准，作为修改项目列入计划。修订的国家标准顺序号不变，把年号改为修定的年号。

3. 已无存在必要的标准，应予以废止。

负责国家标准复审的单位，在复审结束后，应写出复审报告，经该国家标准的主管部门审查同意后，报国家标准的审批部门批准发布。

四、标准的使用指导

（一）标准的查询

查询标准有多种多样的方式、方法，可以向标准化管理机构、标准化情报机构、质量监督管理部门、行业管理部门和学术组织等查询标准。

利用网络进行查询是最便捷的。如国家标准化管理委员会的网站就提供国家标准查询，还提供强制性标准免费查阅。除了国家标准化管理委员会外，各标准化技术委员会的网站提供本委员会专业范围内的标准查询。此外，还有不少网站提供标准查询服务。但要注意，标准的发布是严格限定于专门机构的，标准的全文应该以正式出版物和正规电子版为准。

中国标准化研究院标准馆是我国收藏国际、国外以及国内标准与标准化刊物最全面的单位，它也提供标准查询服务。

查询要全面，不要遗漏。可以依据标准类别或技术（产品）领域、标准号、标准名称或标准名称中的关键词、制定标准的组织机构（包括技术委员会、分技术委员会、工作组）等要素进行查询。显然，查询中不能忽略对上述总体标准、基础标准、通用标准等的查询。

对获得的标准信息要特别注意以下两点甄选：

——标准的有效期。标准自实施之日起，至标准修订、废止或复审重新确认的时间，称为标准的有效期（以下简称"标龄"）。我国规定国家标准实施5年要进行复审，即国家标准有效期一般为5年。ISO标准也是每5年复审一次，平均标龄为4.92年。因此，对实施时间已较长的标准，要注意是否可能被修订、废止或是否可能出现替代标准。

——标准的直接对应或间接关联性。标准从名称到内容就是要查找的，即直接对应，便于直接采用；但标准的种类、数量常常还满足不了广泛应用的需求，有时查找不到直接对应的标准，就得注意间接关联的标准、相关标准，如电子密码装置与防盗保险柜、防盗门、出入口控制系统、楼寓防盗对讲系统、车辆防盗报警系统等标准是相关联的；又如家庭防盗报警系统与报警控制器、入侵探测器、报警传输系统等标准是相关联的。

（二）标准的使用

1. 直接对照、采用对应的标准与条文

如上所述，获得直接对应的标准，就可以直接对照、采用或引用该标准的条文。

2. 参考、等效采用间接关联的标准与条文

如上所述，获得间接关联的标准，再分清其条文是直接对应的或间接关联的，对直接对应的条文仍然可以直接对照、采用，对间接关联的条文则可参考、等效采用（即虽有改变但不影响其实质的应用），至少可以借鉴该标准、该条文的实质思路与要求。特别是在当前，一方面，安全防范标准还不能满足行业快速发展的应用需求；另一方面，也不需要对所有的应用都制定出全国、全行业的标准，因此，企业采用间接关联的、相关的标准与条文是非常重要的。

3. 标准创新

标准要适应社会日益增长的需要，就需要创新，在现有标准的基础上发展，即利用现有标准成果制定出新水平、新领域、新范畴的标准，在现有标准体系基础上增添新的元素、新的层次，甚至形成新的体系。我国的标准创新要形成以企业为主体参与国际标准和国家标准制修订的新机制，鼓励和支持企业将自主创新的技术融入行业标准、团体标准或企业联盟标准、国家标准中，确保标准与知识产权的有机结合，推动技术进步。显然，标准创新要在掌握以上应用标准的基础上，不仅要有创新的知识、技术，还要具有标准化的理念、知识，掌握标准化的规则、方法。

总结起来说，应用标准的方法通常包括——直接采用（对照、引用）、转变再用（参照、参考、借鉴）、创新。显然，这些方法不是相互孤立的，实际上应该综合起来使用。

第二节　我国安全技术防范标准化工作

一、全国安全防范报警系统标准化技术委员会

（一）组织机构

全国安全防范报警系统标准化技术委员会（以下简称"安防标委会"，代号为SAC/TC100）是我国安全防范专业领域从事全国性标准化工作的技术工作组织，负责本专业技术领域的标准化技术归

口工作和本专业国家标准、行业标准的制、修订工作。归口工作范围为安全防范报警系统和产品，涉及入侵和紧急报警、视频监控、出入口控制、防爆安检、安防工程、实体防护和人体生物特征识别应用等多个专业技术领域。受国家标准化管理委员会委托，公安部负责领导和管理全国安防标委会。秘书处设在公安部第一研究所。

安防标委会的组成以生产、使用、科研、经销、监督检验等方面的科技人员为主体，适当吸收教学人员、各级行政管理机构的科技管理人员参加。每届委员会任期5年。安防标委会的组成方案，由公安部科技局提出，国家标准化管理委员会审查批准。安防标委会秘书处是委员会的常设机构，在主任委员和秘书长领导下，负责处理安防标委会的日常工作。

安防标委会可下设若干分委员会。安防标委会下设实体防护设备分委员会（TC100/SC1），分委会秘书处设在公安部第三研究所，分委会在总委员会的领导下开展工作，分委会的组建原则和组建方式与总委员会相同。分委会的委员、顾问由总委员会推荐、公安部科技局审核，国家标准化管理委员会批准、聘任。

（二）安防标委会的主要工作

安防标委会的主要工作任务是遵循国家有关方针政策，向国家标准化管理委员会和公安部科技局提出安全防范专业标准化工作的方针、政策和技术措施的建议；按照国家制、修订标准的原则，以及采用国际标准和国外先进标准的方针，负责制定安全防范专业标准体系表，提出本专业制、修订国家标准和行业标准的规划和年度计划的建议；根据国家标准化管理委员会和公安部科技局批准的计划，组织本专业国家标准和行业标准的制、修订工作及相关的科研工作；组织本专业国家标准和行业标准送审稿的审查工作，对标准中的技术内容负责，提出审定结论意见，提出强制性标准或推荐性标准的建议。定期（3~5年）复审已发布的安全防范专业国家标准和行业标准，提出修订、补充、废止或继续执行的意见；统一归口与国际电工委员会报警与电子安防系统技术委员会（IEC-TC79）的联系，组织参加有关国际标准化活动，做好对口的技术业务工作；

受国家标准化管理委员会和公安部科技局委托，在产品质量监督检验、认证等工作中，承担本专业标准化范围内产品质量标准水平评价工作、本专业引进项目的标准化审查工作，并向项目主管部门提出标准化水平分析报告等工作。

二、安全技术防范标准化工作

（一）制定安防标准

安全防范标准化工作经过近 40 年的发展，从无到有，面向和服务于公安业务、面向和服务于安防行业、面向和服务于企业和用户，逐渐形成体系。截止到 2020 年 12 月 31 日，安防标委会组织制定标准 235 项，其中国标 67 项，行标 168 项。[1] 在国际标准化方面，我国专家组织牵头制定的《视频监控系统的信令和协议》（ITU-TH.627：2020）等 9 项国际标准均已正式发布实施，其中国际电工委员会（IEC）国际标准 6 项，国际电信联盟（ITU）国际标准 3 项。

表 7-3 现行安防标准分布目录

标准种类	国家标准	行业标准	总数
基础通用标准	1	4	5
入侵与紧急报警系统	24	14	38
视频监控系统	8	39	47
出入口控制系统	4	14	18
防爆安全检查系统	9	12	21
安全防范系统工程	11	45	56
实体防护系统	3	15	18
人体生物特征识别应用	7	25	32

---

[1] 参见《全国安全防范报警系统标准化技术委员会现行标准目录》，载 http://www.21csp.com.cn/njcd/2020/，最后访问时间：2023 年 4 月 9 日。

（二）编制安全技术防范行业标准体系表

编制了安全技术防范行业标准体系表。[1]安全技术防范标准体系表是我国安全技术防范现有、应有和预计制定标准的蓝图，是编制安全技术防范标准制、修订规划和计划的基本依据，是促进我国安全技术防范标准组成达到科学合理化的重要基础，是开展安全技术防范领域科学技术研究的重要参考资料。标准体系表将随着科学技术的发展而不断更新和充实。

标准体系横向主要分为三层结构，第一层为安全技术防范通用标准，包括基础标准、技术标准、工程标准、公共管理标准和服务标准等。第二层为专业通用标准，包括安全技术防范各专业（各子系统）的术语、技术和工程标准等；将作为安全技术防范工作基础的风险评估、安全防护和效能评估等列入该层；同时将公共管理标准和服务标准的细分类别列入该层。第三层为产品标准和产品应用标准。在第二层和第三层的有些部分，根据实际需要，按分类或门类增加了扩展层。

该标准体系纵向划分了基础标准、技术标准、工程标准、公共管理标准和服务标准五个子体系。鉴于支撑安全技术防范工作的重要性，将术语、风险评估、安全防护和效能评估标准纳入基础标准子体系中；将安全防范系统和入侵/反劫/社会报警系统、视频监控系统、出入口控制系统、防爆安全检查系统、实体防护系统、人体生物特征识别应用系统、防伪技术等子系统以及各类产品标准纳入技术标准子体系中；将安全防范工程设计、施工、检测、验收和产品应用等纳入工程标准子体系；将执法标准、工作标准和管理标准纳入公共管理标准子体系；将安防系统运营服务、行业组织和中介服务纳入服务标准子体系。

城市监控报警联网系统标准体系。为了构建和谐社会与社会治安综合治理，提高社会公共安全水平，公安部提出了"平安城

---

[1] 参见《安全技术防范行业标准体系表》，载 http://www.21csp.com.cn/njcd/2020/，最后访问时间：2023年4月9日。

市"规划,其核心是在全国开展"城市监控报警联网系统"建设,将先期开展的试点工作命名为"3111"试点工程〔"3"即在省(自治区、直辖市)、市、县(区)三级开展监控报警联网系统试点工程,"1"则分别为每个省(自治区、直辖市)确定一个市(区),有条件的地市确定一个县(区),有条件的县(区)确定一个社区或街区〕。如此范围大、涉及面广、建设时间紧迫的项目,标准化是必不可少的支撑,以一系列的标准规范、指导城市监控报警联网系统的规划、设计、工程实施、系统检测、竣工验收等各项工作。

2007年,公安部批准了SAC/TC100秘书处组织制定的《城市监控报警联网系统试点工程标准体系》《城市监控报警联网系统试点工程标准体系》的框架采用了"树型"结构(未采用"塔式"结构)。对标准元素的确定。这些标准分为四个方面:通用(基础)标准、技术标准、管理标准和测评标准。最终搭建起了可供试点工程使用的"标准体系"。这个标准体系是为完成"3111"试点工程而制定的系列标准框架,并不是一个严格意义上的独立、完整的标准体系,今后它将被纳入SAC/TC100的新标准体系之中。

(三)发展规划[1]

安全防范标准的制定,将紧密围绕公安业务和社会公共安全需求,重点推进视频监控建设联网应用和重要行业领域的国家标准、行业标准制修订工作。

一是开展智能化应用标准研究。组织力量开展智慧社区安全防范、视频图像信息智能分析与深度挖掘应用、智能入侵报警、智能安检、人体生物特征识别应用等相关标准研究。

二是加强团体标准制修订工作。围绕产业转型和消费升级需求,制定一批满足市场需求的团体标准,不断提高标准的先进性、适用性和代表性。

---

[1] 参见《中国安防行业"十四五"发展规划(2021-2005年)》,载http://news.21csp.com.cn/c899/202106/11407482.html,最后访问时间:2023年4月9日。

三是完善形成合理配套的安全防范标准体系。在做好国家标准、行业标准制修订工作的同时，将地方标准、团体标准纳入标准体系进行规划，建立协调共享机制，促进安防标准化工作全面科学发展。

第八章 违反安全技术防范管理的法律责任

在技防产品的生产和销售、技防系统的设计、安装、技防系统的运行、维护和应用、技防系统信息的管理和使用以及技防管理等活动中发生的具有社会危害性的不合法行为统称为安全技术防范违法。根据违法行为的性质和危害程度的不同,技防违法可以分为技防刑事违法、技防行政违法和技防民事违法。违法行为应当受到法律追究,违法者必须承担法律责任。

第一节 安全技术防范刑事违法与处罚

一、技防刑事违法行为

刑事违法即犯罪,是违反刑法,社会危害性严重,应受刑罚处罚的行为。

技防刑事违法,是刑事违法行为的一种,是指在技防产品的生产和销售,技防工程的设计安装,技防系统的运行、维护和应用,技防系统信息的管理和使用以及安全技术防范管理等活动中,违反刑法规定,情节严重,应受刑罚处罚的行为。技防刑事违法在技防违法行为中的社会危害性最大,后果最严重。

我国关于技防刑事违法行为和刑事责任的规定多采用准用性规范。如《安全技术防范产品管理办法》第17条规定,质量技术监督部门和公安机关的工作人员,在安全技术防范产品管理工作中滥用职权、玩忽职守、徇私舞弊的,由有关部门按照干部管理权限,予以行政处分；构成犯罪的，依法追究刑事责任。《北京市公共安全图像信息系统管理办法》第 24 条规定，违反本办法第 13 条、第 14 条的规定，未建立、健全或者违反图像信息安全管理制度，以及擅自查阅、复制、提供、传播图像信息的，由公安机关对单位处 1 万元以上 3 万元以下的罚款，对单位主要负责人、直接责任人员分别处 500 元以上 1000 元以下的罚款；构成违反治安管理行为的，由公安机关依法处罚；构成犯罪的，依法追究刑事责任等。

技防刑事违法行为涉及的罪名较多，具体罪名需要根据具体犯罪行为的性质和特征来判断。如技防产品的生产者、销售者在产品中掺杂、掺假，以假充真，以次充好或者以不合格产品冒充合格产品，销售金额 5 万元以上的，依据《中华人民共和国刑法》（以下简称《刑法》）第 140 条的规定构成生产、销售伪劣产品罪；技防工程的建设单位、设计单位、施工单位、工程监理单位违反国家规定，降低工程质量标准，造成重大安全事故的，依据《刑法》第 137 条的规定构成工程重大安全事故罪；系统使用单位的工作人员，违反国家规定，将本单位在履行职责或者提供服务过程中获得的公民个人信息，出售或者非法提供给他人，情节严重的，依据《刑法》第 253 条，构成侵犯公民个人信息罪。违反《刑法》第 285 条，构成非法侵入计算机信息系统罪，非法获取计算机信息系统数据、非法控制计算机信息系统罪，提供侵入、非法控制计算机信息系统程序、工具罪；违反国家规定，对技防系统中存储、处理或者传输的数据和应用程序进行删除、修改、增加的操作，后果严重的，依据《刑法》第 286 条构成破坏计算机信息系统罪；质量技术监督部门和公安机关的工作人员，在安全技术防范产品管理工作中滥用职权、玩忽职守、徇私舞弊，致使公共财产、国家和人民利益遭受重大损失的，依据《刑法》第 397 条构成滥用职权罪或玩忽职守罪等。

二、技防刑事处罚

根据我国《刑法》的规定，技防刑事违法应承担的法律责任分为主刑和附加刑两大类，其中主刑包括管制、拘役、有期徒刑、无期徒刑和死刑；附加刑包括罚金、剥夺政治权利、没收财产；对于外国人可以独立或附加适用驱逐出境。

技防刑事案件只有经过公安机关的侦查，检察院的审查起诉，法院的审判之后，才能判定是否构成犯罪，应当承担什么刑事责任。其他任何机关、团体和个人都无权行使这些权力。根据《中华人民共和国刑事诉讼法》和《公安机关办理刑事案件程序规定》等规定，公安机关办理技防刑事案件的程序包括：

管辖。技防刑事案件的侦查由公安机关负责，[1]具体由犯罪地的公安机关管辖。如果由犯罪嫌疑人居住地的公安机关管辖更为适宜的，可以由犯罪嫌疑人居住地的公安机关管辖。几个公安机关都有权管辖的刑事案件，由最初受理的公安机关管辖。必要时，可以由主要犯罪地的公安机关管辖。公安机关内部对刑事案件的管辖，按照《公安部刑事案件管辖分工规定》执行。

立案。立案阶段工作具体包括受案、审查、立案。公安机关接受案件后，经审查，认为有犯罪事实需要追究刑事责任，且属于自己管辖的，经县级以上公安机关负责人批准，予以立案；认为没有犯罪事实，或者犯罪事实显著轻微不需要追究刑事责任，或者具有其他依法不追究刑事责任情形的，经县级以上公安机关负责人批准，不予立案。对有控告人的案件，决定不予立案的，公安机关应当制作不予立案通知书，并在3日以内送达控告人。

侦查。公安机关对已经立案的刑事案件，应当及时进行侦查，全面、客观地收集、调取犯罪嫌疑人有罪或者无罪、罪轻或者罪重的证据材料。为了客观、全面地搜集技防刑事违法证据，公安机关在侦查过程中可以依法讯问犯罪嫌疑人、询问证人被害人、勘验、检查、搜查、查封、扣押、查询、冻结、鉴定、辨认、技术侦查、

---

[1] 但下列刑事案件除外：（1）贪污贿赂犯罪，国家工作人员的渎职犯罪，经省级以上人民检察院决定立案侦查的国家机关工作人员利用职权实施的其他重大的犯罪案件等；（2）自诉案件；（3）军人违反职责的犯罪和军队内部发生的刑事案件；（4）罪犯在监狱内犯罪的刑事案件；（5）其他依照法律和规定应当由其他机关管辖的刑事案件。

通缉等。可以依法采取拘传、取保候审、监视居住、拘留、逮捕刑事强制措施。

移送审查起诉。公安机关经过立案、侦查，对符合侦查终结条件，依法应当追究刑事责任的，应当提出起诉意见，移送同级人民检察院审查。

第二节　安全技术防范行政违法与处罚

一、技防行政违法行为

技防行政违法，是指在安全技术防范产品的生产和销售、安全防范工程的设计、安装，安全防范系统的运行、维护和应用中发生的，违反行政管理法律规范，尚未构成犯罪的，应承担行政责任的技防违法行为。技防行政违法是技防违法中数量最大的一种。

技防行政违法行为主要包括：

1. 违反产品管理规定的行为。安全技术防范产品的生产和销售应当遵守相关管理规定，否则就可能构成技防行政违法。如《中华人民共和国认证认可条例》第66条规定，列入目录的产品未经认证，擅自出厂、销售、进口或者在其他经营活动中使用的，责令改正，处5万元以上20万元以下的罚款，有违法所得的，没收违法所得。

2. 违反技防系统安装管理规定的行为。技防系统的设计、安装应当按照法律的相关规定进行。技防系统的建设、施工单位违法法律的相关规定，在必须安装技防系统的场所和部位不予安装，安装主体没有相关的资格、资质（部分省市有规定），系统使用的产品不符合相关标准，技防系统没有经过验收即投入使用等行为的，即构成技防行政违法行为。如《企业事业单位内部治安保卫条例》第14条规定，治安保卫重点单位应当确定本单位的治安保卫重要部位，按照有关国家标准对重要部位设置必要的技术防范设施，并实施重点保护。第19条进一步规定，不遵守该条规定，存在治安隐患的，公安机关应当责令限期整改，并处警告；单位逾期不整改，造成公民人身伤害、公私财产损失，或者严重威胁公民人身安全、公私财产安全或者公共安全的，对单位处1万元以上10万元以下的罚款，对单位主要负责人和其他直接责任人员处500元以上5000元以下的罚款，并可以建议有关组织对单位主要负责人和其他直接责任人员依法给予处分；情节严重，构成犯罪的，依法追究刑事责任。《内蒙古自治区公共安全技术防范管理条例》第28条规定，违反本条例第18条第5款规定，技防系统经验收不合格而投入使用的，由旗县级以上公安机关责令改正，并对建设单位处5000元以上1万元以下罚款。

3. 违反技防系统运行维护规定的行为。技防系统投入使用后，应当按照法律规定和相关标准使用和维护。技防系统的建设或使用单位违反相关规定使用、管理系统的，构成技防违法行为。如《四川省公共安全技术防范管理条例》第29条规定了公共安全技术防范系统的使用管理单位应当履行的义务。该条例第38条进一步规定，违反本条例第29条规定的，由县级以上公安机关予以警告，责令限期改正；逾期不改正或者造成一定危害后果的，对单位处以3000元以上1万元以下罚款；对主要责任人员和其他直接责任人员处以500以上3000元以下罚款。

4. 违反技防系统信息管理规定的违法行为。技防系统在采集社会管理信息、违法犯罪信息的同时，也将采集到大量的涉及国家秘密、商业秘密和个人隐私的信息，这些信息如果被不当的传播和使用，将给国家、集体和个人带来巨大的损害。正因为如此，技防系统的信息安全是国家、社会公众和媒体最为关注的问题，也是近些年技防立法特别关注的问题。如《北京市公共安全图像信息系统管理办法》第13条规定，公共安全图像信息系统的使用单位，应当建立、健全图像信息安全管理制度，遵守下列规定：（1）建立值班监看制度，发现涉及公共安全的可疑信息及时向公安机关报告；（2）建立图像信息使用登记制度，对图像信息的录制人员、调取时间、调取用途等事项进行登记；（3）按照规定期限留存图像信息，不得擅自删改、破坏留存期限内图像信息的原始数据记录。第14条规定，负责图像信息监看的工作人员，应当遵守各项图像信息安全管理制度，坚守岗位，爱护仪器设备，保守秘密。与图像信息监看工作无关的人员不得擅自进入监看场所。留存的图像信息除按照本办法的规定使用外，任何人不得擅自查阅、复制、提供、传播。该法第24条规定了违反信息管理制度的罚则，即违反本办法第13条、第14条的规定，未建立、健全或者违反图像信息安全管理制度，以及擅自查阅、复制、提供、传播图像信息的，由公安机关依法处罚；构成犯罪的，依法追究刑事责任。《信息安全等级保护管理办法》第40条规定，第三级以上信息系统运营、使用单位违反本办法规定，有下列行为之一的，由公安机关、国家保密工作部门和国家密码工作管理部门按照职责分工责令其限期改正；逾期不改正的，给予警告，并向其上级主管部门通报情况，建议对其直接负责的主管人员和其他直接责任人员予以处理，并及时反馈处理结果。

除上述类型的技防行政违法行为外，国家机关工作人员违法进行技防管理，构成行政违法的，也应承担相应的行政责任。如《安全技术防范产品管理办法》第17条规定，质量技术监督部门和公安机关的工作人员，在安全技术防范产品管理工作中滥用职权、玩忽职守、徇私舞弊的，由有关部门按照干部管理权限，予以行政处分；构成犯罪的，依法追究刑事责任。

二、技防行政处罚

（一）技防行政处罚的种类

行政处罚是指，行政机关依法对违反行政管理秩序的公民、法人或者其他组织，以减损权益或者增加义务的方式予以惩戒的行为。《中华人民共和国行政处罚法》（以下简称《行政处罚法》）第9条规定，行政处罚的种类包括：警告、通报批评；罚款、没收违法所得、没收非法财物；暂扣许可证件、降低资质等级、吊销许可证件；限制开展生产经营活动、责令停产停业、责令关闭、限制从业；行政拘留；法律、行政法规规定的其他行政处罚。

根据我国现行技防法律规范的规定，违反技防法律规范的行政处罚种类主要有警告、罚款、没收、责令停产停业、暂扣或者吊销许可证、执照等。如《中华人民共和国认证认可条例》第 56 条规定，未经批准擅自从事认证活动的，予以取缔，处 10 万元以上 50 万元以下的罚款，有违法所得的，没收违法所得；《娱乐场所管理条例》第 44 条规定，娱乐场所违反本条例规定，有下列情形之一的，由县级公安部门责令改正，给予警告；情节严重的，责令停业整顿 1 个月至 3 个月，其具体情形包括：未按照本条例规定安装闭路电视监控设备或者中断使用的；未按照本条例规定留存监控录像资料或者删改监控录像资料的。

1. 申诫罚——警告、通报批评

申诫罚一般针对轻微的、可以冀望相对人自我纠正的违法行为。由于申诫罚对相对人的惩戒作用有限，现行技防立法中，申诫罚适用的情形不多，其中警告的适用多于通报批评。警告处罚往往附带"责令改正"的规定，拒不改正的将面临金钱罚。技防专门立法中，适用警告的情形主要有：

（1）违反安全技术防范系统的设计、安装、使用、运营服务单位应当妥善保管相关图纸和其他信息资料，建立资料档案，对工作人员进行保密业务培训。（2012 年《黑龙江省公共安全技术防范条例》第 24 条）

（2）违反安全技术防范系统运营服务单位应当建立健全运营服务管理制度，规范系统操作规程，制定相关应急预案，保证系统安全有效。（2012 年《黑龙江省公共安全技术防范条例》第 25 条第 1 款）

（3）违反安全技术防范系统的运营单位接到报警信息应当予以复核，确认为警情的，应当立即报告所在地公安机关。（2012 年《黑龙江省公共安全技术防范条例》第 25 条第 2 款）

（4）违规销售者应当持营业执照，将销售的安全技术防范产品的相关资料报所在地的县级公安机关登记备案。（2006 年《陕西省安全技术防范条例》第 23 条第 2 款）

（5）违规举办安全技术防范产品展览会、博览会，举办单位应当向省公安机关登记备案；其他展览会、博览会涉及推广、销售安

全技术防范产品的，参展单位应当向省公安机关登记备案。（2006年《陕西省安全技术防范条例》第 24 条）

（6）违反治安保卫重点单位对重要部位应设置必要的技防系统的，建设单位对新建成片住宅小区应按照国家和本市有关安全防范强制性技术标准的要求设置技防系统。（2006 年《天津市安全技术防范管理条例》第 15 条）

（7）违反公共安全技术防范系统的使用管理单位应当履行下列义务：制定公共安全技术防范系统的使用、保养、维护、更新制度；确定专门人员负责公共安全技术防范系统使用，并实行使用登记制度；保障公共安全技术防范系统的正常运行；按照规定对投入使用的公共安全技术防范系统进行定期合格评定；建立信息资料管理制度，保证信息资料的真实性和完整性并对有关信息资料采取保密措施；建立健全值班制度和紧急处置预案。（2009 年《四川省公共安全技术防范管理条例》第 29 条）

（8）违反任何单位和个人不得有下列行为：破坏公共安全技术防范系统的运行程序和记录以及隐匿、毁弃系统采集的信息资料；擅自改变公共安全技术防范系统的主要用途和范围；泄露公共安全技术防范系统的秘密以及买卖、散发、非法播放公共安全技术防范系统采集的信息资料；利用公共安全技术防范系统侵犯他人隐私以及其他合法权益。（2009 年《四川省公共安全技术防范管理条例》第 30 条）

2. 财产罚——罚款、没收违法所得、没收非法财物

财产罚是现行技防立法中常见的行政处罚方式，其中又以罚款适用情形最多。目前地方性技防立法中常见的处罚原因与处罚种类包括：

（1）应当安装安全技术防范产品和系统而未安装，经责令改正后逾期不改正的。对于此种情况，《陕西省安全技术防范条例》第 38 条规定"处五千元以上三万元以下罚款"；《天津市安全技术防范管理条例》第 16 条的规定则是"逾期不改正，发生治安事故的，对单位处二千元以上二万元以下罚款"；《昆明市公共安全技术防

管理规定》（2012）第24条的规定则是"逾期不改正的，对非经营性单位处300元以上1000元以下罚款，对经营性单位处5000元以上2万元以下的罚款"；《长沙市公共安全视频图像信息系统管理办法》（2011）第26条则是"责令限期改正，并处一千元罚款"。

（2）安全技术防范系统未经验收而投入使用的。对此，《内蒙古自治区公共安全技术防范管理条例》（2012）第23条的规定是"由旗县级以上公安机关责令改正，并对建设单位处5000元以上1万元以下罚款"；《黑龙江省公共安全技术防范条例》（2012）第34条是"责令限期改正；逾期不改正的，处三千元以上一万元以下罚款"；《四川省公共安全技术防范管理条例》（2009）第33条是"由县级以上公安机关责令限期改正；拒不改正的，对单位处以1万元以上3万元以下罚款，对直接负责的主管人员和其他直接责任人员处以1千元以上3千元以下罚款"等。

（3）在涉及公民隐私的禁止安装安全技术防范系统的场所安装系统的。对此，《河南省公共安全技术防范管理条例》（2013）第26条的规定是"由县级以上公安机关责令拆除，对单位处以三千元以上三万元以下罚款"；《山西省安全技术防范条例》（2014）第34条的规定是："由县级以上公安机关责令限期改正；逾期不改正的，对单位处以一万元以上五万元以下罚款，对个人处以一千元以上五千元以下罚款"；《黑龙江省公共安全技术防范条例》第35条的规定是"责令拆除，并按照《中华人民共和国治安管理处罚法》的规定予以处罚"等。

研究发现，大部分地方对此种违法行为处理方式比较接近，但罚款额度差异较大，跨越整个中度到重度的档次设定。《中华人民共和国治安管理处罚法》第42条对于"偷窥、偷拍、窃听、散布他人隐私的"行为与其他六种行为并列，"处五日以下拘留或者五百元以下罚款；情节较重的，处五日以上十日以下拘留，可以并处五百元以下罚款"，其处罚力度在整个治安管理处罚法中并不为重。考虑到使用安全技术防范系统窥探他人隐私涉及滥用公权力的问题，在法理上的可责罚性较之普通的侵犯隐私行为为重，因此设置中度到重度的处罚力度亦未为过。

我们建议，本种违法行为参照《中华人民共和国个人信息保护法》设定处罚幅度。在涉及公民个人隐私的场所和区域安装语音图像信息采集系统的，由公安机关责令立即拆除，并对相关单位处5000元以上2万元以下罚款。拒绝拆除的，由公安机关强制拆除，在既有的处罚范围内取其高者。非法操作安全技术防范系统侵犯他人隐私的，由公安机关责令安全技术防范系统的管理单位删除相关信息，并对直接责任人员处以2000元以上1万元以下罚款。如果是外界环境发生变化（如原先对准空旷地带的摄像头，因临时建设公共卫生间，已经对准了更衣室内部），出于过失没有及时调整的，也应当及时调整，避免侵犯他人隐私；尚未调整的，由公安机关责令安全技术防范系统的管理单位限期改正，对拒不改正的比照故意违法的情形进行处罚，并且同时处罚主管责任人，避免借故推诿卸责。

（4）妨碍安全技术防范系统正常运行的行为，例如擅自拆除技防系统设备的、擅自关闭技防系统或者妨碍技防系统正常使用的、擅自改变技防系统的用途和使用范围的、擅自删除、修改技防系统的运行程序和记录的等。对于这些行为，地方立法有的对其合并处理，单位罚款多在1万元至5万元之间，个人罚款在1000元至5000元之间。在实践中，除以上妨碍系统运行的违法情形外，另外还有一些情形妨碍信息的采集或系统的正常运行，如乱张贴、乱搭建、工程建设破坏信息传输通道等。

现行技防专门立法中罚款处罚存在的不足主要有：

①处理方式差异较大。如对应当安装安全技术防范系统而未安装的行为的处理，各地的差异较大。有的处理方式是责令改正；有的是只处以罚款；有的是责令改正一并处罚；有的是责令改正逾期不改再罚款；有的是逾期不改后发生治安事故才处罚。针对此种情形的处罚金额则自1000元至3万元不等。

在理论上，有条件安装、应当安装而不安装安全技术防范系统的单位，对其的处罚应当能起到震慑作用，并且能够对不作为形成一种迫切的压力。除行政处分外，一次性的处罚方式似乎并不适宜，例如被处罚对象可能对罚款满不在乎，交纳1000元罚款后即自此作罢。因此，建议采取类似于迟延履行义务或拒绝执行有法律效力的裁判文书的处理方法。对不作为首先明确作为期限，随后按其持续时间对相关单位和主要负责人施加处罚，这样能够形成一种持续的压力，迫使负有责任者尽早履行法定义务，也能使尽快补建的单位面临尽可能最小的责任，满足比例原则的要求。因此，我们建议有关单位未依照本法规定建设安全技术防范系统的，由公安机关责令补建或改建。有条件的单位在3个月内未完成补建或改建的，每拖延一日，对单位处100元至300元的罚款，对主管责任人处100元的罚款，直至完成补建或改建之日止。此种处罚如果能够贯彻实施，由于持续性、递增性的压力，最终有可能以更小的罚款数额更有效地实现行政目标。

②有的罚款额过大。如立法对安全技术防范系统未经验收而投入使用的处罚额较大。此种行为并不直接产生危害后果，而是一种中间性质的管理违法，其违法可以事后发现并通过直接纠正的方式进行，如无其他违法情节，也不会直接造成较大危害。在此采取重度处罚似乎并不适宜，且容易造成权力寻租的结果。我们建议采取轻度的处罚档次，安全技术防范系统未依法进行验收的，对单位处1000元以上3000元以下罚款，同时，为给有关负责人员适当施加压力，也对主管责任人或主要责任人员处500元罚款。

③技防违法及处罚规定欠缺。如对明知系统有安全隐患或重大缺陷而使用的；违反规定进行信息采集、存储和传输，可以按照较轻的档次进行处罚列入处罚范围，但是现行技防立法并没有相关规定

④处罚种类适用不足。从理论上讲，新行政处罚法增加的限制开展生产经营活动、责令关闭、限制从业等行政处罚种类，对技防行政违法企业也会有很好的惩戒作用。可以考虑并罚制，在罚款的同时，根据实际情况，可以选择适用。

3. 行为罚——暂扣许可证件、降低资质等级、吊销许可证件；限制开展生产经营活动、责令停产停业、责令关闭、限制从业

《四川省公共安全技术防范管理条例》第 32 条第 4 项曾规定了由颁发资质证书的机关撤销公共安全技术防范系统设计、安装、维护、运营资质证书。关于技防管理的其他法律中有大量关于行为罚的规定，如《娱乐场所管理条例》第 43 条规定，娱乐场所违反本条例规定，有下列情形之一的，由县级公安部门责令改正，给予警告；情节严重的，责令停业整顿 1 个月至 3 个月，其具体情形包括：未按照本条例规定安装闭路电视监控设备或者中断使用的；未按照本条例规定留存监控录像资料或者删改监控录像资料的。

行为罚在安全技术防范领域的应用相对较少，目前多数适用于企业单位。主要因为需要强制性安装安全技术防范系统的单位多数是党政机关、军队及学校、医院、博物馆等重要事业单位，不可能因为安全技术防范系统方面出现违法现象就责令停产停业，也不是都有营业执照等可供吊销。关于从业者个人的资格，2016 年之前曾有安全技术防范系统安装维护员和设计评估师两个个人从业资格，现已废止。

行为罚对违法行为人的惩戒作用是其他种类的行政处罚无法替代的，不能以为现行不好实施，就不予创设，应有一定的前瞻性。实践中可以考虑设定为并罚形式，由行政管理机关根据实际情况选择适用。

4. 人身罚——行政拘留

技防专门立法没有法律这个效力级别立法，因此技防专门立法中没有关于行政拘留的规定。但当技防违法行为同时构成违反治安管理处罚法时，可以根据治安管理处罚法适用行政拘留。

(二) 技防行政处罚决定程序

公安机关行政处罚决定程序包括简易程序、普通程序和快速办理程序。技防行政处罚是行政处罚的一种，技防行政处罚的决定同样适用上述程序。

1. 简易程序

行政处罚简易程序,也称当场处罚程序,是指当满足法定条件时,行政处罚主体当场对违法行为人实施行政处罚的制度。

根据《行政处罚法》第51条的规定,违法事实确凿并有法定依据,对公民处以200元以下、对法人或者其他组织处以3000元以下罚款或者警告的行政处罚的,可以当场作出行政处罚决定。法律另有规定的,从其规定。

根据《行政处罚法》第52条的规定,行政执法人员当场作出行政处罚决定的,应当向当事人出示执法证件,填写预定格式、编有号码的行政处罚决定书,并当场交付当事人。当事人拒绝签收的,应当在行政处罚决定书上注明。执法人员当场作出的行政处罚决定,应当报所属行政机关备案。当事人对当场处罚决定不服的,可以依法申请行政复议或者提起行政诉讼。

2. 普通程序

普通程序,是指除法律特别规定以外的行政处罚程序。一般程序的步骤:

(1) 立案。行政主体对于行政违法行为或重大违法嫌疑情况,认为有必要给予行政处罚的,并决定进行调查处理的,应当正式立案。符合立案条件的,主管执法人员应该填写立案审批表或立案决定书,由行政首长批准,并指派专人承办。行政机关对违法行为予以立案时,应遵守有关时效的规定,即除法律另有规定的外,对于在2年以内未发现的行政违法行为,不予立案。

(2) 调查取证。调查取证是行政处罚程序的必要步骤。先取证,后处罚,是行政处罚程序最基本的准则。行政机关在立案后,应当对案件进行全面调查,取得必要证据。调查取证时应该依法、全面、客观、公正调查。

调查取证过程中,公安机关可以依法采取以下调查措施:对物品、设施、场所采取扣押、扣留、临时查封、查封、先行登记保存、抽样取证等强制措施;对违法嫌疑人采取传唤、保护性约束措施、继续盘问、强制传唤、强制检测、拘留审查、限制活动范围等强制措施。公安机关还可以依法采取询问、勘验、检查、鉴定、辨认、证据保全等调查措施。

（3）告知。作出行政处罚决定之前，应当告知当事人拟作出的行政处罚内容及事实、理由、依据，并告知当事人依法享有的陈述、申辩、要求听证等权利。

（4）听取陈述、申辩。当事人有权进行陈述和申辩。行政机关必须充分听取当事人的意见，对当事人提出的事实、理由和证据，应当进行复核；当事人提出的事实、理由或者证据成立的，行政机关应当采纳。行政机关不得因当事人陈述、申辩而给予更重的处罚。

行政机关及其执法人员在作出行政处罚决定之前，未依向当事人告知拟作出的行政处罚内容及事实、理由、依据，或者拒绝听取当事人的陈述、申辩，不得作出行政处罚决定；当事人明确放弃陈述或者申辩权利的除外。

（5）听证。听证是指，行政机关为了查明案件事实，公正合理地实施行政处罚，在作出行政处罚决定的过程中，通过公开举行由有关各方利害关系人参加的听证会，广泛听取意见的方式、方法和制度。

行政机关拟作出下列行政处罚决定，应当告知当事人有要求听证的权利，当事人要求听证的，行政机关应当组织听证：较大数额罚款；没收较大数额违法所得、没收较大价值非法财物；降低资质等级、吊销许可证件；责令停产停业、责令关闭、限制从业；其他较重的行政处罚；法律、法规、规章规定的其他情形。当事人不承担行政机关组织听证的费用。

（6）行政处罚决定。行政机关在案件调查终结后，应当由承办人员填写《案件处理意见申报表》，向有裁决权的行政机关汇报案件情况和有关处理意见，送行政机关首长审批。行政机关负责人应当及时对调查结果进行审查，根据不同情况，分别作出下列的处理决定。

（7）行政处罚决定书的送达。行政处罚决定书应及时送达被处罚人。一般情形下，行政处罚决定书应在宣告后当场交付当事人或利害关系人；当事人不在场的，行政机关应当在7日内依照民事诉讼法的有关规定，将行政处罚决定书送达当事人。行政处罚决定书的送达方式有直接送达、留置送达和邮寄送达、委托送达、公告送达等。

3. 快速办理程序

公安机关在办理技防行政处罚案件时，对不适用简易程序，但事实清楚，违法嫌疑人自愿认错认罚，且对违法事实和法律适用没有异议的行政案件，公安机关可以通过简化取证方式和审核审批手续等措施快速办理。

快速办理的行政案件，公安机关应当在违法嫌疑人到案后48小时内作出处理决定。快速办理行政案件前，公安机关应当书面告知违法嫌疑人快速办理的相关规定，征得其同意，并由其签名确认。快速办理的行政案件，违法嫌疑人在自行书写材料或者询问笔录中承认违法事实、认错认罚，并有视音频记录、电子数据、检查笔录等关键证据能够相互印证的，公安机关可以不再开展其他调查取证工作。对适用快速办理的行政案件，可以由专兼职法制员或者办案部门负责人审核后，报公安机关负责人审批。对快速办理的行政案件，公安机关可以根据违法行为人认错悔改、纠正违法行为、赔偿损失以及被侵害人谅解情况等情节，依法对违法行为人从轻、减轻处罚或者不予行政处罚。对快速办理的行政案件，公安机关可以采用口头方式履行处罚前告知程序，由办案人民警察在案卷材料中注明告知情况，并由告知人签名确认。

第三节　安全技术防范民事违法与法律责任

技防民事违法是指，在安全技术防范产品的生产和销售，技防系统的设计安装，技防系统的运行、维护和应用以及技防系统信息管理中发生的，违反民事法律规范，应当承担民事责任的技防违法行为。民事责任是一种民事救济手段，旨在使被侵害的权益得以恢复。民事责任根据引发原因的不同可以分为缔约过失责任、违约责任和侵权责任。

一、缔约过失责任

缔约过失责任是指在合同（如技防产品销售合同、技防系统设计、施工合同、技防系统运行维护合同等）订立过程中，一方因违背依据诚实信用原则所产生的义务，而致另一方的信赖利益损失，应承担的损害赔偿责任。缔约过失责任的形式为赔偿损失。

二、违约责任

违约责任是指在合同的履行过程中，因一方违约或因合同变更、解除所产生的违约责任、保证责任等统称为合同责任。合同责任的承担形式有继续履行、采取补救措施、赔偿损失、赔偿定金、赔偿违约金等。

这里特别指出，各级政府或政府的工作部门为了公共利益的需要，或者为了履行行政管理职能，与技防产品的生产单位、技防系统的设计、施工单位、技防系统的运行维护单位经协商一致所达成的合同，我们称为行政合同。行政合同不同于一般的民事合同，行政合同是非权力行政的表现形式之一，是将私法上的契约理念引入行政管理领域的产物，是市场经济理念向公共服务领域渗透的结果。行政合同通常具有如下特征：行政合同的当事人必有一方是行政机关，且处于行政主体地位；行政合同的目的是实施行政管理；在行政合同中行政机关享有行政优益权，即行政机关在行政合同的履行、变更或解除中，享有民事合同主体不享有的对合同履行的监督指导权、强制履行权、单方变更权和解除权。当然，行政主体只有在合同订立后出现了由于公共利益的需要或法律政策的重大调整，必须变更或解除时，才能行使单方变更、解除权。由此造成相对人合法权益损害的，要予以补偿。

三、侵权责任

侵权责任是指民事主体因实施侵权行为而应承担的民事法律后果。安全技术防范领域的侵权责任，可能由多种情形引起，如道路施工、工程建设等破坏信息传输通道；故意损伤或破坏技防系统；操作有关设施侵犯公民隐私权等合法权益；故意或过失造成信息非法泄漏、灭失或改动，或者故意窃取、非法购买系统采集的信息，导致公民、法人或其他组织的人身或财产权益受到损害等。侵权责任的形式包括停止侵害、排除妨碍、消除危险、返还财产、恢复原状、修理、重作、更换、赔偿损失、赔礼道歉、消除影响、恢复名誉。

民事责任可以单独适用，也可以刑事责任、行政责任附带民事责任。

附件一 公共安全视频图像信息系统管理条例（征求意见稿）

公共安全视频图像信息系统管理条例[1]

（征求意见稿）

第一条【立法目的】为规范公共安全视频图像信息系统建设、使用和管理，维护公共安全，保障公民、法人和其他组织的合法权益，提高公共服务水平，制定本条例。

第二条【概念界定】本条例所称公共安全视频图像信息系统，是指为了维护公共安全，利用视频图像采集设备和其他相关设备，对涉及公共安全的区域或者场所进行视频图像信息采集、传输、显示、存储和处理的系统。

第三条【调整范围】公共安全视频图像信息系统的建设、使用和管理，适用本条例。

第四条【主管机关】国务院公安部门负责全国公共安全视频图像信息系统建设、使用的监督管理工作。县级以上地方人民政府公安机关负责本行政区域内公共安全视频图像信息系统建设、使用的监督管理工作。

发展改革、财政、住房城乡建设、交通运输、工业和信息化、质量技术监督等行政主管部门在各自职责范围内，履行公共安全视

---

[1] 资料来源《公安部就〈公共安全视频图像信息系统管理条例〉征求意见》，载http://politics.people.com.cn/n1/2016/1128/c1001-28902542.html，最后访问时间：2023年4月9日。

频图像信息系统建设、管理等方面的指导、监督职责。

第五条【政府责任】县级以上人民政府应当将公共安全视频图像信息系统建设纳入本地区经济社会发展中长期规划、城乡规划，加强统筹协调，鼓励、支持和引导社会力量参与公共安全视频图像信息系统的建设。

第六条【秘密和隐私保护】任何单位和个人，不得利用公共安全视频图像信息系统非法获取国家秘密、工作秘密、商业秘密或者侵犯公民个人隐私等合法权益。

公共安全视频图像信息系统的建设、使用等单位，对于系统设计方案、设备类型、安装位置、地址码等基础信息，以及获取的涉及国家秘密、工作秘密、商业秘密的视频图像信息负有保密义务，对于获取的涉及公民个人隐私的视频图像信息不得非法泄露。

第七条【建设原则】建设公共安全视频图像信息系统，应当遵循统筹规划、统一标准、安全可控的原则。

第八条【资源整合共享】为了维护公共安全，县级以上地方人民政府可以对本辖区内的公共安全视频图像信息系统进行资源整合，实现视频图像信息的共享。

第九条【建设范围及主体】社会公共区域的重点部位以及法律、行政法规规定的有关场所或者部位，应当建设公共安全视频图像信息系统。

社会公共区域的公共安全视频图像信息系统由政府组织建设和维护，纳入公共基础设施进行管理，所需费用列入本级政府预算。

第十条【明示标识】社会公共区域的视频图像采集设备，应当设置提示标识，标识应当醒目。

第十一条【合理设置】社会公共区域的视频图像采集设备的安装位置应当与居民住宅等保持合理距离。

旅馆客房、集体宿舍以及公共浴室、更衣室、卫生间等可能泄露他人隐私的场所、部位，禁止安装视频图像采集设备。

第十二条【系统建设规范】建设公共安全视频图像信息系统，建设单位应当按照相关标准组织设计方案可行性论证、设备选型和工程竣工验收；未经验收或者验收不合格的，不得投入使用。

建设单位应当自系统验收合格之日起30日内，将系统使用的主要设备类型、点位分布等资料向所在地县级以上人民政府公安机关备案。

第十三条【建筑物内系统建设要求】 建设公共安全视频图像信息系统，其所在的建筑物属于新建、改建、扩建项目的，应当与主体工程同步设计、同步施工、独立验收，并同时投入使用。

第十四条【建设资料管理】 公共安全视频图像信息系统的建设单位、使用单位，应当将系统设计、施工、验收、维护等基础资料，以及从事上述活动的单位和专业技术人员的基本信息立卷归档，依法管理、保存。

第十五条【禁止妨碍运行要求】 设置户外广告、架设管线、园林绿化或者安装其他设施，不得妨碍社会公共区域已经建成的公共安全视频图像信息系统正常运行或者视频图像信息正常采集。

第十六条【传输网络要求】 公共安全视频图像信息系统传输网络运营服务的提供方，应当加强网络传输的安全管理，保障网络运行安全，以及视频图像信息传输的稳定安全。

第十七条【系统安全运行】 公共安全视频图像信息系统的使用单位，应当履行下列职责：

（一）建立并落实值班监看、运行操作等管理制度和突发事件处置预案；

（二）对系统的监看、操作维护等人员进行法律知识、保密知识和岗位技能培训；

（三）建立并落实系统定期检查和维护保养制度；

（四）建立并落实系统效能和安全性能的定期评估制度。

第十八条【信息保护措施】 公共安全视频图像信息系统的使用单位，应当采取授权管理、控制访问等措施，控制对视频图像信息的查阅、复制和传输，保障信息不被删除、修改和非法复制、传输。

第十九条【使用限制规定】 视频图像信息用于公共传播时，除法律另有规定外，应当对涉及当事人的个体特征、机动车号牌等隐私信息采取保护性措施。

第二十条【信息管理要求】公共安全视频图像信息系统的使用单位，应当建立信息保存、使用等管理制度。采集的视频图像信息至少留存30日，法律、行政法规或者相关标准规定多于30日的，从其规定。

第二十一条【信息特殊使用】行使侦查、检察、审判职权的机关因司法工作需要，公安机关、国家安全机关因行政执法工作需要，或者县级以上人民政府行政主管部门因调查、处置突发事件需要，可以查阅、复制或者调取公共安全视频图像信息系统的基础信息或者采集的视频图像信息，相关单位或者个人应当予以配合。

第二十二条【禁止性规定】任何单位和个人不得有下列行为：

（一）盗窃、损坏或者擅自拆除公共安全视频图像信息系统的设施、设备；

（二）破坏、擅自删改公共安全视频图像信息系统的运行程序和运行记录；

（三）删改、隐匿、毁弃留存期内的公共安全视频图像信息系统采集的原始视频图像信息；

（四）买卖和非法使用、复制、传播公共安全视频图像信息系统的基础信息或者采集的视频图像信息；

（五）其他影响公共安全视频图像信息系统正常使用的情形。

第二十三条【监督检查】对依据本条例规定建设的公共安全视频图像信息系统，县级以上地方人民政府公安机关应当定期检查建设单位、使用单位相关管理制度的执行情况。监督检查包括下列内容：

（一）建设单位依法履行建设义务的情况；

（二）公共安全视频图像信息系统设计方案论证和工程验收情况；

（三）使用单位建立和执行日常运行和维护、信息管理和使用等制度情况；

（四）其他依法需要监督检查的事项。

公安机关实施监督检查时，相关单位和个人应当予以配合。

第二十四条【国家机关及人员行为禁止】国家机关及其工作人

员不得违法强制要求企事业单位、其他组织和个人建设公共安全视频图像信息系统，不得指定或者变相指定公共安全视频图像信息系统的设计、施工、维护单位以及设备的品牌、销售单位。

第二十五条【检举、控告】任何单位和个人有权对公安机关等部门在履行对公共安全视频图像信息系统的监督管理职责时的违法行为进行检举、控告。受到检举、控告的机关，应当按照职责及时查处。

第二十六条【阻碍资源整合的法律责任】违反本条例第八条规定，拒绝、阻碍县级以上地方人民政府对公共安全视频图像信息系统进行整合的，由县级以上地方人民政府公安机关责令限期改正并予以警告；逾期不整改的，对单位处以一万元以上十万元以下罚款，对直接负责的主管人员和其他直接责任人员处以一千元以上五千元以下罚款。

第二十七条【违法安装法律责任】违反本条例第十一条规定，在可能泄露他人隐私的场所、部位安装视频图像采集设备的，由县级以上地方人民政府公安机关责令立即拆除；拒不拆除的，依法申请人民法院强制拆除；单位安装的，对单位处一万元以上十万元以下罚款；个人安装的，对个人处一千元以上五千元以下罚款。

第二十八条【违反建设使用要求的法律责任】违反本条例规定，有下列行为之一的，由县级以上地方人民政府公安机关责令限期改正并予以警告；逾期不整改的，对单位处以一万元以上十万元以下罚款，对直接负责的主管人员和其他直接责任人员处以一千元以上五千元以下罚款：

（一）公共安全视频图像信息系统应当进行设计方案可行性论证而没有论证，或者不符合论证方案的；

（二）公共安全视频图像信息系统使用的设备不符合相关标准的；

（三）公共安全视频图像信息系统未经验收或者验收不合格即投入使用的；

（四）公共安全视频图像信息系统没有与主体工程同步设计、

同步施工、独立验收的；

（五）设置户外广告、架设管线、园林绿化或者安装其他设施，妨碍社会公共区域的公共安全视频图像信息系统正常运行的；

（六）拒绝、阻碍有关部门依法查阅、复制、调取公共安全视频图像信息系统的基础信息或者采集的视频图像信息的。

第二十九条【违反备案及资料管理的法律责任】违反本条例第十二条第二款、第十四条规定的，由县级以上地方人民政府公安机关责令限期改正；逾期不改的，对单位处一万元以上三万元以下罚款，对直接负责的主管人员和其他直接责任人员处一千元以上五千元以下罚款。

第三十条【违反运行管理的法律责任】违反本条例第十七条、第十八条、第二十条规定的，由县级以上地方人民政府公安机关责令限期改正并予以警告；情节严重的，对单位处一万元以上三万元以下罚款，对直接负责的主管人员和其他直接责任人员处一千元以上三千元以下罚款。

第三十一条【违反禁止性规定的法律责任】违反本条例第二十二条规定的，由县级以上地方人民政府公安机关责令限期改正，并对单位处一万元以上十万元以下罚款，对直接负责的主管人员和其他直接责任人员处警告或一千元以上五千元以下罚款；个人违反的，对个人处一千元以上五千元以下罚款。

第三十二条【国家机关工作人员的处罚】国家机关工作人员在履行监督管理职责工作中滥用职权、玩忽职守、徇私舞弊，依法给予处分；构成犯罪的，依法追究刑事责任。

第三十三条【与上位法律衔接】违反本条例规定，构成违反治安管理行为的，依照《中华人民共和国治安管理处罚法》的规定予以处罚；构成犯罪的，依法追究刑事责任。

第三十四条【其他兼容系统的管理】建设、使用、整合与公共安全视频图像信息系统兼容集成的入侵报警、出入口控制等系统，参照本条例规定执行。

第三十五条【实施日期】本条例自　年　月　日起施行。

附件2 公共安全视频图像信息系统管理条例

第一条 为了规范公共安全视频图像信息系统管理，维护公共安全，保护个人隐私和个人信息权益，根据有关法律，制定本条例。

第二条 本条例所称公共安全视频图像信息系统（以下简称公共安全视频系统），是指通过在公共场所安装图像采集设备及相关设施，对涉及公共安全的区域进行视频图像信息收集、传输、显示、存储的系统。

第三条 公共安全视频系统管理工作坚持中国共产党的领导，贯彻党和国家路线方针政策和决策部署。

建设、使用公共安全视频系统，应当遵守法律法规，坚持统筹规划、合理适度、标准引领、安全可控，不得危害国家安全、公共利益，不得损害个人、组织的合法权益。

第四条 国家鼓励和支持视频图像领域的技术创新与发展，建立和完善相关标准体系，支持有关行业组织依法加强行业自律，提高公共安全保障能力和个人信息保护水平。

第五条 国务院公安部门负责全国公共安全视频系统建设、使用的指导和监督管理工作。国务院其他有关部门在各自职责范围内负责公共安全视频系统建设、使用的相关管理工作。

县级以上地方人民政府公安机关负责本行政区域内公共安全视频系统建设、使用的指导和监督管理工作。县级以上地方人民政府其他有关部门在各自职责范围内负责公共安全视频系统建设、使用的相关管理工作。

第六条 县级以上地方人民政府应当加强对公共安全视频系统

建设的统筹规划，充分利用现有资源，避免重复建设。

第七条　城乡主要路段、行政区域道路边界、桥梁、隧道、地下通道、广场、治安保卫重点单位周边区域等公共场所的公共安全视频系统，由县级以上地方人民政府按照建设规划组织有关部门建设，纳入公共基础设施管理，建设、维护经费列入本级政府预算。

下列公共场所涉及公共安全区域的公共安全视频系统，由对相应场所负有经营管理责任的单位按照相关标准建设，安装图像采集设备的重点部位由县级以上地方人民政府各有关部门按照职责分工指导确定：

（一）商贸中心、会展中心、旅游景区、文化体育娱乐场所、教育机构、医疗机构、政务服务大厅、公园、公共停车场等人员聚集场所；

（二）出境入境口岸（通道）、机场、港口客运站、通航建筑物、铁路客运站、汽车客运站、城市轨道交通站等交通枢纽；

（三）客运列车、营运载客汽车、城市轨道交通车辆、客运船舶等大中型公共交通工具；

（四）高速公路、普通国省干线的服务区。

在前两款规定的场所、区域内安装图像采集设备及相关设施，应当为维护公共安全所必需，除前两款规定的政府有关部门、负有经营管理责任的单位（以下统称公共安全视频系统管理单位）外，其他任何单位或者个人不得安装。

第八条　禁止在公共场所的下列区域、部位安装图像采集设备及相关设施：

（一）旅馆、饭店、宾馆、招待所、民宿等经营接待食宿场所的客房或者包间内部；

（二）学生宿舍的房间内部，或者单位为内部人员提供住宿、休息服务的房间内部；

（三）公共的浴室、卫生间、更衣室、哺乳室、试衣间的内部；

（四）安装图像采集设备后能够拍摄、窥视、窃听他人隐私的其他区域、部位。

对上述区域、部位负有经营管理责任的单位或者个人,应当加强日常管理和检查,发现在前款所列区域、部位安装图像采集设备及相关设施的,应当立即报告所在地公安机关处理。

第九条 在本条例第七条规定之外的其他公共场所安装图像采集设备及相关设施,应当为维护公共安全所必需,仅限于对该场所负有安全防范义务的单位或者个人安装,其他任何单位或者个人不得安装。

依照前款规定安装图像采集设备及相关设施的,应当遵守本条例除第十一条、第十四条、第十五条、第十六条第二款、第十七条规定的强制性要求之外的其他各项规定。

第十条 依照本条例安装图像采集设备及相关设施,位于军事禁区、军事管理区以及国家机关等涉密单位周边的,应当事先征得相关涉密单位的同意。

第十一条 公共安全视频系统管理单位应当按照相关标准建设公共安全视频系统,开展设计、施工、检验、验收等工作,并依法保存、管理相关档案资料。

第十二条 公共安全视频系统采用的产品、服务应当符合国家标准的强制性要求。产品、服务的提供者不得设置恶意程序;发现其产品、服务存在安全缺陷、漏洞等风险时,应当立即采取补救措施,按照规定及时告知用户并向有关主管部门报告。

第十三条 公共安全视频系统管理单位应当按照维护公共安全所必需、注重保护个人隐私和个人信息权益的要求,合理确定图像采集设备的安装位置、角度和采集范围,并设置显著的提示标识。未设置显著提示标识的,由公安机关责令改正。

第十四条 公共安全视频系统管理单位应当在系统投入使用之日起 30 日内,将单位基本情况、公共安全视频系统建设位置、图像采集设备数量及类型、视频图像信息存储期限等基本信息,向所在地县级人民政府公安机关备案。本条例施行前已经启用的,应当在本条例施行之日起 90 日内备案。公共安全视频系统备案事项发生变化的,应当及时办理备案变更。

公共安全视频系统管理单位应当对备案信息的真实性负责。

公安机关应当加强信息化建设，为公共安全视频系统管理单位办理备案提供便利，能够通过部门间信息共享获得的备案信息，不要求当事人提供。

第十五条 公共安全视频系统管理单位应当履行系统运行安全管理职责，履行网络安全、数据安全和个人信息保护义务，建立健全管理制度，完善防攻击、防入侵、防病毒、防篡改、防泄露等安全技术措施，定期维护设备设施，保障系统连续、稳定、安全运行，确保视频图像信息的原始完整。

公共安全视频系统管理单位委托他人运营的，应当通过签订安全保密协议等方式，约定前款规定的网络安全、数据安全和个人信息保护义务并监督受托方履行。

第十六条 公共安全视频系统管理单位使用视频图像信息，应当遵守法律法规，依法保护国家秘密、商业秘密、个人隐私和个人信息，不得滥用、泄露。

公共安全视频系统管理单位应当采取下列措施，防止滥用、泄露视频图像信息：

（一）建立系统监看、管理等重要岗位人员的入职审查、保密教育、岗位培训等管理制度；

（二）采取授权管理、访问控制等技术措施，严格规范内部人员对视频图像信息的查阅、处理；

（三）建立信息调用登记制度，如实记录查阅、调取视频图像信息的事由、内容及调用人员的单位、姓名等信息；

（四）其他防止滥用、泄露视频图像信息的措施。

第十七条 公共安全视频系统收集的视频图像信息应当保存不少于30日；30日后，对已经实现处理目的的视频图像信息，应当予以删除。法律、行政法规对视频图像信息保存期限另有规定的，从其规定。

第十八条 为公共安全视频系统提供网络传输服务的电信业务经营者，应当加强对视频图像信息传输的安全管理，依照法律、行政法规的规定和国家标准的强制性要求，采取技术措施和其他必要措施，保障网络安全、稳定运行，维护数据的完整性、保密性和可用性。

第十九条 接受委托承担公共安全视频系统设计、施工、检验、验收、维护等工作的单位及其工作人员，应当对接触到的视频图像信息和相关档案资料予以保密，不得用于与受托工作无关的活动，不得擅自留存、加工、泄露或者向他人提供。

第二十条 国家机关为履行执法办案、处置突发事件等法定职责，查阅、调取公共安全视频系统收集的视频图像信息，应当依照法律、行政法规规定的权限、程序进行，并严格遵守保密规定，不得超出履行法定职责所必需的范围和限度。

第二十一条 为了保护自然人的生命健康、财产安全，经公共安全视频系统管理单位同意，本人、近亲属或者其他负有监护、看护、代管责任的人可以查阅关联的视频图像信息；对获悉的涉及公共安全、个人隐私和个人信息的视频图像信息，不得非法对外提供或者公开传播。

第二十二条 公共安全视频系统收集的视频图像信息被依法用于公开传播，可能损害个人、组织合法权益的，应当对涉及的人脸、机动车号牌等敏感个人信息，以及法人、非法人组织的名称、营业执照等信息采取严格保护措施。

第二十三条 任何单位或者个人不得实施下列行为：

（一）违反法律法规规定，对外提供或者公开传播公共安全视频系统收集的视频图像信息；

（二）擅自改动、迁移、拆除依据本条例第七条规定安装的图像采集设备及相关设施，或者以喷涂、遮挡等方式妨碍其正常运行；

（三）非法侵入、控制公共安全视频系统；

（四）非法获取公共安全视频系统中的数据；

（五）非法删除、隐匿、修改、增加公共安全视频系统中的数据或者应用程序；

（六）其他妨碍公共安全视频系统正常运行、危害网络安全、数据安全、个人信息安全的行为。

第二十四条 公安机关对公共安全视频系统的建设、使用情况实施监督检查，有关单位或者个人应当予以协助、配合。

有关单位或者个人发现有违反本条例第七条第三款、第八条第一款、第九条第一款规定安装图像采集设备及相关设施的，可以向公安机关举报。公安机关应当依法及时处理。

第二十五条 公安机关应当严格执行内部监督制度，对其工作人员履行公共安全视频系统建设、使用职责情况进行监督。

公安机关及其工作人员在履行公共安全视频系统建设、使用、监督管理职责过程中，有违反本条例规定，或者其他滥用职权、玩忽职守、徇私舞弊行为的，任何单位或者个人有权检举、控告。

第二十六条 违反本条例第七条第三款、第九条第一款规定安装图像采集设备及相关设施的，由公安机关责令限期改正，并删除所收集的视频图像信息；拒不改正的，没收相关设备设施，对违法个人并处5000元以下罚款，对违法单位并处2万元以下罚款，对其直接负责的主管人员和其他直接责任人员处5000元以下罚款。

第二十七条 违反本条例第八条第一款规定安装图像采集设备及相关设施的，由公安机关没收相关设备设施，删除所收集的视频图像信息，对违法个人并处5000元以上1万元以下罚款，对违法单位并处1万元以上2万元以下罚款，对其直接负责的主管人员和其他直接责任人员处5000元以上1万元以下罚款；偷窥、偷拍、窃听他人隐私，构成违反治安管理行为的，依法给予治安管理处罚；构成犯罪的，依法追究刑事责任。

对相应区域、部位负有经营管理责任的单位或者个人未履行本条例第八条第二款规定的日常管理和检查义务的，由公安机关责令改正；拒不改正或者造成严重后果的，对违法个人处5000元以上1万元以下罚款，对违法单位处1万元以上2万元以下罚款，对其直接负责的主管人员和其他直接责任人员处5000元以上1万元以下罚款，并通报有关主管部门根据情节轻重责令暂停相关业务或者停业整顿、吊销相关业务许可或者吊销营业执照。

第二十八条　未依照本条例第十条规定征得相关涉密单位同意安装图像采集设备及相关设施的，由公安机关没收相关设备设施，删除所收集的视频图像信息，对违法个人并处5000元以上1万元以下罚款，对违法单位并处1万元以上2万元以下罚款，对其直接负责的主管人员和其他直接责任人员处5000元以上1万元以下罚款；非法获取国家秘密、军事秘密的，依照有关法律的规定给予处罚；构成犯罪的，依法追究刑事责任。

第二十九条　未依照本条例第十四条规定备案或者提供虚假备案信息的，由公安机关责令限期改正；拒不改正的，处1万元以下罚款。

第三十条　违反本条例第二十三条第二项规定擅自改动、迁移、拆除图像采集设备及相关设施的，由公安机关责令改正，给予警告；拒不改正或者造成严重后果的，对违法个人处5000元以下罚款，对违法单位处5000元以上1万元以下罚款，对其直接负责的主管人员和其他直接责任人员处5000元以下罚款。

第三十一条　违反本条例规定，未履行网络安全、数据安全和个人信息保护义务，或者非法对外提供、公开传播视频图像信息的，依照《中华人民共和国网络安全法》、《中华人民共和国数据安全法》、《中华人民共和国个人信息保护法》的规定给予处罚；构成违反治安管理行为的，依法给予治安管理处罚；构成犯罪的，依法追究刑事责任。

第三十二条　公安机关及其工作人员在履行公共安全视频系统建设、使用、监督管理职责过程中，违反本条例规定，或者有其他滥用职权、玩忽职守、徇私舞弊行为的，由上级公安机关或者有关主管部门责令改正，对负有责任的领导人员和直接责任人员依法给予处分；构成犯罪的，依法追究刑事责任。

其他国家机关及其工作人员在履行公共安全视频系统建设、使用、相关管理职责过程中，违反本条例规定，或者在依照本条例第二十条规定查阅、调取视频图像信息过程中，有滥用职权、玩忽职守、徇私舞弊行为的，由其上级机关或者有关主管部门责令改正，对负有责任的领导人员和直接责任人员依法给予处分；构成犯罪的，依法追究刑事责任。

第三十三条 在非公共场所安装图像采集设备及相关设施，不得危害公共安全或者侵犯他人的合法权益，对收集到的涉及公共安全、个人隐私和个人信息的视频图像信息，不得非法对外提供或者公开传播。

违反前款规定的，依照本条例第三十一条规定给予处罚。

第三十四条 本条例自 2025 年 4 月 1 日起施行。

附件3 安全技术防范产品生产登记制度

安全技术防范产品生产登记制度

一、安全技术防范产品生产登记的概念

为了保证安全技术防范产品质量，防止国家、集体、个人财产以及人身安全受到侵害，特定的技防产品生产企业向公安机关提出生产登记申请，公安机关经过审核作出批准生产登记决定，填发生产登记证书的活动。

根据《安全技术防范产品管理办法》第7条的规定，实行生产登记制度管理的安全技术防范产品，未经公安机关批准生产登记的，禁止生产和销售。

除采用工业产品生产许可证制度、安全认证制度的产品外，技防产品目录公布的其他产品均实行生产登记制度。实行生产登记制度的产品由各省、自治区、直辖市公安机关技防管理部门具体负责实施，并报公安部科技局备案。

二、生产登记制度适用对象

《安全技术防范产品管理办法》第4条规定，对安全技术防范产品的管理，分别实行工业产品生产许可证制度、安全认证制度；对未能纳入工业产品生产许可证制度、安全认证制度管理的安全技术防范产品，实行生产登记制度。对同一类安全技术防范产品的管理，

不重复适用上述三种制度。

我国现有十类技防产品，排除采用工业产品生产许可证制度、安全认证制度的产品外，实行生产登记制度的技防产品具体包括：

1. 报警系统出入口控制设备（产品代号 04）：包括目标识别、信息处理、控制、执行的设备和系统；

2. 机械防盗锁（产品代号 06）：包括用于防盗安全门、金库门、防盗保险柜（箱）、机动车防盗的专用锁等；

3. 楼寓对讲（可视）系统（产品代号 07）。包括各类可视、非可视楼寓对讲设备和系统；

4. 防弹复合玻璃（产品代号 09）：包括各类防弹、防破坏的玻璃；

5. 报警系统视频监控设备（产品代号 10）：包括视频入侵、探测、传输、控制、存储、显示等设备和系统。

三、技防产品生产登记的管理机关

《安全技术防范产品管理办法》第 7 条规定，实行生产登记制度的安全技术防范产品，未经公安机关批准生产登记的，禁止生产和销售。由此可见，安全技术防范产品生产登记制度的管理机关是公安机关。

根据《安全技术防范产品管理办法》和《关于公安机关实施〈安全技术防范产品管理办法〉有关问题的通知》，具体负责安全技术防范产品生产登记管理的公安机关包括地市级公安机关、省级公安机关及公安部。地市级公安机关负责受理生产企业的生产登记申请、初审、通知申请企业是否准予登记的决定；省级公安机关负责对生产登记申请进行复审；获得生产登记的技防产品报公安部科技局备案。

四、产品生产登记制度实施程序

根据《安全技术防范产品管理办法》和《关于公安机关实施〈安全技术防范产品管理办法〉有关问题的通知》，产品生产登记的实施程序如下：

（一）申请

生产实行生产登记制度的安全技术防范产品的企业，应当到所在地的地市级公安机关提出申请。有条件的直辖市公安局也可以直接受理当事人提出的申请。

提出申请时应提交下列材料：生产登记申请书；营业执照；符合法定要求的产品标准；法定检验机构出具的产品检验报告或者鉴定证明。这里所说的"产品检验报告或者鉴定证明"是指实行生产登记制度的安全技术防范产品的型式检验报告或鉴定证明。从事此类检验的检验机构应取得公安部授权，并在授权的范围内实施检验。对已取得授权的检验机构，公安部将定期公布。

（二）初审

地市级公安机关应当在接到生产登记申请材料之日起十五日内完成初审（各地公安机关可以根据各地的具体情况，对初审日期做出具体承诺）。初审合格的，报省级公安机关复审；初审不合格的，退回申请并说明理由。

（三）复审

省级公安机关应当在接到地市级公安机关报送的企业生产登记申请材料之日起七日内完成复审。

复审合格的，做出批准登记决定，填发生产登记批准书，并将批准登记书送地市级公安机关，由地市级公安机关通知提出申请的生产企业；复审不合格的，做出不批准登记决定，并将不批准登记决定和理由书面通知地市级公安机关，由地市级公安机关通知提出申请的生产企业。

（四）备案

省级公安机关的技防管理部门在做出批准登记决定后，应将产品的相关信息报公安部科技局备案。